国家社科基金
GUOJIA SHEKE JIJIN HOUQI ZIZHU XIANGMU
后期资助项目

U0815338

从司法民主到“接近正义”

From Judicial Democracy to “Access to Justice”

王荔　著

陕西新华出版传媒集团
陕 西 人 民 出 版 社

图书在版编目（CIP）数据

从司法民主到“接近正义”／王荔著. — 西安：
陕西人民出版社，2022. 11
ISBN 978-7-224-14725-4

Ⅰ. ①从… Ⅱ. ①王… Ⅲ. ①司法制度—研究—中国
Ⅳ. ①D926

中国版本图书馆 CIP 数据核字(2022)第 192418 号

从司法民主到“接近正义”
CONG SIFAMINZHU DAO JIEJINZHENGYI

著　　者　王　荔
出版发行　陕西新华出版传媒集团　陕西人民出版社
（西安市北大街 147 号　邮编：710003）
印　　刷　广东虎彩云印刷有限公司
开　　本　787 毫米×1092 毫米　1/16
印　　张　17. 5 印张
字　　数　290 千字
版　　次　2022 年 11 月第 1 版
印　　次　2022 年 11 月第 1 次印刷
书　　号　ISBN 978-7-224-14725-4
定　　价　68. 00 元

国家社科基金后期资助项目出版说明

后期资助项目是国家社科基金设立的一类重要项目，旨在鼓励广大社科研究者潜心治学，支持基础研究多出优秀成果。它是经过严格评审，从接近完成的科研成果中遴选立项的。为扩大后期资助项目的影响，更好地推动学术发展，促进成果转化，全国哲学社会科学工作办公室按照“统一设计、统一标识、统一版式，形成系列”的总体要求，组织出版国家社科基金后期资助项目成果。

全国哲学社会科学工作办公室

摘　要

“司法民主”是一个既富有理论魅力又充满现实挑战的论题。一方面，它关涉自古以来就丰富多元的“民主”理论的发展动态；另一方面，“司法制度研究”始终是催生法学理念革新的一个源泉。如何在这二者之间找到关联点，既能够以民主理论的演变来推进司法理念的革新，从而为司法本身提供正当性，使得司法的过程充分体现民主性；同时，又能够以司法制度改革来捍卫和实现民主，并防止和避免民主的蜕变，无疑是个具有重大理论挑战的题域。

司法民主问题更关乎在当下中国“共同富裕”的背景下，司法如何切实保障每一个人的合法权益，实现对公民权利的有效救济。尤其是当下的中国社会正处于从理念到实践的全面转型时期，司法能否顺利完成其现代化与民主化转型，获得自身的民主正当性，能否化解转型时期中国司法体制面临的诸多困境与挑战，这直接关乎整个国家和社会的稳定与发展。

再者，不可接近的正义，就是对所有人正义的否定。因而，努力让人民群众在每一个司法案件中都感受到公平正义，牢牢坚持司法为民、公正司法，坚定不移推进司法改革，这不仅是党的十八大以来始终坚持不变的司法改革目标，更是所有法律人必须直面的重大攻坚课题。究竟何为司法民主？司法民主何以可欲，又何以可能？又当如何践行司法为民？这一系列难题都不得不在法律职业化与司法大众化的冲突中接受理论与实践的双重拷问。

中国的司法民主化改革始终面临司法的职业化、精英化与司法的民主化、大众化两种路径取向的对峙。由于司法的专业性、被动性、中立性等种种与司法公正相关的重要品格，似乎总是天然地拒斥司法的“民主性”，而以往的司法民主问题研究也是将二者做对抗性处理，从而造成了一种将司法民主化与司法大众化等同，将司法的民主性与司法的职业化、专业化等相对立的误解。在既有研究中，人们或以政治学为研究进路，将政治民主范式强行套用于司法领域，使司法民主化演化为一种“群众运动”，从而将司法的民主性导向“全民审判”的误区；或以一种文化学的进路，片面强调文化传统因素对司法的影响，欲将司法进行“伦理化”改造，以“道德审判”

替代司法审判从而消解了司法的权威性;或以社会学为进路,运用泛化的司法理念来套用同样被泛化的民主概念,将道德、伦理乃至民意统统纳入司法的领域,从而导致司法的“虚无化”;或仅从司法学角度,引进一种形式化的民主(例如陪审制)来修饰司法制度的合法性,造成司法公信力的减损。本著作尝试跳出这些传统思维惯式,在“协商民主”的理论视域内,既为“司法民主”辩护,捍卫和保障司法之民主性的实现,同时,又防止和避免司法在“民主化”旗帜下的蜕变;更为重要的是,尝试在“接近正义”的新实践逻辑中,为当代中国的“司法民主化”改革探寻更加可欲且可行的新路径。

中外学者对于司法民主问题的研究,大致形成过三种重要的理论进路:主体民主进路、立宪民主进路以及程序民主进路。由于对“民主”这一核心概念的理解存在严重分歧和冲突,这三种进路都未能建构起具有说服力且能真正有效化解纷争的“司法民主”理念,也无法应对多元异质的现代社会对司法民主性的务实要求。经历长期的理论积淀与经验试错,西方的司法民主化改革实践揭示,基于现代民主理论的协商性转向,“民主”与“司法”之间的内源性关系已经发生了深刻的转变,二者不再是对抗性的,而是共生性的。现代司法的“民主性”催生出的是“接近正义”之司法改革理念的确立,而在全球可持续性发展导向的推进下,“接近正义”与“法律赋权”的司法改革热潮的兴起以及相应的制度创新便势不可挡。

经协商民主重构的“接近正义”的司法理念,彰显的是人本精神、公共性精神以及新程序主义的现代司法理念。然而,这些理念若不能转化成为一种整体的制度性设计,在司法的运行机制中加以落实并有效运转,就必然会导致因制度性规则失效而潜规则盛行,甚至会抵消现有司法制度体系的规范作用。因此,现代司法民主化改革的理念转变,至少应当包含四个方面的重建,一是要通过司法实践逻辑从“司法民主”向“接近正义”的转换,以确保司法资源在社会中的平等、合理、有效分配为核心目标;二是要强化司法的“公共性”品性,以“公共领域”法律化为制度根基,促进法律职业的结构性改变,确保法律服务的平等、高效;三是在宪政框架下的“新程序主义”基础上,通过司法正当程序与司法责任并重的理念确立,确保法律服务的平等性与实效性;四是正式确立司法的“可接近性”的评价指标,这既是衡量司法是否具有民主性的重要指标,更是测评司法民主性程度高低的重要指标。概言之,就是要将司法民主化改革的目标从抽象的、宏观的民主转变为真实的、具体的平等,使其更具真实性和“可接近性”。

“接近正义”的司法改革实践之路,还需要引入“法律赋权”(Legal

Empowerment）这一新实践路径，纳入“以人为中心”的立场，从绘制社会弱势群体“法律需求地图”与建构“接近正义”的“司法制度链”相结合的实践路径，力求改善司法不民主的状况。具体而言，在设计和规划“回应型”和综合性法律服务时，首先，从对中低收入群体法律需求的关照为切入点，大致描绘出满足中低收入群体法律需求的新图景，即应从根源上减少民众对法律援助的依赖，真正降低司法成本并提高法律服务质量，从根本上提升个人运用法律解决争端的能力；其次，聚焦于对法律援助制度的结构性调整，系统规划和构建“以人为中心”的法律援助服务的制度链，确保“有效援助”的问责机制正常运转；最后，从律师职业伦理和法律服务之间关系的角度，应展开对律师慈善性“公益服务”的结构改造，同时实现司法问责与监督机制的规范化、制度化。最终将“司法的民主化”改革目标落实为真正消除司法领域中“强势群体”与“弱势群体”之间的不平等，真正实现每一个人平等“接近正义”的权利。

关键词：司法民主；协商民主；接近正义；法律赋权

目　录

绪　言

“司法民主”是一个既富有理论魅力又充满现实挑战的论题。它不仅关乎在当下中国“共同富裕”的背景下，司法如何切实保障每一个人的合法权益，实现对公民权利的有效救济，更是要努力让人民群众在每一个司法案件中都感受到公平正义，牢牢坚持司法为民、公正司法，坚定不移推进司法改革，这不仅是党的十八大以来始终坚持不变的司法改革目标，更是所有法律人必须直面的重大攻坚课题。究竟何为司法民主？司法民主何以可欲，又何以可能？又当如何践行司法为民？这一系列难题都不得不在法律职业化与司法大众化的冲突中接受理论与实践的双重拷问。

进入现代社会，人们很容易因身处“法治社会”而产生一种盲目的自豪感，进而对司法抱有极高的期望。人们通常希望法律服务和纠纷解决的司法程序不仅是公平、有效的，同时也是可负担得起的。但真实的情况却是，社会中仍有很大比例的民众会因这样或那样的原因而无法真正获得法律和司法保护。司法的平等保护原则在实践中经常被“金钱”“身份”“地位”等颠覆，最应得到法律保护的人却常常无法真正享有其应得的司法资源，这对于整个社会的司法公正而言，无疑暗藏着巨大的社会民主与司法信用危机。

高质量法律服务以及法律援助能够促进和提升民众对司法资源的平等且高效利用，这是毋庸置疑的。因为这些案件涉及公民的基本权利，且诉讼应当是要式的和对抗性的，若双方当事人之间所掌控的司法资源严重不平衡，对司法的民主性的损害是显而易见的。然而，真实的情况却是，现有的司法民主化改革举措有时并不是缩小，反而是拉大了贫与富之间的差距，甚至可能使这些“弱势群体”的困境恶化。例如，不仅仅“低收入群体”存在难以接近司法的问题，社会中有很大一部分群体，甚至包括中等收入群体，也同样遭受着一些难以言表的困境。获得专业化法律服务的机会和质量不应因“贫与富”等涉及个人身份、地位的不同而被区别对待，这一点尽管在理论认知上早已达成共识，但实践中如何实现仍然是一个令人头疼的难题。“贫与富”等差异在立法和司法过程中的影响力往往会使法律偏离其预期的方向。即使一些法律援助确实帮助到了他们，但这一结果也具有不确定性，它可能更多依赖于“运气”。由于法律援助的申请标准以及援助范围的确定并不合理，导致部分群体会因为“不够穷”而被完全拒于法律之外。这意味着，面对骨感的现实，我们不得不重新燃起责任感和使命感，走进司法民主化改革的隐秘角落，探究理论与实践的巨大落差背后暗含的深层缘由。

历经改革开放40余年的试错与探索，法学界与法律实务界对司法民主的内涵以及传统的司法民主化改革进路的反思已逐渐进入理性反省的阶段，对“司法为民”宗旨的实践探索从未止步。对法律援助制度的反思、多元化解纷机制（ADR，Alternative Dispute Resolution）的构建、小额诉讼、简易程序、公益诉讼等改革举措的不断纠偏等都表明，走出司法与民主之间的理论纷争，进入“如何实现司法民主”的题域，才是当下司法民主化改革应当聚焦的重点和难点。

“接近正义”（Access to Justice）正是在这样的语境中进入笔者的研究视野。“接近正义”，是指平等诉诸司法的权利，源自西方20世纪初兴起的数“波”司法民主化改革浪潮。这场改革以福利国家的善治理念为出发点，以司法资源的平等享有为核心目标，以司法的“可接近性”为衡量社会可持续性发展以及个人和社会福祉的重要指标。如今，“接近正义”已经成为联合国2030年可持续发展议程的重要组成部分。① 当下全球的司法“接近正义”改革浪潮，是以联合国可持续发展议程为背景，其内涵指向社会中存在的这一困境：因获得法律服务及诉诸司法之机会不平等而导致的个人以及社会所承受的巨大而隐蔽的代价，正是这些隐蔽的不平等，严重限制了个体发展的机会，加剧了贫困陷阱的束缚，进而破坏了人类共同发展的潜力。因而，司法“民主化”改革的重心转向了为所有人，尤其是为弱势群体的“接近正义/诉诸司法”提供更多可能，尽最大可能消除每个人平等诉诸司法、维护个人合法权益的制度障碍。

因此，如何有效地采取措施，以促成每个人都能够平等诉诸司法，从而实现“接近正义”，成为本著作的研究重心所在。简言之，纳入“以人为中心”的观点，在设计和规划“回应性”和综合性法律服务时，重新考量并解决“低收入群体”的最为迫切和真实的法律需求，并在公共法律服务机构的职权范围内，建立一个有效畅通的对话平台，以深化对不同群体法律需求的采集。进而，从法律援助制度的结构性调整入手，确保公共法律服务的“无偿性”与“有效性”的统一。最后，以法律职业伦理的改革为切入点，

---

① ET Tyler，E Lawton，K Conroy，M Sandel，B Zuckerman. Poverty，Health and Law：Readings and Cases for Medical-Legal Partnership，Carolina Academic Press，2011.

进一步探索构建多元化法律服务的可行性和有效性。

总之,对特定群体而言,不可接近的正义,就是对所有人正义的否定,就是欠缺“民主性”的司法。而本著作试图重建的“司法民主”,正是以“司法资源的平等享有”为核心目标,全面贯彻以民众的法律需求为中心的“司法资源平等分配”原则,并将其落实为促进包容性和可持续增长的一个有效的“司法制度链”。

一、“司法民主”研究题域的重新限定

为避免陷入无谓的概念纷争,本著作对司法民主问题的探讨将限定在如下题域之内:

第一,当代中国的司法民主问题研究必须直面的第一难题就是厘清中国司法职业化与司法民主化之纷争背后的深层根源。司法职业化与司法民主化的对立只是表象,其背后暗含的一系列利益冲突与价值分歧,才是长期以来阻碍司法民主化进程的真问题。只有厘清这一系列利益冲突与价值分歧的来龙去脉,理顺其在司法领域的定位,才有可能消除对司法之“民主性”的误解,找到化解冲突和应对挑战的真正出路。

第二,对司法之“民主性”产生分歧的一个重要原因在于对“民主”以及“司法民主”的本质和内涵的错位理解。这一认识上的混乱使得职业化论者与民主化论者间的理论交锋发生错位。因为,二者论争的核心语词——“司法民主”完全是不同语境中的两个不同概念。事实上,民主化论者并不否定司法的职业化、专业化建设的必要性,而职业化论者也并非否定司法与民主的内源性关联,也并不否定司法与社会需求以及民众普遍道德共识等等因素的联系。换言之,二者间真正的理论争点不是司法应当民主化还是职业化的问题,不是二选一的问题,而是司法在坚守职业化的前提下,应当实现怎样的民主的问题。所以,司法“民主性”的内涵及其核心要素究竟是什么,即司法民主性的评价指标体系的问题,这才是当代中国司法民主问题研究的突破点。

第三,如何推进中国的司法民主化,是学者与改革者们分歧最大而共识最少的问题,因而也是当代中国司法民主问题研究的核心难题。分歧最大的原因在于,在既有研究中,人们或以政治学为研究进路,将政治民主范式强行套用于司法领域,使司法民主化演化为一种“群众运动”,从而将司法的民主性导向“全民审判”的误区;或以一种文化学进路片面强调文化传统因素对司法的影响,欲将司法进行“伦理化”改造,以“道德审判”替代“法律审判”从而消解了司法的权威性;或以社会学进路运用泛化的司法

理念来套用同样被泛化的民主概念，将道德、伦理乃至民意统统纳入司法的领域，从而导致司法的“虚无化”；或仅从司法学角度引进一种形式化的民主（例如陪审制）来粉饰司法制度的合法性，造成司法公信力的减损。然而，“司法”与“民主”究竟因何而产生关联，二者之间又应当建立怎样的理论关联以及制度架构？为什么“接近正义”理念与相应的司法改革浪潮的兴起，为司法的民主性问题带来了新的战略方向？这些问题不仅未能在上述研究框架中得到解决，反而使得纷争更加激烈。

因此，必须选择一种新的理论进路，能够将“民主”与“司法”这两个自古就歧义丛生的概念加以整合，在二者之间既能建立起恰当的理论关联，又能建立起一个系统的司法民主的逻辑架构和运行机制。唯此，才有可能使各种纷争回归统一的语境，最终使司法改革实践走出对抗、迷茫和摇摆不定的状况。

本著作正是在对当代中国的司法民主问题研究①的基础上，进入“接近正义”的题域，旨在探究司法为什么要“接近正义”？“接近正义”何以可欲，何以可能？司法又如何“接近正义”？如何构建“接近正义”的“司法制度链”？概言之，“接近正义”的司法改革进路是一种从“自上而下”的体制改革到“自下而上”的需求满足的策略转变，这为人们重新思考司法的“民主性”问题提供了一个新的战略性导向。而“以人为本”的司法战略也是本著作一个创新性亮点。因为，对人的法律需求的侧重是确定司法改革制度创新潜力的关键，这也为作为公共资源的公共法律服务体系的构建提供了反思的新视角。通过对人们日常生活的深刻理解，探究如何能够更好地反映民众真实的法律需求，认真考量他们的不同境况和经验，有助于引导“接近正义”改革的新方向。当这些“以人为本”的新视角渗透法律援助服务的评价系统时，才能使我们有可能正确评价和衡量当下的司法制度体系是否真正有助于民众“接近正义”。

二、研究进路的说明

首先，以问题为导向，理论关照现实的进路。本著作并非仅仅依托先验、抽象的理论推演，而是基于对实际现象、事实和事件的问题分析，力图摆脱理论与实践脱节的困境。理论总是以一套西方的话语系统自说自话，而实践却有一套自我循环、自生自发的本土规律。因此，只有以问题为导向，才能真正进行自主性批判和反思，从而在外来理论与中国现实之间建

① 参见王荔：《当代中国司法民主问题研究》，2012 年吉林大学博士论文。

立起融通和转化的桥梁,最终提供一种具有原创性价值的理论贡献。

其次,概念重构进路。如何能够在“民主”与“司法”这两个自古就歧义丛生的概念之间建立合理的理论关联,是国内外既有的司法民主问题研究范式都未能解决的重大难题。究竟什么是司法民主,司法为什么要民主,以及司法如何民主等问题,其实质就是要解决在制度层面如何确立和实现转型时期中国司法体系的正当性来源以及现代价值目标的问题。如何将司法与民主这两个概念加以整合,并提供一个重构现代司法民主理念的逻辑架构。本著作尝试在观念史的透视中诊断中国司法民主化进程所遭遇的概念错位,并反思西方司法民主理论研究以及“接近正义”改革浪潮的问题意识与理念转型,力图实现理念层面的重构。

其三,观念史与制度史相结合的研究进路。在司法民主问题的观念演进中透视其制度变迁,把握不同理论立场的司法民主问题所呈现的发展轨迹和实践维度,着眼于司法民主理念所面临的重大理论挑战及其暗含的价值冲突,以厘定司法民主的基本立场;同时充分张扬司法哲学与司法社会学的问题意识,集中对中—西方“接近正义”之实践中的制度性困境加以分析,力图梳理从“司法民主”到“接近正义”的司法改革路径转换,提出了一个司法之“民主性”的新立场——“司法主体对司法资源的平等享有”。

其四,纳入“以人为中心”的观点,尝试从绘制社会弱势群体“法律需求地图”和建构“接近正义司法制度链”相结合的实践路径,力求改善司法不民主的状况。具体而言,在设计和规划回应性和综合性法律服务时,重新考量并解决“低收入群体”的最为迫切和真实的法律需求,并在公共法律服务机构的职权范围内,建立一个有效畅通的对话平台,以深化对不同群体法律需求的采集。进而,从法律援助制度的结构性调整入手,确保“无偿援助”及“有效援助”的统一。最后,以法律职业伦理的改革为切入点,探索多元法律服务的可行性和有效性。

总之,全面理解有效的以人为中心的平等诉诸司法的机会,将其落实为促进包容性和可持续增长的一个“司法制度链”,是本著作的理论追求与实践尝试。因为,对特定群体而言不可接近的正义,就是对所有人之正义的否定和消解。

三、研究框架与逻辑结构

第一章【当代中国司法民主化改革的困境与挑战】 以当下中国司法改革面临的司法职业化与司法民主化两种路径取向的纷争与对峙为切入点,简要介绍了本文的选题背景,重新界定了本文的研究题域及研究进路,并简短表述本文的核心观点、最终结论以及结构安排。值得强调的是本章第二节关于“司法民主化亟待回应的社会问题”的分析，分别从民众法律需求与司法资源供给之间的不匹配、贫与富对法律服务机会与质量的影响力、法律服务的功能与实效之落差以及无偿法律援助的困境等四个方面力图呈现出司法民主化问题的挑战与困境与“接近正义”理念的内在关联。

第二章【司法为什么要民主】 主要从“司法民主”何以成为问题出发，探究当前中国司法改革进程中遭遇的困境挑战及其深层根源。而当代中国“司法民主”问题的重新出场，正是试图找到的一条能够弥合司法与社会、司法与民众之间断裂的有效路径。唯此，对“司法民主”问题的研究才是可欲的。因而，本章第二和第三节旨在将论证焦点集中在司法民主何以可欲，以及作为司法民主应有之义的“接近正义”，其民主性内涵如何确立，其在全球化实践中又是如何发展变迁的。

第三章【中国司法民主化改革历程反思】 本章以历史的方法展开对近代以来中国司法民主化进程中存在的理论误区和现实问题反思和批判，揭示当代中国尤其是改革开放以来中国的司法民主化改革存在的问题及其症结所在。中国的司法民主化进程是一个对西方司法民主理念从“拒斥”到“学习”再到“重构”的艰难过程。经历了晚清时期、民国时期、陕甘宁边区时期以及改革开放以来的转型中国时期。不同时期司法的民主化改革都体现出司法民主化与司法大众化的冲突以及“接近正义”与消解法治并存的矛盾，其背后深层的原因则存在如下几个方面：1. 当代中国社会的现代性立场的缺失使得民主观被选择性重构，无法应对当代社会中凸显的利益冲突与价值分歧问题；2. 在这种被选择性重构的民主观引导下，形成了错位的司法民主观；3. 由于前述两点的共同影响，我们在司法民主化取向上存在诸多误区，致使司法民主的运行机制和架构的建立出现了运转不良等状况。

第四章【西方司法民主化进程之实践逻辑】 西方社会的司法民主化改革有其特殊路径，因而具有鲜明的理念特色、制度架构以及运行机制：1. 以司法独立为核心，以确立司法权对立法、行政等权力的监督与制约的制度总体目标；2. 以司法主体制度为主线，确立以法官选任制度和陪审制度等为主要制度模式的司法主体制度，以确保市民社会对司法权力的直接拥有，以及民众对司法权力运作过程的参与和监督；3. 以司法程序制度为主线，奉行当事人主义，形成了以抗辩制度为表征的对抗性司法的制度模式，以确保司法程序设计和运行的民主性。然而，在遭遇一系列的危机与挑战后，西方司法民主理念与实践模式在协商民主理论影响下，呈现出的新面孔——“协商性司法”，表现为：1. 司法能动与司法克制之间的平衡；2. 形式主义司法观与功能主义司法观的调和；3. 司法模式从对抗式向合作式转向的发展趋势。相应地也就促生了当代西方“协商性司法”的制度实践新举措：1. 司法主体制度的完善与法律职业共同体的建立；2. “回应型”司法责任模式的发展与完善；3. 司法附生机制的建立与完善。

第五章【“接近正义”的理论准备】 本章通过分析“司法民主”问题研究的传统理论进路，并在此基础上试图分析现代民主理论的“协商转向”及其对民主理念的重构。这一重要转向必然引发现代司法理念的转变乃至重构。这就为“接近正义”的理论与实践奠定了坚实的基础。

第六章【协商民主语境中的“司法民主”与“接近正义”】 本章旨在加强论证“司法民主”与“接近正义”二者间的共同向度：首先，是共同的伦理向度，分析了二者之共同伦理目标在于，从“以人为本”出发确保司法资源的平等分配，这是二者之伦理内核；其次，是共同的社会向度，论证了公共领域的法律化正是接近正义与司法民主之公共性制度根基；其三，是共同的法治向度，从新程序主义的逻辑立场出发论证了司法的民主责任与正当程序之间的关系，而这正是二者共同的法治追求；其四，是共同的实践向度，即司法的可接近性，它正是衡量司法民主性与司法可接近性的共同的制度性指标。

第七章【“接近正义”何以可能】 本章着眼于论证“接近正义何以可能”。首先，详尽分析了传统的“自上而下”的“接近正义”改革进路存在的限度，即面临着司法资源稀缺、司法权能有限以及一些阻碍“接近正义”实现的重要因素；接着，提出了一种“自下而上”的司法“接近正义”与“法律赋权”新战略，介绍和呈现了司法“接近正义”运动的实践性推进，“法律赋权”运动对“接近正义”改革的补充和推进，并着重介绍了全球性的“接近正义”和“法律赋权”改革的新理念和新的战略举措。

第八章【从“司法民主”到“接近正义”的实践逻辑】 此章实际上是对第六章和第七章提出的“接近正义”新理念和新战略举措在实践层面的回应，试图为进一步的“司法制度链”建构做准备。因此，这一章首先分析了司法的民主责任之内涵转变；其次，从主体面向之转变的角度分析了司法立场的转变；其三，强调了以“新程序主义”弥合形式正义与实质正义之断裂，以“司法克制”框定司法权能的边界和限度；最后，也是最重要的，强调“接近正义”与“法律赋权”之改革重心的转换，引入了“法律赋权”这一新方向，力图为“接近正义”改革走出困境开拓出一个新路径。

第九章【“接近正义”之“司法制度链”构建】 本章首先从对中低收入群体法律需求的关照为切入点，大致描绘出满足中低收入群体法律需求的新战略图景，即应从根源上减少民众对法律援助的依赖，真正降低司法成本并提高法律服务质量，从根本上提升个人运用法律解决争端的能力；其次，聚焦于对法律援助制度的结构性调整，提出应当系统规划和构建“以人为中心”的法律援助服务制度链，确保“有效援助”的问责机制构建等措施；其三，试图从律师职业伦理和法律服务之间的关系的角度，提出应展开对律师慈善性“公益服务”的结构改造；最后，提出了司法问责与监督机制的规范化重建，以期待构建更为合理的“接近正义”的司法制度链。

第一章　当代中国司法民主化改革的困境与挑战

对犯罪的惩罚应该反映被告的罪行，而不是他们能负担得起的律师素质。

——［美］Deborah · L · Rhode①

第一节　司法“民主化”如何回应司法“职业化”的质疑

司法的民主化改革是当前中国司法体制改革进程中最受关注又最多争议的问题之一。长期以来，中国的司法体制改革无论在理论上还是在实践中，始终面临着司法的职业化与司法的民主化两种路径取向的对峙。然而，在既有的司法民主问题研究中，真正的理论交锋并未形成。例如，对于引发这场纷争背后的深层根源，学者们的认识存在很大分歧；对于“司法”与“民主”因何而产生关联学者们从未达成共识；对于司法民主与司法独立、司法职业化以及司法大众化等概念的界定及其相互关系，也从未形成有说服力的观点；对司法民主理论与实践模式的系统研究更是远未受到应有的关注。究竟如何定义“司法民主”以及如何实现司法的民主化，这些问题不仅未能在既有研究中得到解决，反而陷入更深的纷争与迷茫之中。

以1991年《民事诉讼法》第64条②的规定为标志，我国的庭审制度揭开了从“纠问制”（interrogation system）（或曰讯问制）向“抗辩制”③（adversary system）（或曰对抗制）的改革帷幕。“抗辩制”的推进在一定程度上标志着中国司法改革向“专业化/职业化”的迈进。但是，在这一职业化演进的过程中，也引发了各种新的问题和矛盾。针对当时的情况，有学

① Deborah L. Rhode. Access to Justice［M］. New York：Oxford University Press，2004，P. 139.

② “当事人对自己提出的主张，有责任提供证据”。

③ 法院系统内部在民事与刑事案件中对两者做了区分，民事审判中称“听证式”，刑事审判中称“控辩式”。

者指出，“从司法体系内部观察，改革的深化也使得旧有制度理论基础的缺陷以及操作者的素质不能适应这一改革的种种方面显露出来，而司法制度内部和外部各种功能衔接及利益与资源的分配与调适未能平稳转换乃至凿枘不入的情形亦时有发生。最明显的例子便是接下来全方位的辩论制改革，大致到 1994 年下半年逐渐收缩范围，主要只在民事经济案件的审判范围内进行”①。换言之，这一移植而来的制度在中国的司法环境中能够发挥其功能的领域和范围极其有限。这无疑在一定程度上宣告了此次“司法职业化”改革尝试的挫败。

2005 年 10 月国务院新闻办公室发表了《中国的民主政治建设》（白皮书），其中第十节以专节论述了“司法民主”问题，重新树起了“司法民主化”改革的大旗。从 1999 年至 2019 年间，最高人民法院连续颁布了五个《人民法院五年改革纲要》。如果说前两个改革纲要②仍是以司法职业化为改革目标，那么，《人民法院第三个五年改革纲要（2009—2013）》的颁布，特别是“三个至上”原则的提出，将“司法民主化”改革推向了高潮。各级地方政府和法院也都纷纷出台相应的司法民主化改革措施③。

然而，上述官方举措更进一步引发了学界关于司法职业化与司法民主化的激烈论争。司法职业化阵营强调以法官职业化为核心，重视法官的职业素养和专业精神，坚持司法独立与价值中立。认为这是凭依成熟法治国家（尤其是西方法治模式）的司法架构而提出，是中国现代司法体制确立和发展的重要成就之一。可是，由于在司法职业化取得进展的同时，其与司法实务领域所出现的矛盾、冲突和问题在时空上的共生性，人们自然地将反思的焦点集中在司法职业化的是非功过之上。于是，司法的民主化重新被提出，强调法律不能偏离一个社会真实的需求和民众普遍认同的常

---

① 贺卫方：《对抗制与中国法官》，《法学研究》1995 年第 4 期，第 85 页。

② 《人民法院五年改革纲要（1999—2003）》，《中华人民共和国最高人民法院公报》1999 年第 6 期；《人民法院第二个五年改革纲要（2004—2008）》，《中华人民共和国最高人民法院公报》2005 年第 12 期。后续颁布的三个改革纲要分别为：2009 年 3 月 17 日，最高人民法院发布的《人民法院第三个五年改革纲要（2009—2013）》；2015 年 2 月 26 日，最高人民法院发布的《最高人民法院关于全面深化人民法院改革的意见——人民法院第四个五年改革纲要（2014—2018）》；2019 年 2 月 27 日，最高人民法院发布的《最高人民法院关于深化人民法院司法体制综合配套改革的意见——人民法院第五个五年改革纲要（2019—2023）》。

③ 例如，陕西陇县法院最先推行并在全国法院系统产生极大影响的“能动主义八四司法模式”；陕西延安法院贯彻司法群众路线的新举措而推出的“一线审判模式”；河南法院开展的“人民陪审团”试点的新尝试。这些新的举措和尝试都是在司法民主化取向引导下，经实践经验的积累而形成的制度创新。参见安东主编：《西部法官论丛（西部法官论坛 2009 年研讨论文集）》，人民法院出版社 2010 年版；安东主编：《西部法官论坛 2010 年研讨论文集》，陕西省高级人民法院，2010 年 12 月。

识、常理、常情，司法裁判应顺应和吸纳民意，司法应首先具有人民性、民主性。但是，百余年的变法实践经验和教训，尤其是新中国成立初期“大众司法运动”①对新中国法治建设的负面影响，使学界对于动辄诉诸“人民”的革命性伦理始终保持着高度警惕。因为经常的诉诸很容易使人们扭曲司法的本性，将民主适用到其不能胜任或不能起主要作用的场域，扭曲对待司法的日常心态与司法的日常功能，并偏离中国政治民主化的真正主题与场域。

这场激烈的纷争历时长久，已经逐渐从一场学术争论演变为一场大众参与的政治论辩。20 世纪八九十年代，司法职业化一度赢得了主流地位，代表了中国司法改革的发展方向；而司法的大众化则被视为“旧传统”，应当逐步被“正规化”“程序化”“现代化”，以适应市场经济所要求的“现代法治”。不过，自 20 世纪 90 年代中期以来，虽然多数法学论著的倾向还是职业化的，但是在一些具有社会学倾向的法学论著中②，已经开始正视乡土化、大众化法律传统的应有价值。

2015 年初，根据中央司法改革部署，最高人民法院设立第一、第二巡回法庭，作为改革试点。同时，最高人民法院审议通过《最高人民法院关于巡回法庭审理案件若干问题的规定》，明确了最高人民法院巡回法庭的案件受理范围和审判权力运行机制。基于前期试点成果，最高人民法院后又增设四个巡回法庭。巡回法庭作为最高人民法院的派出机构，旨在拉近与人民群众的距离，让基层的老百姓、当事人和律师有更多机会、更便捷的渠道得到最高人民法院的司法服务，进而节约了他们到最高人民法院打官司及申诉、上访的成本。③ 2020 年 11 月 17 日，习近平总书记在“中央全面依法治国工作会议”上的重要讲话中强调要把以人民为中心落到实处，“全面依法治国最广泛、最深厚的基础是人民，必须坚持为了人民、依靠人民。要把体现人民利益、反映人民愿望、维护人民权益、增进人民福祉落实

① 新中国成立后的 1952—1953 年期间，新中国政府发动了一次全面改造和整顿司法机关的运动。主要内容包括四个方面：清除旧司法人员、肃清旧法思想、纠正旧司法作风、发展政法教育。通过这次司法改革运动，全面确立了政法合一、非职业化以及群众路线的传统，即所谓的“大众司法”模式。

② 参见朱苏力先生的相关论著。例如，苏力：《制度是如何形成的（增订版）》，北京大学出版社 2007 年版；苏力：《也许正在发生——转型中国的法学》，法律出版社 2004 年版；苏力：《道路通向城市——转型中国的法治》，法律出版社 2004 年版；苏力：《送法下乡：中国基层司法制度研究》，中国政法大学出版社 2000 年版；苏力：《法治及其本土资源》，中国政法大学出版社 1996 年版；等等。

③ 沈德咏：《关于司法民主的几个问题》，《中国应用法学》2017 年第 1 期，第 15—22 页。

到全面依法治国各领域全过程。推进全面依法治国,根本目的是依法保障人民权益。要积极回应人民群众新要求新期待,系统研究谋划和解决法治领域人民群众反映强烈的突出问题,不断增强人民群众获得感、幸福感、安全感,用法治保障人民安居乐业”①。这些无疑表明,司法民主化已经成为当前中国司法体制改革的主流价值取向和实践逻辑。

司法职业化与司法民主化之纷争,其实质是对司法与民主的关系问题的再反思,是当代中国司法民主问题研究的核心命题。当代中国司法体制改革面临种种困境与挑战,而司法的职业化与司法的民主化都是为应对这些困境与挑战而提出的改革方案,只是对于究竟应当选取怎样的方向与路径,学者们之间长期以来存在重大的分歧。这些分歧主要集中在以下几个方面:

首先,关于这场纷争背后的根源及症结,学者们的认识极为不同。例如,学者贺卫方认为,外来知识与本土资源之间的冲突,使得 20 世纪以来中国建立的近代型的司法体系缺乏传统资源支持,司法机构自身也缺乏扩张的正当性,因而,系统性的合理体制无法形成,配套观念未能确立,实践上也出现种种缺陷,致使司法制度创新也面临着若干两难选择。② 学者喻中也将这两者间论争的根源归结为“百年来积淀而成的现代中国的法律传统始终未能跳出相互对峙的两翼格局:西方化的法律传统与乡土化的法律传统。……这两种法律传统,既载之于法学理论,也行之于法律实践,长期并行,至今依然” ③。而舒国滢教授则指出,“从更为宏大的背景来看,司法的广场化和剧场化问题代表着自由/秩序、民主/独裁、实质主义/程序主义、大众化/精英化、通俗化/职业化、简单化/复杂化、感性创造/理性选择、多样化/单一化等等二元对立的语路”④。

其次,关于司法是否应当民主化这一问题,学者们之间也有很大分歧。例如,学者陈端洪主张,司法与民主必须保持距离,不能用民主的原则、方法、民众情绪来取代司法。⑤ 而学者何兵则指出:“‘文革’以后至今司法建设所走的路线总体来说为司法职业化。由于未配合以司法民主化建设,导

① 《习近平在中央依法治国工作会议上的重要讲话》,最后访问:凤凰网 http://news.ifeng.com/c/81ThWvrPzpw.

② 贺卫方:《中国司法管理制度的两个问题》,《中国社会科学》1997 年第 6 期,第 117 页。

③ 喻中:《吴经熊与马锡五:现代中国两种法律传统的象征》,《法商研究》2007 年第 1 期,第 134 页。

④ 舒国滢:《从司法的广场化到司法的剧场化——一个符号学的视角》,《政法论坛》1999 年第 3 期,第 12 页。

⑤ 陈端洪:《司法与民主:中国司法民主化及其批判》,《中外法学》1998 年第 4 期,第 34 页。

致司法职业化尚未成型，司法官僚化严重。克服此弊病的努力方向应当是司法民主化建设。司法建设在强调法官职业化的同时，必须高举司法民主化的旗帜。”①

第三，对当代中国的司法民主观的理解和评价，学者们各执一词。学者陈端洪认为，当前中国的司法体制、法官的素质结构和法院的运作方式等，都是在以人民民主专政、民主集中制以及群众路线为原则的社会主义民主观的深刻影响下形成的，这种司法民主观是阻碍法治的建立的。② 学者周永坤也指出，由于长期以来受主体民主理论的影响，造成了一种将司法民主与大众司法等同、将司法民主与司法职业化以及司法独立向对立的误解。这严重误导了中国的司法民主化进程，甚至可能导致司法改革的倒退。③ 学者贺卫方认为，如果立法体制与程序实现了民主，那么，司法民主最重要的体现就是让法官严格地依照体现国民意志的法律判决案件。任何要求法官在立法之外寻找判案依据的做法都将形成法官的专断。④ 而学者侯猛则认为：“今天重提司法民主，强调司法的人民性，其法律意义就在于，法官在裁判涉及特定社区的案件时，要充分考虑社区结构和传统，将情理与法律相结合，从而可以使判决能够首先为当事人以及当事人所在社区的公众所理解和认同，从而最大限度地化解矛盾，减少涉讼上访。”⑤

第四，对于当代中国如何实现司法的民主化问题，学者们更是众说纷纭。学者陈端洪指出：“对于当前中国而言，司法的目的取向应该淡化，不管把它的目的规定为民主还是专政；法官的产生方式应忠于司法的自治与独立；司法的民主责任不能有伤于自治；司法民主化不是群众化、运动化；对于司法而言，个体的权利与尊严较之群众意愿更足珍贵。”⑥学者周永坤指出：“司法职业化和司法独立是司法现代化的产物，它们是司法民主的必要条件。我国的司法民主化建设必须抓住以下几点：坚持司法职业化的方向；实行人民陪审员制度的‘人民化’；提高司法规范的民主含量，将宪法规范的民主权利迅速具体化；进行司法独立的制度建设，使司法真正能担当起人权守护神的重任。”⑦学者何兵则认为：中国的司法改革应在法官职业化与司法民主化两条道路上同时推进，法官职业化与司法民主化的制度

① 何兵：《司法职业化与民主化》，《法学研究》2005 年第 4 期，第 101 页。

② 陈端洪：《司法与民主：中国司法民主化及其批判》，《中外法学》1998 年第 4 期，第 35 页。

③ 周永坤：《我们需要什么样的司法民主》，《法学》2009 年第 2 期，第 3—16 页。

④ 贺卫方：《回归司法的本源》，《南风窗》2009 年第 8 期，第 10 页。

⑤ 侯猛：《中国的司法模式：传统与改革》，《法商研究》2009 年第 6 期，第 58 页。

⑥ 陈端洪：《司法与民主：中国司法民主化及其批判》，《中外法学》1998 年第 4 期，第 34 页。

⑦ 周永坤：《我们需要什么样的司法民主》，《法学》2009 年第 2 期，第 3—16 页。

结合点在于陪审制。① 朱苏力教授则指出：为了促进中国的司法改革，推动法官的职业化和专业化非常必要。但仅仅做到这一点是不够的，同样会出问题。因为司法不可能完全独立于政治；司法不可能不考虑社会需求；②司法当然应当回应民意，但更须有效回应，必须在现行制度下依据制度和程序来有效回应民意。③ 学者侯猛则认为：“必须打破‘司法独立’的神话，从儒法传统和政法传统出发，以宪法为根本依据，重新解读中国的司法模式。”④张文显教授则是从司法制度建设与实践的角度加以概括：“司法民主包括两个方面，一是司法为民，二是民主司法。司法为民作为一切司法工作的出发点和落脚点，通过公正高效的司法活动依法保障人权，依法维护人民权益，做到司法惠民、司法护民。同时，还要考虑司法活动如何更快捷、更方便、更有效地实现好、维护好、发展好最广大人民的根本利益，做到司法便民、司法利民。而民主司法是人民当家做主的政治制度在司法领域的体现。”⑤

上述分析表明，随着中国司法改革进程的推进，无论是对“司法民主”的批判抑或支持，国内的司法民主问题研究都在不断试错和经验积累中逐步深化。⑥ 学者们早已摆脱盲目跟风和所谓“运动式”的快感，而是进入理性反思的阶段。但是，无论在理论上还是实践中，对司法民主内涵与外延的界定仍显得混乱不清，无法达成共识；司法民主与司法独立、司法职业化、司法大众化等概念之间的关系仍待进一步厘清与界定；尤其是对司法民主理论与制度实践模式的系统研究仍远未受到应有的关注。司法为什

① 何兵：《司法职业化与民主化》，《法学研究》2005 年第 4 期，第 101 页。

② 苏力：《关于能动司法与大调解》，《中国法学》2010 年第 1 期，第 5 页。

③ 苏力：《法条主义 、民意与难办案件》，《中外法学》2009 年第 1 期，第 95 页。

④ 侯猛：《中国的司法模式：传统与改革》，《法商研究》2009 年第 6 期，第 58 页。

⑤ 张文显：《人民法院司法改革的基本理论与实践进程》，《法制与社会发展》2009 年第 3 期，第 3—14 页。

⑥ 对此，吉林大学理论法学研究中心已经逐步建立起了一个具有延续性和进深性的学术研究领域和学术团队。近年来，以司法改革为主题的重要博士论文有：孙发：《司法权威研究》，吉林大学 2004 年博士论文；关玫《司法公信力研究》，吉林大学 2005 年博士论文；宋双：《我国司法监督制度研究——一种监督模式的构建》，吉林大学 2006 年博士论文；车传波：《正当程序论——以中国司法改革为视角》，吉林大学 2007 年博士论文；顾学松：《寻求舆论监督与司法公正的平衡》，吉林大学 2007 年博士论文；孙长春：《司法权威的制度建构》，吉林大学 2008 年博士论文；吴立志：《恢复性司法基本理念研究》，吉林大学 2008 年博士论文；崔军：《论司法裁判》，吉林大学 2008 年博士论文；李炳烁：《司法制度的政治功能》，吉林大学 2008 年博士论文；刘景辉：《论司法民主》，吉林大学 2010 年博士论文；王荔：《当代中国司法民主问题研究》，吉林大学 2012 年博士论文；孟欣然：《影响性诉讼案件环境因素研究》，吉林大学 2016 年博士论文；王玉：《公民有序参与司法审判的理论与制度研究》，吉林大学 2017 年博士论文等。

么要民主,怎样的司法才是民主的,以及究竟如何实现司法民主等等,这一系列问题都亟待理论上的澄清。对此,着眼现实困境,重新审视司法民主理念与实践逻辑上的不足,仍是我们法学理论研究无法回避的重大课题。

第二节 司法民主化亟待回应的社会问题

法律,尤其是司法活动,关涉每个人的生命、健康、事业、家庭、社区生活乃至邻里关系等息息相关的问题,它无处不在。因为,与法律有关的问题渗透于人们的日常生活中,是人们每天都会不期而遇且无法逃避的。更为严峻的是,司法的不公在很多情况下会引发并可能导致集群效应甚至引发严重的群体性事件。因此,法律必须平等无差别地适用于所有人,包括个人、家庭、群体以及企业和公司。尽管如此,司法不公对于某些群体而言,往往会比其他群体产生更多影响,尤其是那些穷人、妇女、儿童/青少年、老年人、残疾人、单亲父/母、流离失所者等社会底层或弱势群体。而一些中小私营企业和公司也同样会面临许多具体的法律问题(例如税收、监管、雇用或支付发票、债务和货物或服务有关)。这些问题对个体而言尤其糟糕,因为相较于大型企业或公司,个人往往更加没有足够的时间、精力和能力来识别和解决他们所面临的法律困境。

一、民众法律需求与司法资源供给之间的不匹配

进入现代社会,人们很容易因身处"法治社会"而产生一种盲目的自豪感,进而对司法抱有过高的期望,但真实的情况却是,社会中仍有很大比例的民众会因这样或那样的原因而无法真正"接近正义/司法"。尽管我们拥有看似庞大的法律职业群体,但普通民众想要获得有效的法律服务仍然并非易事。尽管有《宪法》以及相应的实体法与程序法,确保公民在案件中能够获得"无偿且有效的法律援助",以实现其合法权益和诉权,但能满足援助标准的人仍然是有限的;况且,即使获得了法律援助,法院指定的免费提供援助的律师常常是随机遴选的一些刚刚入行的律师,甚至是法学院尚未毕业的学生志愿者。他们在提供法律援助时很难保证自己在涉案领域有足够的经验和技能,甚至很难保证自己在刑事辩护方面具备相应的专业知识。而在民事以及行政案件中,上述情况同样存在。这就是说,法律以及司法对最需要它帮助的人而言,往往是过于昂贵且稀缺的资源。

人们通常希望法律服务和纠纷解决的法律程序不仅是公平、有效的,同时也是可负担得起的。然而,对大多数人来说,目前的司法状况是远远

不达标的。

首先,司法的平等保护原则在实践中经常被颠覆。程序公平要求每个人都有机会在客观、中立的司法程序中实现有实质意义的参与。这反过来则要求有相应的法律援助制度以确保每个需要法律帮助的人都能获得平等诉诸司法的机会,即那些有现实需求但却实际上负担不起律师费的人,原则上应该有机会获得政府提供的无偿法律帮助或服务。对于无法以非诉方式解决的问题,当事人双方也应具有及时、公平和有效的权利救济渠道来解决纠纷。现实却是,每年仍有数以百万计的民众在面对纠纷时无法真正诉诸司法,更不用说解决纠纷了。根据某省司法厅法律援助中心的不全面数据统计估算,每年大约 4/5 的低收入群体的民事诉讼需求和 3/5 的中等收入群体的民事诉讼需求不能得到满足。而且,更令人无奈的是,对于大多数低收入群体的诉讼当事人来说,获得律师的法律援助不仅在统计上是不可能的,在现实中也是不可期的,全凭运气。我们不得不容忍这样一种现实,即金钱往往决定能否获得法律上的公平对待。

其次,司法资源的平等分配在实践中只是"神话"。在过去的 20 年里,政府每年用于法律援助的预算投入十分有限,但对法律援助对象的限制却越来越多。一方面,需要政府资助的法律援助项目越来越多,但法援律师数量的不足极大限制了法律援助制度的实效;另一方面,真正需要法律帮助的群体,往往是政治上最脆弱的群体,往往也是法律上最脆弱的群体。政府援助的项目可能并不会涉及"不值得"的人的真正需求,这一群体包括穷人、囚犯、残疾人以及一些被边缘化的群体,如性工作者、流浪群体等。虽然"贫弱"的刑事被告人理论上有权得到律师的法律援助,但实际上却很少有人能真正获得有效援助。据非官方数据显示,近乎 80%以上的法援案件是通过认罪来解决的,通常没有经过完整的审判程序,甚至没有经过充分的事实调查。法庭指定的法援律师的投入准备工作的时间和精力往往很有限,在接受审判的个别案件中,辩护律师甚至打个盹的时间,就维持了定罪。

其三,民众自身缺乏对问题严重性的认识。虽然大多数民众都认为"有钱人"在司法资源的享有中占有绝对优势,但绝大多数人并未意识到应当如何去争取和改变现状。更为严重的是,人们还错误地认为,"穷人"在刑事案件中有权获得无偿的法律援助,就意味着他们的确获得了法律帮助,也就的确获得了对司法资源的享有。只有极少数真正有过刑事司法经历的人,才有可能认识到"穷人"其实是很难得到真正有效的法律帮助的。一个国家的刑事司法系统最能反映公众认知与日常现实之间的差距。即使是在美国,这一认知与现实的脱节现象也是不容忽视的。例如,在美国庞大的律师群体中,仅有不到1%的律师投入法律援助工作。这意味着每1400名穷人或低收入者才有可能分有一名律师为其服务。① 事实上很少有人能够清楚地认识到,正义对于"穷人"而言究竟意味着什么,能够实现到什么程度。更可悲的是,那些能够认清现实的人并不一定有去做出改变的动机,而具有最迫切改变需求的群体,往往获得话语权或影响力的机会是最少的。

总之,本书旨在郑重提醒我们,至少应对于司法资源的平等享有问题有所意识,因为,不仅仅是"低收入群体"存在难以被平等关怀和接近司法的问题,数以百万计的中国民众,甚至包括中等收入群体,也同样遭受着一些难以言表的困惑,因为原则上最应得到法律保护的人却无法获得应得的司法资源,这对于整个社会的司法公正而言,无疑暗藏着巨大的社会民主与信用危机。

二、"贫与富"对法律服务机会与质量的影响力

曾有一句颇具讽刺意味的话语令人印象十分深刻:"对犯罪的惩罚应该反映被告的罪行,而不是他们能负担得起的律师素质。"②

随着生活模式变得愈发复杂,人与人之间的相互依存愈发紧密,人们对法律的需求也相应增加。在西方工业化国家,生活水平的提高也导致人们对法律之作用的期望值随之提高。此外,环境与生态危机、家庭暴力、歧视性行为以及社会公益服务的不足等等,这些曾经被认为是理所当然或微不足道的问题,现在都进入法律调整的领地,迫切需要司法的介入以确保其获得法律救济。随着我们的日常生活越来越离不开法律的制约和规范,法律也变得越来越重要和复杂,而获得职业化的法律帮助与法律服务也就变得越来越重要。

值得注意的是,获得专业化法律服务的机会和质量不应因"贫与富"等涉及个人身份、地位差异的不同而被区别对待。尽管这一点在理论认知上早已达成共识,但实践中如何实现仍然是一个令人头疼的难题。例如,在民众心中早已存在一个常识性的观点,即一个人如果不懂法或者无法获

① Source: Adapted from Attorney-General's Department of Australia (2009[20]), A Strategic Framework for Access to Justice in the Federal Civil Justice System, A Guide for Future Action, Access to Justice Taskforce.

② Deborah · L · Rhode. Access to Justice [M]. New York: Oxford University Press, 2004, P. 139.

得专业律师的意见和帮助,那么他在诉讼中表达的诉求在许多情况下就没有什么用处。然而,当那些迫切需要法律帮助的人有幸进入法律援助程序后,他究竟在多大程度上能够得到实质性的帮助,始终具有不确定性,这往往依赖于他所遇到的法援律师的个人良知和责任心。尽管获得法律帮助已经被确立为公民的一项宪法性权利,并已通过法律援助制度加以保障,但却并没有更为可行的措施来确保法律援助的质量,也没有具体的问责机制来考量法律援助结果的有效性。

其一,“贫与富”或者说“金钱”在立法和司法过程中的影响力往往会使法律偏离其预期的方向。人们常说,即使是在法庭上获胜的人也可能是生活中的失败者。因为,“自然权利”成为“法律权利”,以及“法律权利”要成为“现实权利”,要走过极其漫长的过程,其所需的实现成本可能高得令人望而却步。这就是说,能够升级为“法律权利”的权利,一定是掌控着“金钱”的强势权利。而在实践中,那些“弱势权利”所能得到的法律保障极为有限。例如,家庭暴力的受害者可能无法获得及时有效的司法保护,老年病患可能无法获得应有的健康福利保障,残疾儿童极有可能被剥夺受教育的机会,被欺诈的消费者却缺乏负担得起的权利救济渠道,在大多数有关婚姻家事纠纷、房产纠纷、小额诉讼等案件中,相当多数的诉讼当事人都缺乏真正意义上的专业的诉讼代理人。这类情况的清单可以很长,耗费的司法资源也无法估量。

其二,法律援助制度的实施有时候并不是缩小,反而是拉大了贫与富之间的差距,甚至可能使低收入人群的困境恶化。因为,在现实的法律援助制度的背后暗藏了太多的不平等。例如,被起诉的房东和商家,在私人律师的帮助下,早就熟知如何将租金或价格上涨的成本转嫁给其他更愿意履行其支付义务的个人,而作为原告的租客和消费者,由于无法获得恰当的法律帮助,即使是合理合法的诉求也无法获得法庭支持。寻求更高收益是律师的天性,寻求最大利润是企业的本分,这些真正掌控着法律的人早已投入巨大的努力以推动他们自己的需求得到满足。不少改革方案却很少能够真正顾及大多数底层民众想要的结果:一个高效、公平和负担得起的争端解决系统。

其三,即使一些法律援助确实帮助到了低收入人群,但这一结果也是不具有确定性的,它可能更多依赖于“运气”。针对公民享有的获得法律帮助的权利,人们往往会倾注更多的精力聚焦于这种“应然性”的法律权利,而不去关注被援助者可能更看重的那些更为实际的实质性结果,如诉讼请求是否得到满足、判决结果是否得到执行、财产损失是否得到弥补、物质帮助是否落实到位等。批评人士甚至指出,那些法律需求本就得不到满足的低收入人群很少会把自己仅有的可支配“金钱”花在律师身上。而且,即使当事人有选择权,最终诉讼的结果也难免会受制于分配给他的法援律师擅长什么诉讼领域。因为,志愿律师的分配并非以当事人诉求所真正需要的法律知识和执业技能为标准,更多考虑的是志愿律师的档期。

其四,法律援助的申请标准以及援助范围的确定并不合理。根据《中华人民共和国法律援助条例》的规定,公民申请法律援助不仅必须符合相应的经济条件,还要符合特定的案件类型,仅有刑事案件和特殊类型的行政案件方可申请法律援助,且针对不同性质的案件又有着不一样的申请标准。①也就是说,法院和法律援助机构决定是否提供援助时,往往要考虑三个基本因素:一是利害关系人的个人权益;二是政府的利益;三是由于律师缺位而导致被错误裁判的风险性。尽管这一标准从表面上看并非不合理的,但如果法院的适用方式如此严格,以至于将大多数的民事案件排除在法律援助的范围之外,而在刑事案件和行政案件中也几乎很少有人能够真正获得实质性的法律帮助,那么这种法律援助就很难避免产生“审判歧视”。因为民事诉讼涉及的利益与刑事诉讼和行政诉讼所涉及的利益应当是同等重要。具有讽刺意味的是,在涉及家庭暴力的案件中,面临重罪判决的风险并不大的被告有权得到律师的无偿援助,而生命受到威胁的受害者却无法得到律师的帮助。在援助申请标准的设定上,不合理的收入上限将许多刚刚超过贫困线的当事人排除在援助范围之外,他们同样负担不起律师,但却无法接受法律援助提供的无偿帮助。结果是,这一部分群体会因为“不够穷”而被完全拒于法律之外。

三、法律服务的功能与实效之落差

高质量法律服务以及法律援助能够促进和提升民众对司法资源的平

① 《中华人民共和国法律援助条例》(第11、12、13条)明确规定了申请法律援助的条件及法律援助的范围。1. 公民对下列需要代理的事项,因经济困难没有委托代理人的,可以向法律援助机构申请法律援助:(一)请求国家赔偿;(二)请求给予社会保险待遇或者最低生活保障待遇;(三)请求发给抚恤金、救济金;(四)请求给付赡养费;(五)法律援助请求支付劳动报酬;(六)主张因见义勇为行为产生的民事权益;2. 刑事诉讼中有下列情形之一的,公民可以向法律援助机构申请法律援助:(一)犯罪嫌疑人在被侦查机关第一次讯问后或者采取强制措施之日起,因经济困难没有聘请律师的;(二)公诉案件中的被害人及其法定代理人或者近亲属,自案件移送审查起诉之日起,因经济困难没有委托诉讼代理人的;(三)自诉案件的自诉人及其法定代理人,自案件被人民法院受理之日起,因经济困难没有委托诉讼代理人的;3. 公诉人出庭公诉的案件,如果被告人因经济困难或者其他原因没有委托辩护人,人民法院为被告人指定辩护时,法律援助机构应当提供法律援助。

等且高效利用,这是毋庸置疑的。因为这些案件涉及公民的基本权利,且诉讼应当是要式的和对抗性的,若双方当事人之间所掌控的司法资源严重不平衡,对司法的民主性的损害是显而易见的。因此,“诉权”是一项维护所有其他权利的权利,是一个法治政府的基础。提供必要的法律帮助,使这些权利具有现实意义,以促进法治和社会正义的核心价值观,就是一国政府的责无旁贷的使命。同样,对个人来说,法律援助是普通民众参与法律治理进程的唯一合法途径。获得法律帮助不仅有助于防止裁判不公,而且尊重人的尊严和程序公平,这恰恰是民主的核心理想。

然而,现实中却存在这样一个从来不会被承认的“明显的真相”:对于一个不得不进入法院的人而言,如果他因太穷而无力聘请律师,就无法保证公平审判;即使为他提供的免费的法援律师与有钱人高价聘请的辩护律师相比,代理质量和效果之间有明显差距,但律师对于捍卫其合法权益而言也是必需的。为了保证律师对于每一位有正当需求的公民而言是必需品而非奢侈品,法律援助制度首当其冲是最具有民主性的司法制度。

1. 法律服务的应然功能

首先,法律服务之宗旨,应当使律师成为“必需品”,而非“奢侈品”。法律援助的早期倡导者更多关注的是“低收入群体”,他们无法维护自身的基本权益,因而更易受到不公对待。但律师对于他们而言是“奢侈品”,尽管他们是最需要律师帮助的群体,却因无力支付律师费而不得不放弃诉求。因此,早期的法律援助的倡导者指出,向符合条件的人提供必要的法律援助,使律师对他们而言不再是“奢侈品”,而成为“必需品”,这不仅是理想的“司法民主化”制度标识;它更可以恢复人们对法律的信心,从而减轻法律职业群体的道德负担。

其次,法律援助的价值还应体现为促进对司法资源的高效利用。我们不能仅以“低收入群体”愿意和能够支付的价格来衡量法律援助制度的价值。这是因为,对于那些本就无力获得其最基本生存需要的“低收入群体”而言,往往更看重眼前的紧迫而现实的利益,而并不愿意从长远来看更具成本—效益的选择,因而有偿法律服务有时并非他们的最佳选择。即便如此,对这些人来说,法律服务也能促成他们对司法资源的高效利用。例如,由职业律师参与为脑损伤儿童和老年病患争取基本医疗保险申请的法律服务,或为贫困的哺乳期母亲申请基本育儿基金保障而提供的法律服务等。仅几个小时的专业法律服务所能提供的福利远远超过其成本投入。对于不同形式的法律援助来说,很难以一个确定性的标准来衡量其价值,但可以肯定的是,其好处是巨大、持久而长远的。正是依靠由政府补贴的法律援助制度，才能使数以万计的农民工得以讨薪成功，才能获得由工伤保险赔付的“救命钱”，才能使饱受摧残的女性有机会逃离暴力婚姻的迫害，避免无家可归，才能使社会中“不被看见”的底层民众获得关键性的健康、教育和就业等必要的法律服务保障。

2. 法律服务的现实困境

理想固然很丰满，但面对骨感的现实，我们又不得不重新燃起责任感和使命感，走进法律援助制度隐秘的角落，探究巨大落差背后暗含的缘由。

其一，投入法律援助案件的律师以及志愿者数量的严重匮乏，限制了法律援助功能的实现。据陕西省 2019 年公布的官方数据①估计，法律援助帮助率不足需要援助者的 1%。尽管涉法问题频发，但 2/3 的低收入民众从未咨询过律师。底层群体在发生纠纷时往往采取的是拒绝上诉、出庭或行政诉讼，尤其是在处理他们认为的“复杂”事情时。一些单位或机构也往往遵循“合理妥协”的政策，而不管当事人的真正诉求如何。而且，法律援助部门能够批准处理的法律援助案件不足提出申请且合乎标准的案件总数的 1/5，即使获得援助，律师往往只能为其提供简短的建议，并不能提供其所需的全面法律帮助。在一些基层司法管辖区，甚至必须等待很长时间，才能就邻里或者家庭纠纷等不被视为紧急情况的事项得到律师的咨询意见。而官方的法律援助机构则完全将此类案件排除在外，理由是，更多强制性法律援助的案件，如农民工讨薪、工伤保险赔付等更具有援助紧急性的案件尚不能得到及时处理。

其二，法律援助律师的角色定位限制了其制度功能的实现。在司法实践中，对法律援助案件的类型和性质的限制就已经决定了法援律师往往不太可能在案件中充分发挥律师的优势。由司法机构控制和任命的法援律师，既无法选择案件是否属自己所擅长的领域，也无法选择当事人，更无法控制案件审判的节奏。而从法官的角度而言也很容易出现这样一种情形，即应对本已令人头疼的案件的法官，绝不愿任命总是扮演“阻挠者”的“死磕”律师来担任援助律师的。这类“阻挠者”总是经常性运用技术辩护或冗长的程序来拖延审判进程，这无形中会大大增加法官的工作量和降低其工作绩效。

---

① 参见：“陕西推进公共法律服务三大平台全覆盖，群众家门口可享受一站式法律服务”，据官方数据显示，截至 2019 年 12 月，陕西省全省共有 8690 名律师和基础法律服务者担任 17022 个村和 2719 个社区的法律顾问，这一数据足以说明，律师的占有比率相较于法律援助需求而言仍有很大缺口。最后访问：2020 年 12 月 1 日星期二。http://news.cnwest.com/bwyc/a/2019/12/11/18260512.html.

其三,法律援助案件能够调动的司法资源极其有限,从而限制了其功能的实现。绝大多数法院指定的法援律师,不仅缺乏相应的法律知识、辩护经验和技能,更缺乏足够的人脉、信息等公共资源来雇用专家和调查人员等,而对这些资源的支配往往是有效辩护的关键。而经费和人员都不足的法律援助机构,几乎没有可能调动这些稀缺的公共资源,将其无偿运用于看似根本“无利可图”的法援案件的诉讼中。对于大多数法援律师来说,为一桩法援案件投入过多时间和精力,通常也意味着得不偿失,甚至会濒临破产。因此,很难保证法援律师或维权律师尽职尽责地为被告人或者代理人进行充分辩护。例如,曾有一名单亲母亲因盗窃罪被处以6个月的有期徒刑。她的辩护律师因太忙而准备不足,所以并没有告诉检察官,她是其3岁女儿(残疾)的唯一法定监护人。而被判处监禁则意味着她将失去工作、失去家庭以及失去对她的子女的监护权。当一名记者报道了她的案件后,检方表示十分“震惊”,但也仅此而已,并没有任何理由去追究她的辩护律师的责任。她的律师也表示很无奈,因为他根本无法做到对代理的每一个案子的所有细节都毫无疏漏。

其四,法援律师不仅面临经济压力,更有诸多非经济方面的限制,这必然会阻碍他们从事法律援助的积极性。因为,通常情况下,法律援助案件的胜诉率很低,利润收益近乎零,律师及志愿者们不仅要承担近乎无偿的时间、精力付出,还要担忧审判失败带来的各种压力和潜在的羞辱,以及可能对自己未来职业声誉的不良影响。而且,援助律师除了需要与法官和检察官保持良好的工作关系,他们自身还有着繁重的日常工作量要求。这就使得从事法律援助的律师,很难有足够的精力去应对摊派下来的援助任务。

其五,司法行政管理部门和律师协会等机构都没有对律师的“有效援助”或“尽职尽责服务”等职业伦理原则给出清晰、确定及具有可操作性的执行标准,也没有相应的问责机制。对于被援助者而言,通常缺乏足够的信息来衡量律师的辩护建议和庭审策略是否合理而恰当。即使当事人怀疑他们的律师不够尽责,他们也很少能改变什么。本就需要援助的被告人事实上是无权选择为他们指定的援助律师的,而法院指定的律师从根本上也是不依赖于被援助人的满意度的。而且通常情况下,“合理疏忽”根本不足以构成律师职业伦理规范所涉及的纪律责任、渎职责任或基于律师无效援助的法律责任。更为关键的是,作为“罪犯”的被援助人是很难获得同情心的。即使他们的援助律师确实没有尽职尽责,作为犯罪嫌疑人也几乎不可能获得任何支持。在一项粗略的调查中显示,超过99%的无效援助索赔未获成功，这还不包括那些根本没有提起索赔的案件。甚至这类调查本身就很难真正展开，因为真实完整的数据几乎无法获得。这就是说，在法律援助领域，对无能和缺乏经验的宽容远远超出其他领域。

其六，现代技术对法律服务领域的渗透也一定程度上阻碍了其功能的实现。尽管我国大部分省份已经建立了全方位、一站式基层法律服务网点和社区法律服务中心，但大多数接受调查的法律援助机构面临的最为头疼的问题之一，仍存在着正规化、稳定的、常设的专业法律援助服务队伍不足的问题。① 许多必要的法律服务对于那些最需要帮助的人而言，不仅仍然存在"律师难求人难见"的问题，而且，还存在基层法律服务设施无法使用或者使用存在障碍的问题，例如，计算机能力和英语技能有限的低收入诉讼者群体，面对诸多需要"线上"操作的环节或者"人工智能"服务时，往往会陷入更加无奈又无助的困境。

总之，各国在为"弱势群体"提供法律援助方面都有一些不同的制度，但不管是穷国还是富国，都面临财政负担过重，经费、人力都严重不足的状况。我国每年在法律援助方面的支出约为 10 亿元人民币，但只有大约 2% 至 3%用于为贫困群体的辩护。② 这些经费的一半以上会被分配给侦查机关、检察机关和法院等，真正为法律援助的申请人使用的不足每一案件资源的 1/8。即使算上其他执法机关可用于协助调查和审判准备的经费，这种投入仍然是严重不足的。这就是说，从现有的法律援助制度运行的现状来看，整个社会对"弱势群体"在司法领域的保护是非常有限的，司法的"民主性"问题仍是十分严峻的。

四、无偿法律服务的困境

民众对法律援助这一公益性的无偿法律服务的需求在日益增长，其制度价值也早已得到了政府、社会以及民众的普遍认同。通常情况下，为无力支付律师费用的人提供无偿的法律帮助与服务，主要是由政府来承担，由政府指派或法院任命的法律援助中心工作人员以及作为志愿者的援助

---

① 参见："陕西推进公共法律服务三大平台全覆盖，群众家门口可享受一站式法律服务"，据官方数据显示，截至 2019 年 12 月，陕西省全省共有 8690 名律师和基础法律服务者担任 17022 个村和 2719 个社区的法律顾问，这一数据足以说明，律师的占有比率相较于法律援助需求而言仍有很大缺口。最后访问：2020 年 12 月 1 日星期二。http://news.cnwest.com/bwyc/a/2019/12/11/18260512.html.

② 数据来源：中华人民共和国中央人民政府网站提供的"中央专项彩票公益金法律援助项目十年支出逾 9 亿，超 81 万人受益"，最后访问：2020 年 12 月 1 日。http://www.gov.cn/xinwen/2019-11/12/content_5451081.htm.

律师来具体执行。然而,事实上,提供无偿法律服务的基本责任最终却是由律师个人来承担。而参与法援案件往往是年轻律师职业生涯初期最重要的经历之一。这就令我们不得不重视法律援助的无偿性可能引发的困境。

首先,法律援助的无偿性使得律师参与援助案件的积极性很低。为了维持律师对法律援助案件的参与率,世界通行的做法是,通过司法行政管理机关的规章或者律师协会的职业伦理规范,促使每一位律师都应该抽出一定的时间参与对弱势群体的法律服务。这事实上是将一部分应由政府承担的法律援助的成本,无形中加在了律师个人身上。尽管律师职业伦理规范中有相应的纪律规则来强化对律师这一“基本责任”的要求,但律师参与援助案件的积极性却是明显不高的。对西方社会律师制度发展的研究显示,在 20 世纪 70 年代之前,并没有任何关于律师提供无偿服务的记录,仅有的一个信息,即 1927 年一名纽约律师的评论证实了这一情况:“没有任何一个职业像律师一样如此的自鸣得意,同时又如此缺乏对社会公益的担当。”①20 世纪 60 年代的研究发现,在美国最知名的律师事务所,平均每名律师每年只需参与 5 个小时的无偿法律服务工作,这不到整个律师事务所工作时间的 1%。到了 20 世纪 80 年代,参与调研的律师日均工作时间为 5 到 15 个小时,却只有 5%的时间用于公益法律服务和为贫困群体提供的免费刑事辩护。② 值得一提的是,即使是那些提供了无偿服务的律师,很多也是出于对朋友、家庭成员、律师同行以及关系户利益的考量,这并非是真正惠及弱势群体的情况。

其次,法律援助的无偿性还会导致这一制度本身的运转难以维系。如果一个社会中的低收入群体比例过高,政府便无法承担高额的法律援助费用,也无法保证提供给他们的法律援助的代理质量。这就会在一个社会中形成一种恶性循环。“弱势”的当事人找不到合适的律师,得不到律师的有效协助,不仅会使受到不公正指控或被侵犯权利的个人得不到有效的救济,更会加剧其在司法系统中的地位不平等,最终危及司法的权威性甚至动摇法律制度的合法性。此外,这种“诉权”的不平等又会引发一系列新

① Newman Levy, Lawyers and Money, Harper's Magazine 293-294 (February 1927), quoted in Beaney, Right to Counsel, 102.

② Auerbach, Unequal Justice, 282; Abel, American Lawyers, 130; Joel F. Handler, Ellen Jane Hollingsworth, Howard E. Erlanger & Jack Ladinsky, The Public Interest Activities of Private Practice Lawyers, 61 ABA Journal 1388, 1389 (1975); Philip Lochner, The No-Fee and Low-Fee Legal Practice of Private Attorneys, 9 Law and Society Review 431, 442-46 (1975).

的不平等问题。

其三,“法律规则”的改变,如果没有相应的政治基础来支持,是不会产生任何实质性的结果的,因为规则不是自动执行的,它们需要一个执行机制来切实地推动。为公共利益而进入法律援助领域的律师往往缺乏资源来确保遵守调查案件的法律程序支持,一些被告人,特别是监狱、学校或精神病院等政府机构,没有足够的资金来执行司法救济措施。这就是说,缺乏政治支持的决定也更易受到行政权力的抵制和干扰。在过去的20年里,这些限制迫使一些公益性组织只能更多地通过非诉讼渠道来促成对弱势群体权益的保障。但经费有限也同样是这些公益组织面临的最大难题。这就使“接近正义”改革的努力显得尤为紧迫而重要。

第二章 司法为什么要民主

民主应被优先视为政治的善的概念，因为它至少在理论上提供一种以公平和正义的方式调解价值和价值争议的政治和生活的方式。……民主的思想是重要的，因为它不仅体现了自由、平等和公正等诸多价值中的一种价值，而且它是可以联系和协调相互竞争的既有问题的一种价值。

——[英]戴维·赫尔德①

第一节 司法的民主化与职业化之争是伪命题

当代中国的司法体制在外部与内部、主观和客观等多重因素的影响下，其所面临的矛盾和冲突不断加剧。由于对外部力量的介入和影响、司法体制内部环境的限制以及司法自身的限度等因素的不同认识，引发了学界和司法界对于司法职业化与司法民主化的论战。根据论战双方理论争点的主要内容，大致可以将其归纳为三个方面：一是在对司法外部环境要素的认识上，司法职业化论者坚持司法的独立性和中立性，而司法民主化论者则坚持司法的人民性、民主性；二是在对司法内部环境要素的认识上，职业化论者坚持司法的精英化与专业化，而民主化论者坚持司法的大众化与亲民化；三是在对司法自身限度的认识上，司法职业化论者与民主化论者又在“权利本位”与“社会本位”的立场冲突上难分伯仲。那么，这些对立与冲突是否真的成立呢？

一、司法民主与司法独立：实质合理性抑或形式合理性

司法民主与司法独立之争，从根本上是实质合理性与形式合理性之争。

司法的外部环境对于司法公正的实现十分重要。外部因素是否应当介入司法以及应对司法产生怎样的影响自然成为当前司法体制改革争论

① [英]戴维·赫尔德：《民主的模式》，燕继荣等译，中央编译出版社2008年版，第297页。

的焦点。对此,司法独立论者认为司法权的正当性源于对法律的遵循,司法活动只要在法律的限度内运行,它就自然地获得其正当性,即使司法与外部权力或者民意发生冲突,司法者也应当坚守法律的立场,因为法律本身就是民主的产物,是人民意志的体现,因而,司法必须具有独立、中立的品性。而司法民主论者认为,司法权的正当性源于其人民性,司法活动必须首先符合并遵从人民意志,体察民情,所以,司法民主论者更强调民众对司法活动的参与、介入和监督,强调司法裁判应回应与吸纳民意,“法官在裁判涉及特定社区的案件时,要充分考虑社区结构和传统,将情理与法律相结合,从而可以使判决能够首先为当事人以及当事人所在社区的公众所理解和认同,从而最大限度地化解矛盾,减少涉讼上访”①。

具体而言,这两者之间的争论主要集中在以下三个方面:一是在司法判决的主体方面,司法独立论者要求司法裁判的做出必须由司法机关和职业法官做出,法官不受政党、行政以及公众民意等外部因素的干扰,具有独立、自主的权力;而司法民主论者则更为关注司法裁判对于政党、行政权、公众民意以及社会效果的回应与吸纳。二是在司法判决的依据方面,司法独立论者强调司法裁判的依据必须是宪法、法律、法规等规范性法律文件;而司法民主论者则指出,司法裁判的做出在特定情况下可以以习惯法、法律传统、民意等非规范性法律文件为依据。三是在对司法的监督方面,司法独立要求对于司法的监督应当在司法体制内通过上诉审、审判监督以及检察监督等机制来实现,而司法民主论者则主张应加强作为民意代表机关的人大、政协以及公众媒体的监督机制来实现对司法权的监督。

可见,司法独立论者与司法民主论者之间的分歧主要是由于二者对于外部因素是否应当介入司法以及对司法会产生怎样的影响的认识不同。司法独立论者认为,司法机关或司法人员受到执政党或行政权力的干预,应当履行职权而不予履行或不能履行,必然造成“司法软弱”。而媒体、民意等非制度因素的不当介入和干扰也必然会妨碍司法的公正。因此,司法裁判应当运用法律逻辑追求的是形式正义或曰法律之内的正义。而司法民主论者则认为,司法权作为公权力的一种,如果缺乏必要的监督和制约,其对于司法公正的侵害同样是不容忽视的。司法腐败与司法的恣意、专横同样需要遏制。而且,如果司法裁判脱离了社会基本的伦理道德,脱离民众的基本诉求,必然会使得司法丧失其公信力,司法也就失去了生命力。因此,司法裁判必须兼顾法律效果与社会效果的协调统一,在个案正义基

① 侯猛:《中国的司法模式:传统与改革》,《法商研究》2009 年第 6 期,第 58—64 页。

础上实现一种实质的正义。

然而,从更深层面上看,司法独立论者与司法民主论者之间的分歧实质上是法律正义观的争执。司法独立论者坚持的是一种形式合理性的法律正义观,而司法民主论者则持实质合理性的法律正义观。从近年来发生的辽宁刘涌案、泸州遗赠案、南京彭宇案、湖北邓玉娇案,到广州许霆案、西安药家鑫案等等诸多“公案”来看,均鲜明地体现了这两种法律正义观的冲突。一方面,外部力量进入司法程序可以极大地调动其他公权力、媒体及公众对司法的干预和参与热情,在一定程度上有助于个案正义的伸张,纠正司法错误,以及对司法不公的监督,最大限度地实现司法的实质正义;然而,如果外部力量或者媒体、民意进入司法裁判领域缺乏相应的合法化与制度化的渠道,又会破坏法律的形式正义,最终危及司法的权威性,因而,其对司法产生影响的正当性也会受到质疑。

因此,司法民主与司法独立之争,从根本上是实质合理性与形式合理性之争,二者间并非对立与冲突的关系,而应是如何兼顾和并重的关系。

二、司法的精英化与司法的大众化:“供给者”还是“需求者”

如果说司法独立论与司法民主论之争主要是对于司法的外部环境要素的关注,那么,司法精英化与司法大众化之争,是将关注的焦点集中在司法内部环境的建构问题上。

司法的精英化论者主张以法官职业化为核心建构司法的内部运行机制,重视法官的职业素养和专业精神,强调司法裁判的程序性、规范性与合法性,推崇司法的权威性和专业性。精英化论者指出,法官职业素养不高或缺乏专业精神会直接导致司法自律性和司法判断力的不足,而司法自律性的缺失必然导致司法腐败、司法不公、枉法裁判等等;司法判断力不足更会造成司法裁判说服力与司法公信力的缺失,甚至导致司法的专横,如刑讯逼供、不法取证、不审而判、先判后审、限制上诉甚至打击报复等。因此,司法职业群体必须由具有法律专业精神、专业技能以及法律信仰的司法精英来组成,唯此,才能确保司法的公正。对此,学者贺卫方亦曾以形象的比喻质问道:“为什么长期以来总是理所当然地把每年从军队复员转业的许多人员安置到法院中?为什么不要求医院安置他们?”①这正是要强调司法精英化的重要性。

司法的大众化强调法官的亲民化、司法程序的便民性以及公众对司法

① 贺卫方:《复转军人进法院》,原载《南方周末》1998年1月2日,第2版。

过程的参与、对司法人员的监督和对司法权力的分享等，追求的是司法的亲民性、便民性。"马锡五审判方式"便是司法大众化的典型模式。司法大众化论者指出，"法官职业化的努力，容易解决的是法官职业技术问题，难以解决的是法官的道德良知和职业操守问题"。如果过分强调司法的精英化，"未配合以司法民主化建设，导致职业化尚未成型，官僚化已经再现，出现官僚主义和官僚腐败"。①

可见，司法精英化与司法大众化二者之间的关系并非水火不容的矛盾对立面，司法精英化并不是完全排斥大众理性与民间智慧进入司法领域，司法的大众化也绝不是要通过民众参与实现对审判权的分割，重视民意并不是倡导民意审判，而是要以个案诉讼为基点，推动法官与民众之间充分有效的互动。司法精英化与司法大众化的根本分歧在于，二者对于司法公正之评判主体与评判标准的认识不同。从司法裁判的内在视角来看，司法的精英化论者是以法律职业群体为评判主体，以司法技术标准为评判标准；而司法的大众化论者则是以社会公正为评判主体，以司法的伦理道德为评判标准。换言之，司法精英化论者是从"供给者"的角度审视司法公正问题，而司法大众化论者则是从"需求者"的角度审视问题。

社会转型必然伴随着社会急剧变革，各种利益主体间的矛盾和摩擦日益加剧，社会纠纷不断涌现。在社会的运行当中，司法制度无疑是公民权利意识、权利主张的最好保证，但我国现行司法在机构设置、人员编制、技术装备以及资源配置上都存在严重的"供给"困境，不足以完全承载这样的重托。面对日益增多的纠纷，法院不堪重负，案件积压严重，办案质量差，执行更是乏力。如果"司法供给"严重不足的情况长期得不到改变，就会出现阿尔蒙德所说的"政治体系不能很快地提高满足要求的能力以适应来势快得多的政治抱负和期望的高涨，这样就使政治体系陷于困难"②的状况，人们对现实司法的失望和不满，必然会导致司法公信力的下降。

因此，司法精英化与司法大众化的争论根本上是个伪命题。二者之间之所以纷争激烈，难分伯仲，其原因在于，他们都只是从现象层面出发来分析问题，仅仅关注到问题的表象，因而未能挖掘或探究当前中国司法困境产生的深层根源。然而，正是由于这些深层根源的存在和深刻影响，使得在司法职业化与民主化分歧的背后，还暗含着更为深刻的理论挑战。学者

① 何兵：《司法职业化与民主化》，《法学研究》2005年第4期，第100页。

② ［美］加布里埃·A. 阿尔蒙德、宾厄姆·鲍威尔等：《比较政治学：体系、过程和政策》，曹沛霖等译，上海译文出版社1987年版，第180页。

哈贝马斯在谈到关于法律与民主的话题时就曾指出,“我们始终面临着一个无法通过对话或妥协来解决的价值冲突”①。因此,只有揭示这一纷争背后所暗含的诸多的利益冲突与价值分歧,才能真正走出对立与徘徊,实现当代中国司法体制的现代转型。笔者认为,当代中国司法困境所暗含的冲突与分歧,最终都可以在个人权利与社会利益的对立与冲突中找到根源。

三、个人权利优先与社会利益优先:“刚性维权”还是“动态维稳”

作为中国问题的个人权利与社会利益之争,是由西方思想争论所引起的问题,但其复杂性和艰巨性却远胜于西方问题本身。作为以个人权利和社会利益保障为终极目标的司法,决不能回避这一根本的价值冲突问题。只有直面这一冲突,才有可能找到真正能够超越和调和两者矛盾与冲突的有效路径,而不是陷入职业化还是民主化这一表象层面的无效争执之中。

西方法律思想史上,可以大致抽象出两种法律价值观,一种以功利主义为渊源、在社会法学的强烈影响下的坚持以社会利益为本位的法律价值观,另一种则是以自由主义为渊源而坚持以个人权利为本位的法律价值观。② 坚持社会利益本位,是把社会利益的最大化当作判断何为法律正义的标准。在他们看来,社会需要法律制度并不是为了什么别的目的,而只是要借助于法律来实现公共福利的最大化,即社会利益最大化是法律以及司法之正当性的根源所在。例如,卡多佐曾明确提出在做出司法判决的过程中需要进行这样的利益衡量。在卡多佐那里,法官在做出判决的过程中,“对社会利益(social interests)进行衡量和做出与价值相和谐的选择是相当明显的需要”,他认为,“即便初看起来其他程序或方法似乎占据着支配性地位甚或独占地位,这一需要仍然存在,尽管潜伏在表面之下”③。而坚持个人权利本位,其判断正义与否的标准就不是社会公共福利,而是个人的权利和自由,因而,符合正义的法律制度必须公平地对待每一个人的权利和自由,不能为了增进社会公共福利去侵害个人的正当权利,即法律制度以及司法制度存在的正当性根据在于它能够公平地保护每一个人的

① 该句的英文原文为“Therefore, we are faced with a value conflict that cannot be resolved either by discourse or by compromise.”参见:Ota Weinberger. Harbermas on Democracy and Justice. Limits of a Sound Conception, Ratio Juris,1994,7(2),pp. 239-253.

② 当然,这样的划分未免过于粗糙,但出于论证的需要,本文仅选择了两种处于两极的对立观点,而不试图深究每一种主义之间的细微差别。

③ Benjamin N. Cardozo, The Paradoxes Of Legal Science, Reprinted in Selected Writings of Benjamin Nathan Cardozo, Margaret E. Hall(ed.), New York:Fallon Law Book Company,1947,p. 297.

权利。

这两种源于西方的法律价值观，自清末民初以来对中国的影响相当深远。甚至可以说，个人权利与社会利益之争之所以成为中国的学术问题，在一定程度上，是西方法律思想争论在中国社会的延续，是中国法学学术界受西方法律思潮裹胁所致。① 但是，我们需要注意的是，中国和西方对于法律的个人本位抑或社会本位之争，在语境与根本立场上则是完全不同的。

民国时期著名法学家王伯琦②曾指出，中国法律中的个人本位与社会本位与西方现代法律在观念上常常发生混淆。国人以为实行社会本位的法律，则个人的权利是否享有，全依赖于社会利益为判断。而不知所谓社会本位的法律，实质上是在肯定和保护个人权利的基础上，对有害于社会公益和他人利益的个人权利加以限制，这与我国传统的义务本位有本质的区别。因而，中国现代法律之采纳西方法律的社会本位，并非在实质意义上与中国传统观念相吻合，所以，我国法律的推行，与西方采用社会本位的法律，应有所不同。因为我国与西方所面临和需解决的问题并不相同。在我国，必须首先使个人观念或权利观念抬头，即必须大力培养国民个人的独立人格观念，以营造社会本位法律的基础。脱离了个人观念，绝不能有社会观念。而要讲社会主义，决不能脱离个人主义。脱离了个人观念的社会观念是单纯的义务观念，单纯的义务观念近乎奴隶观念。③

可见，我们对于个人本位与社会本位的认识是建立在误解之上的，因为误解，所以没有清楚地认识到，西方的个人权利本位与社会利益本位并没有实质性的差别，绝不是中国人所理解的非此即彼的关系，更不见得有所谓道德上的高下之分。即使在西方社会本身，尽管当时也充满着对自由主义、个人主义的质疑和批评，但是，社会本位也未能成为唯一正确的思想，自由主义仍保有其主流思想之地位。

---

① 孔庆平：《个人或社会：民国时期法律本位之争》，《中外法学》2008 年第 6 期，第 900—910 页。

② 王伯琦（1908—1961），江苏宜兴人。1931 年毕业于东吴大学法学院，获法学学士学位，是年夏留学法国巴黎大学，获法学博士学位。1936 年归国，先后任职浙江省政府视察、军事委员会参事室。1939 年应聘为昆明国立云南大学教授，1940 年兼法律系主任，并同时执行律师业务。抗战胜利后返回南京，先任教育部参事，后南迁广州，任教于中山大学。1950 年前往台湾，任“司法行政部参事”。1953 年辞职，任台湾大学法律系教授，并兼任母校东吴大学教职。著有《民法总则》《民法债篇总论》《民法概要》《民刑法概要》《近代法律思潮与中国固有文化》《权利相对论》（译）等，为近代中国第三代法学家的杰出代表。

③ 王伯琦：《近代法律思潮与中国固有文化》，清华大学出版社 2005 年版，第 51—58 页。

那么，在中国又为什么会产生个人权利与社会利益的冲突呢？其根源恰恰在于中国传统观念之中。中国传统法律思想，无论哪家哪派，都几乎同时肯定了宇宙秩序的整体性和有机性。各个部分均应各守其分，不超出固定的疆界，始能维持整体的秩序，保障宇宙秩序之和谐。秩序形成之出发点在整体，而不在个体。因而，中国法律的目标就整体做关照，而仅对各个部分的不守分之举随时加以抑压即可。显然，这种整体的宇宙观、社会观，与西方的社会本位观念是完全不同的两种思想体系。在这种社会观的影响下，社会利益与个人权利间的冲突将更为激烈，社会利益往往占据绝对的强势地位，而个人权利则往往会被湮灭于以社会本位为表象的义务本位之中。

学者吕明已然指出："就当下中国法律实践而言，'权利本位说'正遭遇前所未有的重大挑战。在贫富差距拉大、各种社会矛盾凸显、群体性事件不断发生之中国基本背景下，维护社会安定团结之'维稳'要求变得突出，整个社会的'维稳'与个体之间的'维权'形成巨大张力。而自上世纪90年代，在'对抗正义观'①的笼罩和驱动下，作为中国法学研究的主流理论的'权利本位说'，实际促成了法律实践中的刚性维权机制。然而，刚性维权机制无法有效面对'维护社会安定团结'的要求。本世纪以来，建立在'动态维稳'话语之上的法律实践逐渐替代刚性维权机制，'调解'的复兴与'能动司法'的提出展现了这一趋势。因此，在社会现实面前，'新权利本位说'必须以在维权与维稳之间寻求平衡作为基本目标。"②

注目当下，法律本位之争似乎已然不再时尚，但是，这两者的冲突也必然成为司法公信力之建立进程中必须面对的根本性问题。因为，它既是法律理论真正的出发点，同时也是司法改革必须明确的根本方向。

当代中国的司法改革所遭遇的现实困境与理论挑战，并非司法的民主化与司法的职业化所能涵盖的。二者之争实质上是当代中国社会在转型时期无法回避的诸多利益冲突与价值分歧的博弈。真正的冲突与分歧至少应包括"实质合理性"与"形式合理性"的冲突、制度"供给者"与"需求者"的立场之争，以及权利本位抑或社会本位之争基础上的"维权"与"维

---

① 在自由主义和个体主义看来，法律及其实践实际构成了促成"对抗"的积极性因素，一方面，法律鼓励人们为了维护自己的权利而"斗争"，另一方面，法律又为这种"斗争"创造了形式或程序上的公平环境，自由主义或个人主义的权利话语由此而生。而这种"对抗正义观"同样对阶级斗争范式产生了巨大影响。也正是借助于这样一种"对抗正义观"，中国的法学研究者在一个较短的时间段内实现了从"阶级斗争范式"到"权利本位说"的"知识转换"。

② 吕明：《刚性维权与动态维稳——"权利本位说"在维稳时代所遭遇的挑战》，《法律科学》2011年第4期，第10页。

稳”之争。面对新的历史境遇和政治、经济背景，当代中国的司法理论研究必须在这些冲突与分歧中进行选择与决断。只有为司法正义提供新的理论支撑和实践对策，才能为司法公信力的提高提供新的基础和源泉。那么，当代中国的司法理论与实践应当如何在利益冲突与价值分歧中做出选择和决断，以及应当做出怎样的选择和决断，对这些问题的思考便引出了司法民主问题的重新出场。

第二节 司法民主何以可欲

“司法民主”问题的重新出场，并非是要使传统的司法大众化在与司法职业化的对抗中占得优势，而是要在下述的语境中实现超越，即要将一种恰当的民主观念引入司法领域，来应对司法所必须面对的现实困境与理论挑战。在此基础上，根据司法的特殊性及其特殊使命，建立一套系统有效的司法民主运行机制，以此确保司法正义的实现，化解司法之公信力危机。那么，我们必须解决的问题就是：“司法正义”究竟如何界定？唯此，我们才有可能进一步判断，究竟怎样的司法民主才能够促进司法正义之实现？司法民主应当如何促进司法正义的实现？

一、以司法的“民主化”践行司法之正义

西方化模式与本土化经验的摩擦、法律思维与道德（伦理）思维的较量、形式合理性与实质合理性的二元对立、个案正义优先和普遍正义优先的争执，最终都可以在个人权利与社会利益的对立与冲突中找到根源。而所有这些对立与冲突从本质而言，就是传统与现代的冲突与分歧。学者周永坤亦曾著文指出：“由于我国法律现代性问题面临时空上的双重否定：在时间上对历史传统的否定，在空间上对本土法律的否定，这造成了中国法律现代性的实现面临十大困境：老师打学生的尴尬、普适性原则与地方性知识何去何从、国家主权与法律全球化的消长、平等与身份的对峙、社会至上与保障权利的对抗、单位金字塔与公共交往理性的不谐、政治权威与法律权威的抗衡、法律工具性主张和规范性需求的紧张、刀把子定位和司法独立难协、法律统一与地方利益的冲突。”①可见，当代中国司法领域所遭遇的困境与挑战，远非传统的司法“职业化与民主化”之争这一题域所能够涵盖。它直接关涉当代中国司法的现代化乃至法制现代化进程中的路

① 周永坤：《论中国法的现代性十大困境》，《法学》2006 年第 6 期，第 74 页。

径选择问题。

在现代社会,无论哪一种哲学流派或者政治理论,迄今都未能找到一劳永逸的对策和恰当方式,以应对从传统向现代社会转型过程中出现的利益冲突与价值分歧。许多最为优秀的政治哲学或者法哲学研究往往致力于在最根本的和普遍的哲学辩护层次上为利益冲突与价值分歧寻求可靠的道德原则。作为一种基本的哲学探究,这是完全恰当的。甚至有学者指出,"未来之事是人类思想极限,无人能够知道未来。事实上,人类所有的科学发展、经济发展以及政治制度都是对未来的冒险选择。对于这个困境,或许真的没有最好的解决,但并不意味着不存在相对合理的解决。既然不能证明何者为绝对真理,那么就应该拒绝独断,使思想处于'无决断'状态"①。

然而,在司法过程中,对于司法的性质及其特殊使命而言,这却是一种错误的方向。因为,在诸如"实质合理性"与"形式合理性"的冲突,制度"供给者"与"需求者"的立场之争,以及权利本位抑或社会本位之争基础上的"维权"与"维稳"之争等,在这些命题之根本前提未经充分论证的情况下,在尚未掌握准确判断功利主义和自由主义等等各种"主义"之立论基础是否正确的基本知识的情况下,找到一个能够证明司法判决的正当性的原则或基础是绝对必要而且刻不容缓的。尽管哲学家们可以尽情地争论利益冲突和价值分歧的理论基础,但是,法官却必须就纠纷和争议及时和有效地做出处理和判决。

因此,利益冲突与价值分歧问题在司法领域的存在形态,既不能因追求效率而造成独断,也绝不能因拒绝独断而令其仅停留于应然层面的理论追求,在司法过程中不允许也不可能去无限度地寻求所有的利益冲突与价值分歧的完美统一,即追求一种完美状态下司法的正义。"尽管我们在经验的范围内可以发现,有些个案的处理确实实现了完美的司法公正,然而,我们却找不到能够确保做到这一点的法律制度。在一些个案中,之所以能够实现完美的司法公正,一方面固然有赖于我们人类理性能力的效用,另一方面也得益于许多我们无力控制的偶然性因素的帮助;而一旦这些对我们有利的偶然性因素被另一些对我们不利的偶然性因素代替时,我们追求完美的司法公正的努力就必然归于失败。"②为避免陷入一种"司法的乌托

① 赵汀阳:《民主如何正当》,见赵汀阳:《坏世界研究——作为第一哲学的政治哲学》,中国人民大学出版社2009年版,第294页。

② 郑成良:《法律之内的正义——一个关于司法公正的法律实证主义解读》,法律出版社2002年版,第110页。

邦”，司法正义之实现必须转化为如下的问题，即如何有效地在利益冲突与道德分歧中，找到一种恰当的方式，使得判决能够尽可能在最接近司法正义的框架下有效而及时地做出。而在现代社会中，“民主”正是这样一种化解冲突与分歧的解决方式。

“民主”在现代社会中，已经是一种深入政治领域、经济领域以及社会文化生活各个领域的化解利益冲突、实现社会正义的价值目标和有效机制。诺贝尔经济学奖得主阿玛蒂亚·森曾说过，“若要在20世纪里发生的诸多进步当中选择一项最重要的，那么，我会毫无困难地指出，那就是民主的兴盛”①。民主已然成为构造现代政治体制的一种核心和基本的价值，不论是对民主持何种态度的人，都必须面对这样一个基本的事实。“几乎全世界的统治者，包括非民主国家的统治者，都在努力研究‘民治’(rule by the people)的思想，以便为他们的统治的合法性提供解释。有史以来，从来没有国家领导者为了他们统治的合法性如此广泛地求之于民主思想的。”②1949年，中国实现了向新型人民民主政治的伟大跨越，从而开启了社会主义民主政治发展的新历程。改革开放以来，党和政府深刻总结了正反两方面的历史经验，在长期的试错和反复的摸索中，取得了社会主义民主政治的巨大进展。在司法领域，对司法民主的理论探讨和实践也越来越受到重视。③

但是，“司法民主”无论在西方还是中国，无论在理论上还是实践中，都未能形成系统而成熟的理论体系和运行机制。究其原因，缘于民主本身的多歧义和多面向。因此，为使司法民主成为可欲的，必须首先对民主概念进行限定和论证。这一任务将在本书的第三章中做专门论述。

二、以司法的“民主性”证成司法之正义

从司法正义的产生历史来看，司法正义的最初雏形是与分配正义相区分的“矫正正义”。亚里士多德最先明确提出了正义的三种分类，即分配的正义、矫正的正义和交换的正义。④ 而“矫正正义是指在人们交往中发生相互侵害的情况下，剥夺不正当获利者的利益，弥补受损害者的损失，恢

① ［美］阿玛蒂亚·森：《一种并非奢侈的价值观》，程晓农译，《书屋》2001年第1期，第4页。

② ［美］罗伯特·达尔：《民主及其批评者》，曹海军等译，吉林人民出版社2006年版，第445页。

③ 国务院新闻办公室：《中国的民主政治建设》，2005年10月。

④ I. M. Young, Justice and the Politics of Difference, Princeton: Princeton University Press, 1990, pp. 23.

复侵害者与受侵害者之间的利益的均等”①。这种通过裁判方式去获得的正义,可以被视为现代司法正义理念的最初源头。

哈特也曾明确对司法正义做出解释,认为“司法正义的最简单形式,不过是坚持所有不同的人都必须适用同样的一般化规则,不因偏见、利益或态度而有所偏倚。程序标准,称为自然正义,就是要保障这个公正性。因此,再讨人厌的法律,都必须公正地适用,我们在法律一般化规则的适用观念上,至少看到了正义的幼芽”②。

国内学者张恒山教授则是在法律正义的框架内对司法正义进行定义,“法的正义从广义上讲,实际上包括着三个方面的正义:第一是法的来源意义上的正义;第二是法的本体正义——外观的正义(形式正义)和法的实质的正义(内容正义);第三是法的适用的正义。法的适用的正义是指法在其被适用的过程中体现的正义,这主要是指执法、司法的程序正义。这是对执法、司法人员在执法、司法活动中的要求。这种正义旨在于保证具有正义性的法能够被公平、公正地适用于具体的情况或案件,但这种正义并不能保证被适用的法本身是正义的”③。

综合上述对司法正义的观点,可以发现,中外学者们对司法正义的理解的共识之处在于,都认为司法正义应当至少具有以下特点:首先,司法正义是一种动态的、过程性的,它是通过诉诸司法审判,通过法官的正义裁量去把握和实践的社会正义,因而是一种后发的启动机制;其次,司法正义是具体的和微观的,即它并非是一种宏观的制度设计或规则层面的抽象正义,而是在制度和规则的微观运行中保障具体正义的实现;第三,司法正义是一种终极性的裁断正义、矫正正义和恢复性正义,它是对权力滥用的监督和对受损人权的救济,是正义实现的终点,是维护社会正义的最后一道屏障。

基于这一对司法正义的理解,我们目前亟待解决的就是要进一步探讨司法正义实现的前提和实现路径问题,即司法正义究竟应当在何种条件之下或者情景之中,以何种原则或者理念去贯彻和实现被制定为法律的正义?简言之,就是如何完成司法正义的理论证成与实现机制。而这一问题必须在对传统“司法民主”的理论进行重构的基础上加以解决。

概言之,司法民主的重新出场,并不意味着对所有历史上曾经出现过

---

① [古希腊]亚里士多德:《政治学》,吴寿彭译,商务印书馆1961年版,第15页。

② [英]哈特:《法律的概念》,张文显等译,中国大百科全书出版社1996年版,第290页。

③ 张恒山:《论正义与法律正义》,《法制与社会发展》2002第1期,第23页。

的传统的民主概念的随意引进和适用，这样势必会造成民主功能的泛化以及司法功能的扭曲；司法民主的重新出场，更不意味着是在与司法职业化相对立的狭隘语境中阐释民主和发展民主化，这样不仅无益于司法正义的实现，更会加重利益冲突与价值分歧所造成的混乱。相反，司法领域引入“民主”本身就是有限的和十分审慎的。也就是说，司法民主的重新出场，必须是在现代性的语境中和司法现代化的题域内，在对多歧义和多面向的“民主”概念进行甄别和界定的基础上，找到的一条能够化解司法所遭遇的利益冲突与价值分歧的有效路径。唯此，司法民主才是可欲的。

第三节　“接近正义”是司法民主性的应有之义

2015 年 9 月，联合国（United Nations）成员国通过了一个“全球发展框架”（a global development framework），该框架确认“接近正义”（Access to Justice）既是全球人权事业的发展目标，也是其他各领域诸如健康、环境和社会发展等方面发展的必不可少的促进因素。在现代法治国家与民主社会，保障和加强平等地“接近正义/诉诸司法”的权利是人权保障的一个基本特征。它显然已经突破了传统的司法民主化与司法职业化之争，在个人权利与社会公益之间确立了一个恰当的权利本位立场。在“全球可持续发展目标”（SDG，即 In Sustainable Development Goal）的具体目标 16. 3 中，成员国一致认可“在国内与国际领域全面提升法治水平，并确保人人平等享有接近正义（获得司法救助）权利”。① 进而强调需要建立更为有效的民事司法救济措施。

一、“接近正义”的民主性内涵

“司法民主”与“接近正义”究竟具有怎样的内涵和外延？谁更需要它，政府还是民众？如何才能做到平等地接近正义的制度转换和权利落实？这些问题不仅涉及法律问题。在法律语境之外，“接近正义”在不同的学术领域，如经济学、社会学和政治学领域等都被密切关注着。然而，与“接近正义”最为密切相关的仍然是法学领域，尤其是司法哲学研究。

“接近正义”（Access to Justice）一词本身由两个关键词语组成，即“接近（Access）”和“正义/司法（Justice）”。“接近”一词通常与“平等”或“有

---

① Target 16. 3, as detailed in Resolution 70/1 of the UN General Assembly, 25 September 2015, entitled “Transforming our World: The 2030 Agenda for Sustainable Development”.

效的”关联。① 它体现了这一概念的传统性、技术性和程序性侧重,即它是使需要帮助的人能够追求其法律利益的问题。另一方面,“正义/司法”还含有一个结果导向的意蕴,即我们应该通过平等或有效的“接近”过程(即程序)来实现。这一程序的意义应该是“公正”,或者至少是以公平和无差别为目标的。因此,“接近正义”的内涵应指向每个人,无论其能力如何,都应有机会通过适用法律和法律制度享受其权利的保护和实现。② 这一理念既反映在程序法和实体法中,而且也体现在人权概念中。各个国家的宪法一般都包含相应的条款,将“接近正义”这一理念确立为公民的一项宪法性权利,旨在保障公民个人有权通过司法渠道提起诉讼以保障自身合法权益不受侵害。不过,这类条款所使用的措辞通常相当简约和概括。例如,我国宪法中是以“公民在法律面前一律平等”这一宪法原则的形式来体现“接近正义”的基本理念,同时强调“国家尊重和保障人权,任何公民享有宪法和法律规定的权利,同时必须履行宪法和法律规定的义务”。③

然而,这一宪法性权利还必须同时包括针对国家和政府的更为实质性的请求权,例如,要求政府必须承担对那些无力承受司法诉讼的低收入者提供无偿法律援助的相应的法律责任。政府既可以采取真正的财政援助的形式,也可以通过免费提供律师服务来实现。毫无疑问,作为一项新的“社会权利”,如何保障公民有效地接近正义/司法,标志着一国法律体系之民主性程度,也检验着法律以及司法在一国治理体系中是否真正发挥着保障公民合法权益的作用。因此,“接近正义”是“福利国家”理念的一个关键性特征。④

二、司法“接近正义”的全球化实践

确保每一个人平等享有有效接近正义/司法的机会,不仅被列入各个国家和政府法治建设的重大议程,而且也被列入国际最为重要的议事日程,例如,《跨国民事诉讼准则》(The ALI/UNIDROIT Principles of

① E. g. M. Cappelletti and B. Garth, ‘Access to Justice: The Worldwide Movement to Make Rights More Effective - A General Report’ in M. Cappelletti and B. Garth (eds.), Access to Justice - A World Survey (Alphen aan den Rijn: Sijthoff and Noordhoff, 1978), p. 6.

② Wrbka, Stefan, ‘Collective actions: enhancing access to justice and reconciling multilayer interests? Cambridge University Press 2012, p. 1.

③ 《中华人民共和国宪法》第三十三条:凡具有中华人民共和国国籍的人都是中华人民共和国公民。中华人民共和国公民在法律面前一律平等。国家尊重和保障人权。任何公民享有宪法和法律规定的权利,同时必须履行宪法和法律规定的义务。

④ Storskrubb and Ziller, ‘Access to Justice in European Comparative Law’, p. 179.

Transnational Civil Procedure)①、《欧洲“法律援助指令”》(The European ‘Legal Aid Directive)或国际比较法学院内部的讨论(The International Academy of Comparative Law)等。显然,在全球情境下,各个国家的司法所面临的核心问题,似乎都可以归结为:虽然法律制度意在保护每一种正当、合法权益,但法律制度的理想目标始终与实际结果之间存在落差。换言之,虽然人们对有效接近正义/司法的重要性毫不怀疑,但对于如何有效地确保其实现仍无法确定。②

不仅如此,“接近正义”还是全球可持续性发展的核心目标。例如,世界银行2011年《世界发展报告:冲突、安全和发展》报告中指出,司法公正及平等接近正义是国家和人权事业全面发展的关键性障碍,因而,“加强立法机构和政府责任,为公民提供更多的安全、司法和就业机会,对打破恶性循环之困局而言至关重要”(世界银行,2011年,第2页)。同样,联合国世界妇女大会2011年报告《世界妇女的进步:追求正义》指出,即使在全球扩大妇女权利和法律赋权的趋势下,仍迫切需要加大对妇女接近正义之机会和权利的经费投入,这必将有助于“加速在两性平等方面取得进展,并努力减少妇女和女童权利被漠视”③。国际人权理事会印第安土著人权利研究机构也声称,接近正义对于“保护和促进土著人民的人权与其他所有人人权保障同样至关重要”,理事会的建议表明,“家庭法、未成年人保护法和民法对于解决社会弱势群体权利保障至关重要”。④

可见,“接近正义/诉诸司法”以及全球可持续性发展的问题,不仅关涉发展中国家薄弱的经济、政治及社会发展环境,更关涉其法律争端的问题。我们生活在一个越来越“法律化”的世界,且这个“法律化”的过程早已将我们的日常生活几乎全部在私法中制度化了。⑤ 法律权利、义务和责任的保护为我们在各个领域的行为提供了基本的框架,例如,生产、消费、教育、就业、儿童和家庭、健康、住房、土地乃至获得自然资源和社会福利。

---

① American Law Institute, Principles of Transnational Civil Procedure (Cambridge University Press, 1995).

② “OECD/Open Society Foundations (2019), Legal Needs Surveys and Access to Justice, OECD Publishing, Paris, https://doi.org/10.1787/g2g9a36c-en.”

③ UN Women (2011), Progress of the World's Women: In Pursuit of Justice, UN Women, New York, pp. 121.

④ United Nations A/HRC/24/50, Access to justice in the promotion and protection of the rights of indigenous peoples: Study by the Expert Mechanism on the Rights of Indigenous Peoples (2013), Annex. Expert Mechanism advice No. 5 (2013), available at http://undocs.org/A/HRC/24/50.

⑤ Sandefur, R., “What we know and need to know about the legal needs of the public”, Carolina Law Review (2016), pp. 443-459.

随着法律权利、义务和责任的不断扩大，接近正义与诉诸司法的必要性也随之加强。意大利法学家卡佩莱蒂（Cappeletti ）和加思（Garth）的名言：“如果没有一个能保障其确定实现的有效机制加以确证，那么拥有权利是毫无意义的 ”①。因此，随着国家和超国家法律的不断增长，人们对于一个国家中究竟有多少民众能够有效接近正义/诉诸司法这一问题产生了浓厚兴趣，这一研究不仅关注于可供人们选择的诉诸司法的手段和途径，还关注于人们在努力寻求解决司法渠道解决纠纷时所面临的障碍。

联合国贫困人口法律赋权委员会（UNCLEP，the United Nations Commission on Legal Empowerment of the Poor）2008 年开展的一项统计调查显示，全球七十多亿人口中，大约有四十亿人生活在法律的保护之外，而剩下的那些人中，绝大多数人是处于法律保护的劣势。② 面对这些挑战，联合国计划开发署（UNDP，The United Nations Development Programme）指出，接近正义/诉诸司法是“一项基本人权，也是消除贫穷、预防和解决冲突的不可或缺的手段”③。世界经济合作与发展组织（OECD，The Organisation for Econom Cooperation and Development）也指出，如果过大比例的人口无法通过适当途径解决法律纠纷和问题，这必将“减少其获得经济援助的机会，从而强化贫困陷阱，破坏人类潜在和可持续性发展，”然而，“许多法律和司法服务仍然是支离破碎、不协调和不发达的，从而限制了司法部门的实效性、可持续性及其物有所值性”。④

不容乐观的是，尽管全球对于“接近正义”改革的关注度在不断提升，传统的接近正义运行机制和制度建构仍然主要侧重于刑事司法程序。为衡量其进展状况而拟定的全球指标也仅限于刑事司法。例如，这些指标往往是通过“未入监狱的被拘留者占监狱总人数的比例”，或者“过去 12 个月中向司法行政主管部门呈报的对暴力案件受害者的援助比例”⑤等来衡量民众“接近正义/诉诸司法”机会的多少。在针对民事法律纠纷上，则主

---

① M. Cappelletti and B. Garth, ‘Access to Justice: The Worldwide Movement to Make Rights More Effective - A General Report’ in M. Cappelletti and B. Garth (eds.), Access to Justice - A World Survey (Alphen aan den Rijn: Sijthoff and Noordhoff, 1978), p. 185.

② United Nations Commission on Legal Empowerment of the Poor (2008), Making the Law Work for Everyone: Report of the Commission on Legal Empowerment of the Poor, United Nations Development Programme, New York. pp. 3.

③ United Nations Development Programme (2004), Access to Justice: Practice Note, New York: United Nations, pp. 3.

④ OECD (2016), Towards Inclusive Growth - Access to Justice: Supporting People Focused Justice Services, OECD, Paris, p. 1.

⑤ SDG 16. 3. 1 available at https://unstats.un.org/sdgs/indicators/indicators-list/.

要是以通过对结案案件的数量和解决特定法律问题所需的时间为指标。这就是说,由法院及司法部门提供的此类官方数据,只能为“接近正义”研究提供相对有限的视角。然而,民众以及民间组织往往是在较为广义的领域内寻求权利救济的,不仅是通过司法渠道,更多还包括行政、习俗和民间社会组织等。而目前国内以及世界范围的统计分析,都仅仅局限于司法系统内能够获得的官方数据。幸运的是,这一状况正在得到改善。2017 年,负责制定接近正义以及可持续发展目标进展情况的全球指标的“联合国内部机构专家组(IAEG,the Inter-Agency and Expert Group)”已经认识到,全球需要加大对民事法律问题的认定指标的支持,以弥补其指标过于侧重于诉诸刑事司法的不足。①

① See Report of the Inter-agency and Expert Group on Sustainable Development Goal Indicators, E/CN. 3/2017/2 (2016) annex V available at https://unstats. un. org/unsd/statcom/48th-session/documents/2017-2-IAEG-SDGs-E. pdf.

第三章　中国司法民主化改革历程反思

经过一个半世纪的探索、失败和彷徨，今日站在新世纪门槛上的中国人发现，民主仍然是朦胧的政治理想。

——金观涛、刘青峰①

当代中国司法困境所暗含的冲突与分歧，诸如西方化模式与本土化经验的摩擦、法律思维与道德（伦理）思维的较量、程序合理性与实质合理性的二元对立、个案正义优先和普遍正义优先的争执，最终都可以在个人权利与社会利益的对立与冲突中找到根源。中国的司法体制改革必须对这些利益冲突与价值分歧做出有力回应。"司法民主"的出场应当是为化解这些利益冲突与价值分歧，完成司法正义的理论证成与现实路径选择问题。因此，探究这些利益冲突和价值分歧生成的背景与根源，当然是中国司法民主化历程研究的重要问题。

因此，为了认识中国司法民主化进程中的问题及其形成的原因，有必要对近代以来中国的"司法民主观念"的碎片进行深入研究，并从这一观念的演变中窥见整个中国司法民主化进程中问题的产生和根源所在。

第一节　晚清时期"近代化"的司法民主观

在风雨飘摇的晚清时期，清政府推展了一场范围广泛的社会改革运动，在犹疑、动摇和挣扎中，被动地迈出了转向"近代化"的实质性步伐②。在这场触动根基的可谓全方位的"修律改制"中，司法体制改革则因其关涉多层面、多环节和多分支结构之变迁，使其成为清末改制中最为重要的

---

① 金观涛、刘青峰："从'共和'到'民主'——中国对西方现代政治观念的选择性吸收和重构"，见金观涛、刘青峰：《观念史研究——中国现代重要政治术语的形成》，法律出版社2009年版，第252页。

② 对此，费正清先生也认为，晚清"从1901年至1911年的最后十年，与其说是处于崩溃时期，倒不如说是处于新的开创时期"。参见［美］费正清、赖肖尔：《中国：传统与变革》，陈仲丹等译，江苏人民出版社1992年版，第403页。

组成部分，也是法律体系变革具体成果的主要体现。

清末司法改革主要涉及以下五个方面：一是改体制，实行司法与行政的分离；二是去重刑、废除审判中的拷讯制度；三是改程序，竭力区分刑、民诉讼，区分程序与实体；四是图配套，议设检察、律师和陪审制度；五是办学堂，探索法律职业化之途。① 这五个方面的改革，已经触及司法近代化的核心，也充分彰显了改革者逐步构筑起一套门类划分清晰，制度规范理性，调整手段、方法得当的近代司法体系的努力和决心。

尽管这次清末修律变法的力度极为有限，对于旧制度的冲击微不足道②，“新制度是有其名而无其实，这些制度渐渐地，但却从来没有完全地获得实质性的发展”③。但忽视此次改革的积极意义，对于那些卓识远见、激流勇进的改革先驱们显然是不公正的。因为，此次改革毕竟是中国司法近代化的最初尝试，它用血和泪唤起了中国司法观念与思想上的转变，开创了中国司法理论与制度文本构建之先河。其中，最值得重视的成就就是对中国司法民主理念的初步唤醒。

一、晚清时期的司法民主理念的特征

其一，针对封建传统的以维护专制君权统治为核心的司法宗旨，试图确立以保障个人权利（私权）为核心的司法宗旨，并将其贯彻于审判程序当中，力图吸取西方司法民主理念之精粹，以保障当事人诉讼地位平等及保障当事人合法诉权。

其二，针对充满特权、神秘和威权主义色彩的封建传统的司法模式，试图建立以职业法官和公民陪审相结合的精英化、民主化的审判模式，以平等、公开、直接言词辩护（论）为要素的新型诉讼程序制度，以防止司法裁判的专断、恣意，维护司法的公正、民主。

其三，针对传统司法民事、刑事诉讼区隔不清，程序与实体混同，纠问主义盛行等状况，以立法严格区分刑事诉讼和民事诉讼，注重对刑事审判中犯罪嫌疑人基本权利的法律保护，在民事审判中，则以当事人主义为原

---

① 参见方立新：《传统与超越——中国司法变革源流》，华东政法学院 2005 年博士学位论文。第二篇：传统司法的转型：嬗变与踯躅，第 54—81 页。

② 除了在中央层级初步完成了司法与行政的分离，建立了大理院这一名义上的最高国家审判机关，以及在刑事审判方法上废除了重刑和限制刑讯制度外，并无更多的成果。无论是民刑分立的诉讼体制，还是与行政分离的司法审判体制并没有在全国建立起来，与政治相分离的自治的近代法律规则体系与法律职业团体，更是遥不可期。

③ 参见［美］G. 罗兹曼：《中国的现代化》，陶骅、杨砾等译，上海人民出版社 2003 年版，第 345—346 页。

则采取抗辩式审判模式。

需要指出的是，清末司法民主理念的形成是建立在对西方近代司法民主理念的引进和移植基础之上的。然而，这二者之间最大的差别在于，近代西方司法民主理念的生成与其近代以前的传统之间存在着无法分割的继受关系，是在对传统司法理念之批判基础上的成熟和推进；但是，中国近代的司法民主化演进则是在彻底破除旧制度、旧观念的基础上构筑起来的。这就不仅使得其所彰显的司法民主的宗旨和理念与中国社会传统司法观之间充满了断裂与冲突，也使得其所构想的司法民主制度体系根本无法得到真正实行。

二、晚清时期的司法民主理念暗含的尖锐冲突

其一，外来的西方式民主理念与本土的儒学传统之间存在剧烈摩擦。近代中国思想界往往用自己熟悉的观念系统对西方现代思想做选择性吸收。因而，西方现代观念往往被纳入儒学框架，所有引进的西方现代观念都必须通过儒家意识形态，才可以与社会行动发生联系。西方的“民主”①（democracy）“共和”②（republic）等概念进入中国也不可避免地被解构性重构，在意义上发生很大的转变。③ 例如，在西方，“民主”的本质在于人民做主或大众支配，而在汉语里则有“民之主”“民为主”“民做主”以及“民选的最高统治者”（如果除去民选因素，其含义在一定意义上仍是“民之主”）④等等多重甚至相反的含义。尤其是“民选的最高统治者”这一含义，反倒是与西方的“共和”概念的含义较为接近。“共和”主张私领域和公共领域的分离。作为道德精英的中国传统绅士阶层对全民参政的“民为主”或者“民做主”并没有兴趣。在他们看来，清廷预备立宪，就是把现代政治作为公共领域的事务从皇帝的私人事务中分离出来，使他们可以积极参与共和主义的立宪和代议制度的建构。因此，传统的儒士阶层普遍拒斥

---

① 西方的“民主”（democracy）源于希腊文 demokratia，它是由 demos（人民）和 kratos（权力、统治）两个词连缀而成，意为人民支配或统治。

② 西方的“共和”来自拉丁文 republica，其原初的意思是公共事情（物），17 世纪之前常用来指涉国家（state or commonwealth）；此后其含义是指有别于世袭君主制的政治制度。西方近代的共和主义（republicanism）意味着国家事务从君主的家庭私事中分解出来，成为公共事务。

③ 金观涛、刘青峰：“从‘共和’到‘民主’——中国对西方现代政治观念的选择性吸收和重构”，见金观涛、刘青峰：《观念史研究——中国现代重要政治术语的形成》，法律出版社 2009 年版，第 252—288 页。

④ 中国古代文献中的“民主”，采用偏正结构的构词法下的意义，意为“民之主”，是帝王的别称；而晚清时期对“民主”概念的设定则是采用主谓结构的构词法下的意义，意思变成“民做主”，和原来意义正好相反。

民主而热衷于共和。正因此，晚清时期的司法改革推行了司法与行政的分离。这对于传统政治体制而言，确实是一大进步。但这也并非西方理念上的司法独立。因为当时作为司法独立诉求的内部支撑系统的两大要素：发达的司法职能与成熟的法律职业尚未形成。因此，无论在主体意识上，还是机制运作上，不仅不可能形成对于其他国家权力的自觉排斥，而且常常会呈现出某种程度的依赖。

其二，西方式的权利本位观念与传统儒学的义务本位观念之间冲突激烈。“个人”（individual）[①]观念和权利（rights）观念是西方现代民主观的基础，也正是中国传统民主观所严重缺失的。之所以缺失，与儒学传统中的义务本位观对“权利”观念的重构与改造紧密相关。众所周知，西方现代权利观念含义丰富，除表征法律所规定的权益外，还有“正当”“正确”之意，主体则大多是指向“个人”。而汉语的“权利”一词与西方的“个人自主为正当”含义的“rights”差别极大。据统计分析表明，从先秦时期直至1900年之前，“权利”一词的含义都被限定在国家范畴之内，表征“权力”“利益”或“权衡”之意，至1900年前后，“个人”观念开始被中国知识分子接受，个人成为权利主体，个人自主不仅被认为是正当的，而且是国家独立自主的前提。然而，这种类似于西方的权利观念和个人观念都被重构，被赋予儒学中履行义务才享有权利的结构。权利被理解为个人须尽了某种义务才能享有的权益，以至于长期以来许多中国人无法划清“权利”和“权力”这两个观念的界限。

其三，西方的程序正义观念与本土传统的实质正义观念的剧烈碰撞。清末司法改革主张民刑案件属性甚异，审判方式与审判结果也大相径庭，诉讼程序自当不同。其对于司法转型更加直接的效果在于其所拟定的诉讼各法，事实上成为后续创立的近代中国诉讼体制的制度蓝本。在全面改革传统审判方式、构筑近代文明、理性的诉讼制度中，甚至预想构设检察制度、律师制度、陪审制度等近代公正审判所必需的基本制度构件。这一系列举措和观念已经在社会上逐步传播开来，无疑对传统司法起着一种裂解作用。然而，这些举措和制度构想并没有取得多少明显、实在的成果。一方面，由于时间过于仓促，关于上述各项制度的知识及西方程序正义等基本理念在顽固的实质正义观念的影响下根本无法得到普及。在一种中西

---

① “individual”是西方现代价值的核心。其原意为分割整体得到的最小单位（不能进一步分割的东西），用这个关键词指涉个人，意味着社会有机体观念的瓦解：唯有个人才是自然权利的最后拥有者，亦即个人成为组成社会的基本单位以及社会契约论的兴起。

二分的二元论意识形态框架中,对于一向偏重家庭和个人道德而不注重程序的绅士阶层来说,很难理解什么是程序优先于“善”,这就不可避免地导致各种政治势力以“有道伐无道”的名义破坏公共规范,宪法由是缺乏权威,法律也无道德约束力;另一方面,更是由于强大的传统保守意识的坚决抵制,除检察制度属于官制而轻易得以成就外,其他任何在性质上属于赋权于民、含有官民对立色彩的制度构建和创意,都难以获得统治集团的认同。其结果是政府无法建立良好的法治秩序。

总之,晚清时期是整个中国社会近代化转型的摸索阶段,其最大的成就在于“破”。在观念上,它宣告并以具体行动促使传统司法体制及其审判制度的解体,型构出了现代司法的基本轮廓与改革方向。并且创设了中国历史上最早的正规的法律教育,从而为近代社会的法律职业化提供了基本的人才储备。然而,实质上,由于缺乏适合其生存的政治传统和思想文化土壤,以自由、民主、平等、人权为价值取向的西方近代司法民主理念是不可能在中国有所建树的。因为,当旧的传统被破除,新的传统必须完成其正当性证成方可获得合法性。但是,其所彰显的司法民主的宗旨和理念与中国社会儒学传统之间充满了断裂与冲突,不仅存在司法的民主正当性之证成问题,甚至整个社会统治的民主正当性都需要给予新的证成。这就使得这一时期型构的司法民主理念因先天不足而胎死腹中。

第二节　南京国民政府时期“现代化”的司法民主观

如果说,晚清时期是对西方司法民主理念从拒斥到学习的一个重要阶段,其努力的方向仍然是型构一种与西方现代意义上的司法民主理念贴合的模式,尽管这种贴合面临的磨难超出了其所能想象的程度。那么,随着辛亥革命和新文化运动的到来,却引发了中国司法民主观念的一个根本性转变,使得前期对西方司法民主理念的追随完全发生了转变,回归到一种似乎与传统儒学更为贴近的意义上。认识到这一点,我们方能更好地解释中国当代司法民主理念的诸多特征形成的脉络与根源,而长期以来这一点恰恰被学者们所忽视。

一、南京国民政府对新型司法民主理念的构建

当西方共和观念在晚清时期传入中国后,人们意识到在现代民主制度中,必须包括对政府权力的宪政约束。虽然这一点从未在民国初的政治中落实,但我们可以把“五四”前民主共和观念归为“民选国家元首”“大众参

与”“代表制”（不过当时人们接受的代议制是传统儒家道德精英主义和西方代议制的混合物）以及“对政府权力的宪政约束”这四点。一般说来，“民主”对应着前两点，而“共和”则蕴涵着后两条。辛亥革命的爆发及亚洲第一个共和国——中华民国的建立，使中国出现系统引进西方民主宪政之尝试。① 因而，中华民国成立之初以及抗战胜利后的南京国民政府，仿照西方现代的司法模式，从以下几个方面，进行了新型司法民主理念与制度的构建。

其一，正式确立了立法、行政、司法三权并行，司法权为国家统治权之一部分的基本政治架构，并且依照司法独立原则，构筑现代司法体制。例如，司法院为中心，构筑有别于欧美的独特司法组织体系②；为了保障司法独立原则的贯彻，专门规定了法官职务的特别保障制度③。其二，在司法体制上，构筑了与近世发达国家相类似的审级分明、民刑区隔，检审、控辩有机协调的制度规则，并以制度完备为前提，构筑清楚简约、规范明了的诉讼程序。例如，建立了以三审为原则、以二审为例外的三级三审制，构建双轨制司法体系，确立审判公开原则，严禁刑讯、体罚，大力革新狱所管理等等。这充分表明了民主革命者对于建立现代文明、公正、民主的司法制度的坚定信念。其三，逐步建立严格的法官任用制度、律师制度④等，以促进法律职业的成长。“律师”这一法律职业群体中的重要角色，从此作为独立的职业团体正式登上了中国社会的历史大舞台。

平心而论，如果我们仅从制度层面看，上述几个方面的努力在实现我国传统司法体制的转型上无疑具有一定的积极意义。它不仅提供了一套较为完善的现代司法架构和审判体系，包括司法组织法和司法程序法，而且还形成了较为系统的司法理念和原则，为现代民国司法权的定位和司法权能的充分展现勾勒出一幅清晰的蓝图。

---

① 当时中国曾四次制定宪法，存在着两大政党三百多个小党，学习西方政治制度一时蔚为风气。所有这一切均是在“共和主义”旗帜下进行的。

② 这样一种制度构设，在国家机构的序列上，出现了一个集司法审判与司法行政组织于一身的司法院，使其在位阶上，取得与行政、立法并列的宪法地位。同时在职权上，因其握有宪法与法律解释权而显尊贵，突破了司法仅限于个案审判的权能解读。

③ 法官职务保障制度主要包括薪俸（待遇）保障、任期保障和职务活动保障三个方面。

④ 1912 年 4 月 1 日，《临时政府公报》登载了《内务部警务司司长孙润宇建议施行律师制度呈孙大总统文》。该文从几个方面阐述了建立律师制度的重要意义。呈文称：司法独立为法治国分权精神所系，而尤不可无律师辅助之。

二、训政时期新型司法民主理念向“司法党化”的转变

伴随着新文化运动的深入渗透，中国人开始对西方民主观念进行再一次的重构。这次重构基于对辛亥革命的共和主义政治尝试的否定，直接导致建立代议制的共和政治诉求被一种普罗大众参政的“民主”诉求取代。从此，中国的“民主”和西方的民主迅速拉开了距离，它不再必然地和宪法、代议制相联系，而是指向了“众人之治”“多数之治”“大众参与”等内涵。这种民主观念似乎是一种对传统的回归。当它被整合到国民党意识形态中时，就使现代中国之民主观蒙上了一种极富特色的魅影。①

这一魅影的产生，缘于进入“训政”时期的国民政府开始特别强调“国民党”作为政治保姆的作用，并突出国民党在国家政治生活中的权威地位和特殊作用。于是，南京国民政府的司法观在这一时期也演变为一种极具国情特色的司法理念与实践，这就是“党治国家”下的“司法党化”问题。“司法党化”②在相当程度上放弃了司法独立和司法中立的超党派立场，主要包含两个方面：一是司法干部人员的一律党化；二是司法官员在司法实践中的党化，即必须使每一个司法行为、思维方法和论证依据建立在党义政纲之上。这不仅使国民党的党义和政纲成为立法的基本原则，而且成为司法官员“适用法律之标准”。

这种“司法党化”的直接后果是，使训政时期的司法改革从此陷入了一个自相矛盾的困境。一方面，依据社会近代化的常理和有识之士的共识，司法独立与法律的职业化、正规化是建设现代司法民主的必由之途；而另一方面，在社会动荡、政局不稳的状态下，主政者却又不得不以“民主”之名，而行“党治”“威权”之实。于是，整个司法体制就在这样一种矛盾和混乱的格局中运行：在推进司法职业化的同时，司法的市侩化却无法阻止；在维护司法独立的同时，司法的公信力却急速下滑；在宣扬司法民主、公正

---

① 在国民党三民主义中的民主，被推到军政、训政和宪政三阶段中的最后一个阶段。而在共产党意识形态中，民主被定义为有阶级性的，当下而言，无产阶级首先要夺取政权。参见金观涛、刘青峰：《从“共和”到“民主”——中国对西方现代政治观念的选择性吸收和重构》，见金观涛、刘青峰：《观念史研究——中国现代重要政治术语的形成》，法律出版社 2009 年版，第 282—288 页。

② 虽然它对于当今我国司法制度并无直接影响（因为我们废除了六法全书，摧毁了国民党时代所建立的整个旧法统，彻底割断了与旧司法的制度性联系），但是间接的影响也许无法否认。但是，如果我们排除意识形态上的对立，仅从逻辑推论的角度看问题，那么，南京国民政府以司法党化包裹起来的司法的泛政治化与意识形态化，与共和国早期在改革司法过程中的某些举措恐怕还是具有某种程度的相似性，至少在认识论层面两者的做法存在着某种形式的趋同与近似。

的同时，司法的恣意和腐败却难以遏制。

概言之，在民国初期和南京国民政府时期这一中国社会大变革的时代，“民主”“司法民主”等理念，只能是知识精英心中的美景。这些娇贵的社会矫正设施之建构和运行，需要同样娇贵和奢侈的思想观念平台与理论准备，否则，它根本无法在一个战乱频仍、党派纷争，且以武力相向的环境中生存和生长。换言之，在一个无法确立和构筑起现代民主社会所必需的基本的民主理念与宪政架构的社会，即使已设立起形似的现代型司法制度架构，也必然会在实践中沦为政治的附庸和专权者的玩物。在这样的环境中，纵然具有现代司法民主化之形，也难摆脱旧司法传统之实，反倒会孕生出一种扭曲和变异的魅影，时刻威胁着司法正义女神的天平。因为，无论改革者具有怎样的决心和勇气，如果缺乏对民主精神内核的领悟，缺乏对司法民主理念的正确判断，那已被扭曲和变异的魅影就会随时以驾轻就熟之势，将其诱惑至那条重蹈覆辙的“便捷”之路。所以，现代中国司法民主化这一艰巨课题仍任重道远，必须在对民主真知的领悟和对司法民主理念之重建上继续努力。

第三节　陕甘宁边区时期至改革开放之前被“重构”的司法民主观

新文化运动之后，随着“共和主义”的销声匿迹，代议制和宪政制衡也从中国现代的民主观中被大大淡化。伴随着这个对民主概念进行价值重塑过程的，是日渐高涨的反精英主义和反父权制度思潮。结果，与民主观念相关联的价值，就变成一些更为激进的追求平等的元素。这样，批判儒家伦理及破除其等级制度，成为新文化运动之后中国共产党所推进的“民主”概念的主要特点。“民主”在中文里的传统意义，是为人民谋福祉的君主专制统治；当现代西方政治制度介绍到中国后，接着“民主”演变成带有民选元首和人民统治的含义；经历共和政治的兴衰后，“民主”又被用于指称人民民主专政。

这种民主观念的核心价值是政治和经济上的平等主义，强调“大众参与”和“人民统治”。然而，一旦排除了宪政和代议制，“人民统治”的理念就只是意味着“多数人统治”。而要实现多数统治就只有两种方式：一是由全民直接统治（新中国成立初期“群众路线”“司法大众化”以及“文化大革命”时期的“大众参与”概念均与此直接相关）；二是由代表普遍道德价值和公共意志的意识形态政党实行专政。这便成为陕甘宁边区时期开始直至改革开放之前中国共产党所采行的司法民主观的核心理念。

一、陕甘宁边区的“大众司法”运动

就这一时期的中国而言,由于人民民主专政的国家政治体制和民主集中制的原则已经基本确立,司法的民主正当性也自然来源于人民主权和民主集中。然而,这一时期面临的最大问题就是如何建构一个新型的、具有中国特色的、同时又是当下的中国所迫切需要的司法民主理念与制度模式,并在现实层面获得广大人民群众对新型司法体制的认同。边区政府和新中国政府为此做出了相当大的努力,其间进行了数次全国性的司法改革。

陕甘宁边区的司法改革和司法大众化①是在继承苏维埃时期的司法体制基础上,结合抗日根据地的实际情况逐步建立起来的。其特征表现为:政审合一;司法审判程序十分简便,审判方法较为随意,基本的制度和规章极为欠缺;司法人员专业化程度较低,审判人员中具有专业知识的人较少。这种司法体制在司法实践中暴露出越来越多的问题,因此,1943 年前后,陕甘宁边区高等法院在李木庵等人的主持下进行了一次以强调司法审判的规范化和人员的专业化为主要内容的司法改革。改革涉及两个层面的问题:一个是宪政体制层面的,如强调司法独立;一个是技术层面的,如对必要程序的诉求等。但是,由于整个社会缺乏一种法治精神与习惯,加之法律知识和法律人才积累不足以及时机选择等种种原因,改革以失败而告终。这次改革直接导致了两个方面的结果:其一是消极的结果,即司法独立的要求被进一步否定;其二是积极的结果,即技术层面中的某些建议,诸如审判独立、必要的程序、在政治信仰可靠的前提下注重司法人员必要的司法知识和技能、注重当地风俗习惯等建议在司法实践中逐渐被采纳,构成了边区新的司法传统中的有机组成部分。②

二、新中国成立初期的“人民司法”运动

新中国成立初期司法体制改革与制度创新具有以下几个方面的特点:其一,在指导思想上,以人民的、革命的司法取代旧司法传统,以民主集中

---

① 有关这一时期司法改革的研究,参见侯欣一:《从司法为民到为民司法——陕甘宁边区大众化司法制度研究》,中国政法大学出版社 2007 年版。汪世荣、刘全娥:《新中国司法制度的基石——陕甘宁边区高等法院(1937—1949)》,商务印书馆 2011 年版。

② 参见侯欣一:《陕甘宁边区高等法院司法制度改革研究》,《法学研究》2004 年第 5 期;侯欣一:《陕甘宁边区司法制度、理念及技术的形成与确立》,《法学家》2005 年第 4 期;刘全娥:《雷经天新民主主义司法思想论》,《法学研究》2011 年第 3 期。

和议行合一的人民代表大会制架构取代以往任何以权力分立制衡为原则的司法独立的制度模式;以为人民服务、尽可能以最便利的方法来解决人民所要求解决的问题为宗旨。其二,在司法体制架构上,从有利于强化执政党统一领导出发,加强了中国共产党对司法权力的控制,大幅度调整了司法各相关部门职能的划分。其三,在具体司法制度的创制中,大致延续了清末改制以来所确立的法院体制;在宪法层面确认了辩护、陪审、公开审判制度,为律师、陪审制度的建立提供了依据;在司法独立问题上,通过规定"人民法院独立审判,只服从法律",最低限度地保障了审判活动的独立性;建立人民调解制度,通过人民调解方式解决民间纠纷,维护社会秩序等等。

新中国成立初期的1952—1953年间,针对新中国成立初期各项变革运动、特别是"三反""五反"运动中司法机关暴露出来的严重的政治不纯、组织不纯、思想不纯等问题,新中国政府发动了一次全面改造和整顿司法机关的运动。这次司法改革的基本立场是,运用阶级分析方法来认识法律的本质属性,揭示法律是阶级矛盾和阶级斗争的产物,因而强调新旧法制的根本对立。主要内容包括四个方面:清除旧司法人员、肃清旧法思想、纠正旧司法作风、发展政法教育。通过这次司法改革运动,全面确立了新中国政法合一、非职业化以及群众路线的传统,即所谓的"大众司法"模式。① 基本特点表现为,在机构和程序制度的设置上具有"内繁外简"的特征。例如,法院组织的层级简洁,公、检、法、司分工协作,司法审判不拘泥于程序、手续的束缚,采取齐抓共管、主动移送等方式,最大限度地简便司法程序、降低解纷成本。在司法审判工作中十分重视群众的参与,不仅注意将基层的检察、审判之权直接交给经受革命运动考验的工农积极分子和经受炮火洗礼的革命军人,而且通过人民陪审制度和人民调解制度,进一步扩大作为统治基础的工农两大阶级的参与机会。

概言之,在当时的历史条件下,这种以革命化为导向的大众司法模式是在坚持人民民主专政的前提下,提倡近民、便民,相信群众、依靠群众,把司法作为巩固政权、镇压敌对势力、维护社会秩序和稳定的重要手段。通过司法大众化,可以使得人民法院和人民政府成为群众具体可感的形象,并最终在人民群众内部完成了对司法权威和正当性塑造。然而,此次司法改革运动与近代以来司法民主化改革所追求的司法程序化、规范化、职业化等现代司法品性,存在着内在的严重抵触,对社会主义法制建设起着一

① 参见黄文艺:《1952—1953年司法改革运动研究》,《江西社会科学》2004年第4期。

种阻滞的作用。主要表现在以下几个方面：其一，从政治的角度定位司法机关，混淆了司法机关与行政机关的界限；其二，司法的非职业化不利于司法水平的提高和法治的建立；其三，错误地把法治的基本原则当作旧法观点批判，妨碍现代法治观念的形成；其四，片面强调群众路线，违背司法的程序和规律。如果对此不加以足够的重视，并且采取切实有效的手段予以解决，必然对司法的正常发展带来极大的隐患。

第四节 改革开放以来中国司法民主化改革的困境

改革开放以来，中国共产党深刻总结了近代以来近代化和民主化实践的正反两方面历史经验，引领中国人民进入了社会主义民主政治建设的新时期，取得了社会主义民主政治的巨大进展①。随着社会主义民主理念的发展和成熟，当代中国的司法民主观念的发展和实践也进入了一个改革的新阶段。尤其是进入新千年以来，司法界的所有活动几乎都是在改革的声浪中展开的。这充分反映了我国建设法治国家和完善司法体制的决心和信心，也反映出司法改革之举深受社会的赞同与追捧。然而，如果对改革开放以来司法界林林总总的改革举措做一番审视，不难发现，从法律的层面考察，“吴经熊式”的西方化、职业化路径与“马锡五式”的乡土化、大众化路径之间激烈地论争取舍仍然是当代司法改革的核心问题。

一、司法民主化与司法大众化的冲撞

20 世纪八九十年代，以 1991 年《民事诉讼法》第六十四条“当事人对自己提出的主张，有责任提供证据”的规定为标志，司法职业化一度赢得了主流地位，司法职业化是凭依成熟法治国家（尤其是西方法治模式）的司法架构而提出，是中国现代司法体制确立和发展的重要成就之一，代表了中国司法改革的发展方向；而“司法大众化”则被视为“旧传统”，应当逐步被“正规化”“程序化”“现代化”，以适应市场经济所要求的“现代法治”。

---

① 国务院新闻办公室 2005 年 10 月发布了《中国的民主政治建设》白皮书。这一白皮书宣告了社会主义民主观的建立及其取得的成就。确立了“人民当家做主”是社会主义民主政治的本质与核心，“人民代表大会制度”是其最根本的实现形式。并从以下几个方面论证了社会主义民主的特征：一是结束了“以阶级斗争为纲”的错误路线，使包括公民言论自由在内的各项法律规定的政治权利得到提高；二是更为强调政治与市场关系日益协调，经济民主达到较高水平；三是扩大了政务公开力度和公共管理的民主参与；四是加快了社会主义法治建设的步伐，依法治国成为国家治理的基本方略。社会主义法制日益完善，以宪法为核心的中国特色社会主义法律体系基本形成。各类主体遵守法律的意识大大增强，法律的权威得到进一步体现。

不过,自 20 世纪 90 年代中后期以来,虽然多数法学论著的倾向还是职业化的,但是在一些具有社会学倾向的法学论著中,已经开始正视乡土化、大众化的法律传统的应有价值。① 然而,百余年的变法实践经验和教训,尤其是新中国成立初期"大众司法运动"②对新中国法治建设的负面影响,使学界对于动辄诉诸"人民"的革命性伦理始终保持着高度警惕。因为经常的诉诸很容易使人们扭曲司法的本性,将民主适用到其不能胜任或不能起主要作用的场域,扭曲对待司法的日常心态与司法的日常功能,并偏离中国政治民主化的真正主题与场域。这场纷争已经从一场学术争论逐渐演变为一场大众参与的政治论辩。可见,当代中国的司法改革无论在理论上还是在实践中始终在这两种对峙中摇摆徘徊。有学者深深地忧虑:"也许,我们不应该把改革视为具有天然正当性的东西。在缺乏理论和知识准备的情况下,许多改革所起到的常常是负面的作用。"③更有学者深刻地指出:"当代中国人的观念不过是马列主义和三民主义这两种意识形态除魅、解体后游离出来的碎片。"④

二、"接近正义"与消解法治并存

我国司法改革始终面临着现代化转型和本土化重塑的双重课题。尤其是在我国基层司法权力运行机制中,"城市化"与"乡土化"双向态势之间的冲突尤为明显。⑤ 于是有了"送法下乡"的各种努力,试图弥合二者间的冲突和断裂。换言之,这种冲突与断裂已经被当然地视为是阻碍司法"接近正义"的一个基本的中国语境,被形象地称为"秋菊的困惑"⑥。可是,即使当法律意识在乡村逐渐普及的时候,"接近正义"(access to justice)本身仍然是一个棘手的问题,因为司法的高成本使穷困的农民常

---

① 参见朱苏力先生的相关论著,具体请见文后参考文献中所列。

② 新中国成立后的 1952—1953 年期间,新中国政府发动了一次全面改造和整顿司法机关的运动。主要内容包括四个方面:清除旧司法人员、肃清旧法思想、纠正旧司法作风、发展政法教育。通过这次司法改革运动,全面确立了政法合一、非职业化以及群众路线的传统,即所谓的"大众司法"模式。

③ 贺卫方:《运送正义的方式》,上海三联书店 2002 年版,第 163 页。

④ 金观涛、刘青峰:《导论:为什么从思想史转向观念史?》,见金观涛、刘青峰:《观念史研究——中国现代重要政治术语的形成》,法律出版社 2009 年版,第 8 页。

⑤ 潘怀平:《城市化与乡土化:基层司法权力运行机制的实证研究》,《法学》2013 年第 9 期。

⑥ 苏力:《秋菊的困惑和山杠爷的悲剧》,见苏力:《法治及其本土资源》,中国政法大学出版社 1996 年版。

常对它望而生畏。于是,诸如"乡村赤脚律师"①之类的农民主动"迎法入乡"之举成为司法"接近正义"的重要桥梁。

然而,值得注意的是,"送法入乡"力图以国家法中的"现代性"吸纳、改造和融合乡村社会自生自发的"民间性"利益表达方式,以实现"传统"向"现代"的转型,而其结果往往是加剧了法律/司法与民众的疏离甚至对抗;与"送法入乡"不同,"迎法入乡"则力求将国家法中普适的法律概念破解为一种地方性知识,即"农民在某种程度上通过主动的行动把法律从国家手中拿过来放在了自己的实用工具箱中"②,这样以来,国家法的支配性实际上就在农民的主动迎法中多少被颠覆了③。因为,"秋菊的困惑"在一定意义上只是表现出对法治的一种拙朴而被动的对抗,而"乡村赤脚律师"则是一种更深层次的对法治的消解。

"迎法入乡"式的"接近正义"对法治的消解性改造非常微妙。一方面,"赤脚律师"存在的合法性首先在于他们对法律的敬畏、对司法的信心,因而他们会小心地与其他政治性模糊的行动(如上访)划清界限,更与那些所谓的"黑律师"有本质区别。④ 但另一方面,在"赤脚律师"的实践层面,他之所以能够更为有效地推进"接近正义",其所依赖的并不是他的法律知识和专业技能,而是在于他的"免费""便利"和"熟悉""亲切"等特点,在于他们对于乡村社会社情、民情的精到把握,更在于他与法院之间的微妙关系⑤,以及对案件胜诉可能性适当权衡后而对案件的筛选等等。换言之,"赤脚律师"所承载和接近的"正义","与其说是通过司法/法律来捍卫权利的神圣感,不如说是某种游戏感和实用主义精神。在他们把法律主动请进乡村后,法律不再是高高在上、自成一统的东西,而是变成了农民日

① "赤脚律师"是我国农村基层司法中的一种特殊的公民代理现象。公民代理制度的设计,其本义在很大程度上是使一些文化程度较低、经济基础较弱或表达能力较差的公民可以借助亲戚和朋友的帮助而实现获得司法救济的权利。赤脚律师具有方便、免费、亲切、少顾虑的特点,他们在法律服务尤其是行政诉讼代理上的功能是律师事务所和法律服务所均无法替代的。

② 应星、汪庆华:《涉法信访、行政诉讼与公民救济行动中的二重理性》,吴敬琏、江平《洪范评论》(第3卷第1辑),中国政法大学出版社2006年版,第191—221页。

③ 应星:《"迎法入乡"与"接近正义"——对中国乡村"赤脚律师"的个案研究》,《政法论坛(中国政法大学学报)》2007年第1期。

④ "赤脚律师"与单求经济利益的"黑律师"有着本质的差别,他们是凭借着对法律执着的热情和对正义的不懈捍卫而站出来为代理人免费提供法律服务,着眼的是正规律师和基层法律工作者都不太愿意接手、又为老百姓所期盼的行政诉讼。参见应星:《"迎法入乡"与"接近正义"——对中国乡村"赤脚律师"的个案研究》,《政法论坛(中国政法大学学报)》2007年第1期。

⑤ "赤脚律师"与法院之间是一种相互利用的复杂关系。一方面,法院对"赤脚律师"是既欢迎又警防。"赤脚律师"所代理的一些行政案子是相当敏感而复杂的,时常会给法院带来很大的麻烦,但另一方面,"赤脚律师"的活跃又会为法院的行政审判带来丰富的案源。

常生活的实用工具箱的部件”①。

百年来,尤其是改革开放三十年来的司法改革意在摆脱传统司法观念和制度模式的束缚,试图开创一个文明、理性、公正的现代司法的殿堂,从而完成无数仁人志士始于20世纪之初的社会转型的历史使命。但是,构筑一个符合现代法治国家内在要求的全新的司法体制,仍然需要观念的更新,需要巨大的勇气和谋略。这既涉及司法制度层面的创新,更涉及司法民主理念的深刻转型。我们当前的司法民主化改革在理念和方向上是否存在偏离和失误?“司法民主”之内涵究竟是什么?这诸多的质疑与纷争使得中国当代的司法改革陷入困顿与迷茫。

第五节 当代中国司法民主化问题的症结分析

司法是一个非常敏感的领域,因为,司法的所作所为,将直接影响到社会各界对于国家、政府乃至整个民族未来的信心。本著作第一章(当代中国司法民主化改革的困境与挑战)的分析已表明,当代中国司法公信力的缺失是由于内因和外因、主观和客观等多方面因素造成。正是由于这诸多因素的存在,才引发学者们对于司法职业化、专业化抑或大众化、民主化的论争与反思。然而,司法的“职业化抑或民主化”并非中国司法转型之困境的真正症结所在。当代中国司法面临的真正冲突与分歧,至少应包括“实质合理性”与“形式合理性”的冲突,制度“供给者”与“需求者”的立场之争,以及权利本位抑或社会本位之争基础上的“维权”与“维稳”之争。而这些冲突与分歧早在中国司法近代化萌芽之初的晚清时期就被埋藏了下来。这些利益冲突与价值分歧才是中国司法所必须应对的根本问题。

因此,司法民主化问题的本质就是司法的现代化问题。百年来,中国的司法现代化进程始终是在这些利益冲突与价值分歧中徘徊、摇摆。然而,正是由于未能厘清司法民主化与司法现代化的关系,当代中国的司法民主化问题研究始终偏离了现代化这一基本题域,而是在“职业化”“大众化”等诸如此类的细枝末节上纠结,因而只能是隔靴搔痒。

基于这一认识,以下的分析将表明,当代中国司法民主化之症结主要在于以下三个方面:一是当代中国社会的现代性立场的缺失使得民主观被选择性重构,无法应对现代社会中凸显的利益冲突与价值分歧问题;二是

① 应星:《“迎法入乡”与“接近正义”——对中国乡村“赤脚律师”的个案研究》,《政法论坛(中国政法大学学报)》2007年第1期。

在这种被选择性重构的民主观引导下，产生了对司法民主理念的认识误区；三是由于前述两点的共同影响，我们在司法民主化取向上存在诸多误区，致使司法民主机制和架构的建立出现了偏差和弊端等。

一、被选择性重构的民主观

中国社会从19世纪中叶开始，在西方社会现代化狂飙突进的冲击下也被迫开始了现代化转型。但是，对中国司法民主化的历史分析表明，纵观中国百年来的现代化进程，几乎所有具有西方现代性表征的概念在被引入中国社会的同时，已经被中国文化的深层结构进行了选择性重构，这种经过重构的观念比通过革命而建立的意识形态更具活力和持久性，但其所表征之理念却始终缺乏一种现代性立场。

一般而言，一个社会从传统到现代的转型，其最为突出的特征当是以“市民社会”的形成为标志①而建立起以“权利”为核心的话语体系。“市民社会”的本质在于将“私”合成为“公”，它具有能够打通公共与私人领域的功能，是一个既不属于国家又不属于私人的公共领域。因此，“市民社会”存在的首要前提，是对私人领域的保护，使其不会因公共领域的形成、特别是国家权力的扩张而消失。因此，现代社会要求人们充分运用理性设计一套权利、义务和责任为核心的法律规范体系，并在这一体系中全面贯彻“个人权利至上原则”。因此，“权利”应当是现代社会话语体系之核心理念。因为，权利一方面是对抗国家权力、控制政府权力的有效工具，同时，它也是处理个人与个人之间关系的重要纽带。

与西方相比，“市民社会”和“公共领域”这种现代性所表征的最核心的观念在中国向来十分淡薄。中国传统社会中个人和家庭（家族）构成了“私”领域，国家是“公”领域；由于儒家意识形态把“国”看成“家”的放大，“忠”和“孝”的等同又使得家庭领域和国家领域是相通的。除了注重孝和家庭伦理外，儒家伦理中不存在其他保护私领域不受国家和公领域侵犯的机制。“五四”以后尤其是新文化运动后，私人领域迅速萎缩。由于国家代表了公，私人领域是在公的价值压迫之下，因而家庭和国家之外的公共领域也就失去存在的正当性，公共领域也就自然消失。“事实上，正因为中

---

① 一般而言，一个社会从传统到现代的转型主要以市场经济发展、民族国家与社会的分野以及“市民社会”的形成等等为特征。近年来，理论界普遍意识到“市民社会”与“公共领域”的形成同社会现代转型之间的内在联系。因为，市场经济和私有财产自古就存在，但西方的现代社会却是17世纪之后才形成，其原因正在于，个人权利观念以及建基于其上的“市民社会”是到17世纪后才真正成熟的。

国现代意识形态在价值上排除了私人领域,在这种意识形态指导下的群众运动即使是自发的,甚至可以是以反对超级官僚机构为目标,它也不可能将私人领域综合成公共目标,因而也具有反社会的性质,其典型例子就是'文化大革命'。"[①]这表明,中国的民主理论是将个体权利和民主的制度建构与民主本身对立起来的。

传统社会向现代社会的转型,首先就是一个民主化的过程。然而,由于在中国的观念系统中"个人观念"的严重缺位,必然会导致对个人的主体性的忽略,这就造成"市民社会"以及"公共理性"等现代性之核心观念在中国社会无法获得其赖以生存的公共空间,建基于个人观念之上的权利话语体系也就无法建立。由此会产生两个隐患:一是在个人与整体的关系上,因强调整体的权力(power)而对个体的自由与权利(rights)关注不够;二是因过于关注权力的移转,而对于民主的制度要素关注不够。于是,中国的"民主"理念之内涵是一种被选择性重构之理念,其脱离了原有的母体,在儒学传统与马克思主义的双重影响下,衍生出"民之主""民为主""民做主"以及"民选的最高统治者[②]"等与西方语境中之现代民主并不相同的特殊含义。所以说,虽然中国早已踏上现代化、民主化的征程,但这种"民主化"在一定程度上缺乏一种真正的现代性立场的支撑。

缺失现代性立场的直接后果,就是无法真正应对现代社会所滋生的诸多利益冲突与价值分歧。不仅如此,当代中国的现代化与民主化还面临着比西方更为严峻的困境。在西方,诸如法律思维与道德(伦理)思维、程序合理性与实质合理性、个案正义优先和普遍正义优先以及个人权利与社会利益等等的利益冲突与价值分歧,无论在传统社会还是现代社会都始终是存在且对立的;但是,在中国社会中,这些冲突与分歧在儒家传统中本来并不存在或者原本是统一的,只是在当代社会转型的推动下,它们才在西方现代化浪潮的冲击下发生了分离和对立,而且,在这种分歧和对立的背后,又存在一种后现代的推动力,要求它必须融合。所以说,中国的现代化所面临的困境远比西方社会要复杂得多。学者周宁曾形象而犀利地指出我们所陷入的文化陷阱:"一个世纪间,我们从社会达尔文主义到启蒙主义到马克思主义,又从马克思主义到启蒙主义到社会达尔文主义,进步/进化始终是我们现代化的观念核心。我们为了进步而不断进行改革,但改革可能

---

① 参见金观涛、刘青峰:《试论儒学式公共空间——中国社会现代转型的思想史研究》,见金观涛、刘青峰:《观念史研究——中国现代重要政治术语的形成》,法律出版社 2009 年版,第 71—99 页。

② 如果除去民选因素,其含义在一定意义上仍是"民之主"。

成为重复的动荡,使停滞隐藏在变化中。”①这就是说,缺乏一种真正的现代性立场,我们根本无力走出西方为我们型构的“文化牢笼”,无法真正理解并建立一套基于中国自身的现代化理论体系。而没有成熟的现代化理论的支撑,“民主”概念的引进就只是一种形同虚设的口号,根本无法在尖锐的利益冲突与价值分歧中发挥其应有的利益平衡与价值选择功能,自然也无法真正促成社会的现代化、民主化转型。

民主本身是一个多面体,我们很难对其进行简单定义,但是,现代民主本质上是一种将多元的利益冲突与价值分歧综合成为普遍的“公共理性”的公共政治选择,“民主化”则是“公共理性”在政治上的普遍实现。民主机制和方法是现代社会解决政治合法性危机的最佳和最终方案,也是控制国家和政府、限制公权力的一种有效手段。而民主最核心的内容则在于,通过一种制度性选择机制,提供和建立一套保障人的尊严的制度与规范体系。

新中国成立以来,“人民当家做主”被奉为执政党的最高政治理想。从此,“民主”被视为一种目的性价值,扩大民主和大众参与成为中国共产党政治发展实践的核心目标。而民主的最核心的内容,即以公民“权利”为核心的制度与规范体系的建立,以及究竟如何实现对最广大人民合法权益的确认、保障和救济,如何将“民主”从一种口号式的抽象的政治理想,落实成为一种现实的权利保障与救济机制,这些问题却很少受到关注。这些问题表明,当代中国“民主”问题自身的“政治性”正以前所未有的严肃性向我们发起挑战,迫使我们不仅要从学术角度理性思考民主问题,更要从政治的角度来思考民主问题中所隐含着的利益与价值的分化、分歧、论争以及由此引发的社会冲突与矛盾。

改革开放以来,可以说是中国历史上继“五四”新文化运动之后的又一次思想启蒙和解放运动时期。与西方17、18世纪启蒙运动时期的历史状态类似,中国的法律学者忙于在法律理论和实践领域内确证民主、宪政、自由、平等、人权、法治等概念的合法性地位,并把它们视为是相互支持甚至相互包含的概念,并没有对它们进行严格的界定和区分。② 然而,从思想来源看,中国的绝大多数法律学者关于民主的理解,深受传统儒学和西方左派之实质民主观的影响,往往忽视程序民主的重要意义与功能,夸大

① 周宁:《天朝遥远:西方的中国形象研究》(下),北京大学出版社2006年版,第513页。

② 参见黄文艺:《为形式法治理论辩护——兼评〈法治:理念与制度〉》,《政法论坛》2008年第1期。

实质民主与程序民主之间的对立,割裂二者之间的关联。而这样一种对民主的认识显然误解了民主的根本诉求,只是将关注的焦点集中于国家权力的归属、选举产生的最高领导人、人民的参与等等民主的表面特征之上,而民主的真实意蕴——对人的平等地尊重与关怀反倒被忽视了。

二、被错误理解的司法民主

现代民主最为核心的内容是建立一套保障人的尊严的制度与规范体系。只有通过国家制度的理性化改造,将民主的这一核心目标贯彻到政治、经济、法律、文化以及社会生活等等不同的领域中,并在这种分散化的运用中,通过民主机制的合理运转来构成一种总体化的趋势,最终实现对每一个人的平等的尊重与关怀。

从陕甘宁边区时期开始就已发动的数次司法民主化改革,直至今天仍在继续的司法体制改革表明,当代中国的司法民主化始终是在专业化与群众化、法律化与政策化、理性化与情绪化之间动摇徘徊,这种理念上的摇摆不定最终使得中国的司法民主化进程呈现出了司法程序的随意化、司法职业群体的大众化、司法与政治的高度契合等特征,极大地弱化了司法对个人权利的保障和救济功能。具体而言,主要表现为以下几个方面:

首先,国家主义(工具主义)的司法观强化了司法的社会控制功能,却弱化了司法对于个人权利的保障与救济功能。

国家主义司法观源于一种整体主义的权力观。这种权力观主张一种以权力为本位的国家至上主义,因而把司法权视作统治者专有的和御用的社会控制工具。例如,长期以来,我们习惯把司法机关视为国家权力机关,习惯于把司法工作称为“司法战线”或“司法阵地”,将司法视为维护国家政权、控制社会秩序的“最后一道防线”,一切司法活动必须以国家利益至上为原则。

个别法院和法官以国家利益至上为由,限制和剥夺公民、法人的法定权利与利益,或者假借公益之名而限制公民、法人的某些权利与利益时,又不给予相应的补偿,都反映了权力至上司法观的时代局限。这种国家主义的司法观过度强化司法的政治功能而忽视司法的解纷功能和权利救济与保障功能,必然导致个人观念、权利意识与法律信仰的淡薄,从而影响着中国司法民主化的根本方向。

其次,司法与政治的高度契合严重阻碍了司法独立的运行,从而在一定程度上导致司法的公信力危机。

近代中国司法的现代化转型是以司法独立为基本标志。然而,一个世纪以来,司法与行政相分离、司法独立之努力所取得的实际成就却始终未脱出清末的窠臼。究其原因,关键还在于我们所引入的司法独立理念只是照搬了西方法治理论之果,甚至只是某些西方国家的一种政治或法治逻辑推论。这种逻辑推论与近代以来中国以政党政治为中心的社会变革与现代化实践相悖甚远,从而失去其政治环境和土壤。例如,现行宪法第一百二十六条规定:人民法院独立行使审判权,不受行政机关、社会团体和个人的干涉。其中并没有提到不受执政党和国家权力机关的干涉,这并非是由于疏忽,而是立宪者深思熟虑后的刻意安排,其理论依据在于党的领导和人大主导的绝对地位。党与人大行为的纠错要依靠他们自身的自律,不能依靠司法这一外部机构的判断与裁判。可见,尽管司法独立在中国当代社会具有理论上的正当性,但却无法回避其在实践上的妥当性与可行性问题。然而,执政党与国家权力机关的权力边界不明,必然会导致司法权处于非常尴尬的地位,司法树立权威和提高公信力所需要的司法逻辑自足就缺乏必要的理论与实践根基。因此,不探究和厘清司法与政治以及执政党之间的深层关系,不去探寻中国社会中自生发的法治之因,而只是强行地嫁接西方的司法独立,不仅成功的可能性很低,更会引发新的矛盾和问题。

再次,司法的大众化取向以及司法对于“民意”的妥协,导致了司法程序的随意化、司法裁判的情绪化等,从而使司法的权威性受到严峻挑战。

西方司法民主理念的内在逻辑是通过司法这个“第三部门”来构成对国家权力的制衡,并实现对公民个人权利的保障和救济。国家权力以及司法权的合法性来源于公民个人权利的让渡,而公民个人合法权益的保障和救济也是国家权力之终极目标。然而,在当代中国,国家权力与人民权利被视为是同质的,那么,国家权力之间的相互制衡不仅会导致国家机关之间的相互牵扯,影响人民意志实现的效率,甚至会演变成人民之间的“对抗”问题。因而,在中国共产党的党章和宪法中明确规定,党和国家机构的设立与运行要全面贯彻民主集中制,其内在逻辑就是认为,只要保证人民的整体意志不被篡改,司法就是民主的,而具有民主性的司法权也就当然具有了合法性。在这一逻辑的引导下,司法民主极易被曲解为司法对于民意或者多数意志的遵行甚至屈从。换言之,当代中国的司法民主不是被视为实现司法正义的前提和保障,相反,它却成为一个借口,而有了这一借口,诸多外在和内在的因素便可以在任何环节介入司法程序,使得司法裁判具有浓厚的情绪化色彩。这种错误理解的司法民主理念的更为严重的后果是，司法的权威性受到了严峻挑战。

三、初步型构的司法民主运行机制

在中国特色社会主义理论的指导下，当代中国的司法民主运行机制具有鲜明的中国特色，即以坚持党的领导、人民当家做主、依法治国的有机统一为基本原则。司法是社会主义民主政治之重要环节，因而，司法权的运作也势必应当体现鲜明的中国特色和社会主义本质。但问题是，“坚持党的领导”在司法领域的表现绝不意味着司法失去独立性，“人民当家做主”也绝不意味着大众或者“民意”就可以随意构成对司法裁判的影响，“依法治国”也绝不简单只是一句口号，这三项基本原则的有机统一在司法领域的落实与坚持是一项需要认真反思的重大课题。概而言之，我国当前的司法民主运行机制之架构主要由以下几个方面构成：

其一，执政党对于司法活动的领导机制。例如，司法人员的选任，往往由地方党政机关选拔或任命，且对政治素质的考察重于专业知识；在法院内部，党组织对审判事务起主导作用；地方党委对个案的干预也不容小觑等等现象，均表明了司法的软弱。司法在人、财、物等方面全面依赖或受制于党政机关，这就造成司法“万事有求于人”的窘迫境地，成为无法讲“狠话”的“纸包公”。

其二，人民参与司法审判与监督活动。具体体现为人民陪审员制度和人民监督员制度。人民陪审员制度是指国家审判机关选任陪审员，与职业法官一起审判案件的一项司法制度。这一制度早在新中国成立初期就在法律中加以确立。改革开放后，在人民法院组织法和三大诉讼法中更为全面地规定了人民陪审员制度。人民陪审员制度确立的初衷是为了体现人民当家做主、人民参与司法，维护司法公正、促进司法公开、弘扬司法民主等等。然而，从这一制度运行的实际效果而言，往往因其“陪而不审”“形同虚设”“效率低下”等现象而备受诟病。

人民监督员制度是指为了加强对人民检察院查办职务犯罪案件监督工作而建立的一项民主监督制度，意在将检察工作置于人民群众的监督之下，体现了司法民主的要求。根据最高人民检察院《关于实行人民监督员制度的规定（试行）》，目前全国各级人民检察院已普遍建立人民监督员制度。然而，由于在该制度的实际运行中，不仅人民监督员的设置、选任缺乏法律依据，而且人民监督员的职责和惩戒等都缺乏法律依据，因而其实际的效果也并不理想。

其三，人民监督司法的司法公开制度。我国的司法公开制度包括审判公开制度①和检务公开制度②。审判公开制度和检务公开制度是法院主动接受人民监督司法的一种重要方式，是尊重当事人诉讼权利的一个重要举措，有利于促进法院审判程序的公开、公平、公正，有利于在全社会营造司法的民主氛围。然而，由于这两项制度缺乏健全的法律机制，例如，先定后审现象普遍存在，公开渠道不畅，审判或检务公开行为不规范等，一旦公众和当事人因审判公开或检务公开而产生的预期与实际的结果不相符合，则往往会对审判机关和检察机关的公正性产生疑问，司法公开的民主意义也就不复存在了。

其四，司法机关内部民主决策机制。司法机关内部民主决策机制主要包括审判委员会制度、合议庭制度等等。各级人民法院的审判委员会是我国司法体制的重要组成部分，是具有中国特色的审判组织形式。它按照少数服从多数的民主集中制原则对合议庭所审理的重大、疑难、复杂案件进行讨论并做出决定，是我国各级人民法院内部的最高审判组织，在司法审判中发挥着重要的作用。合议庭是人民法院审理各类案件的基本组织形式。根据人民法院组织法和三大诉讼法的规定，除少数简单、轻微的刑事和民事案件由审判员一人独任审判外，其余大多数案件都要依法组成合议庭进行审判，而所有的行政诉讼案件均必须组成合议庭进行审判。审判委员会制度和合议庭制度的实行有利于发挥集体智慧，避免个人主观片面、独断专行，防止和减少冤假错案，提高办案质量，同时有利于强化法院内部民主审判工作机制，促进司法民主的实现。然而，在司法裁判过程中，审委会制度与合议庭制度又往往会由于其过于依赖集体智慧的机制而不可避免会产生职、权、责的界分不明，易造成责任的推诿等问题。

其五，律师制度。律师制度对于公民合法权利的保障与维护，完善一国法治建设具有极其重要的意义，它更是一个国家司法的专业化、职业化

① 审判公开制度是指人民法院审判案件，除法律有特别规定的以外，一律公开进行的一项制度。近年来，最高人民法院相继颁布了《关于严格执行公开审判制度的若干规定》《关于加强人民法院审判公开工作的若干意见》，要求坚持依法公开审判制度，做到公开开庭，公开举证、质证，公开宣判，并进一步明确了依法公开、及时公开、全面公开三项原则，在审判公开方面推出了一系列便民措施。各级法院不断强化公开审判制度，以公开促公正的观念日益增强。

② 检务公开制度是指人民检察院依法向社会和诉讼参与人公开与检察职权相关事项的一项制度。1998 年 10 月，最高人民检察院做出《关于在全国检察机关实行“检务公开”的决定》后，各级检察机关从依法治国的高度，把检务公开作为司法体制和机制改革的重要举措，很快在全国范围内普遍推行了检务公开制度。1999 年 1 月，最高人民检察院颁布《人民检察院“检务公开”具体实施办法》，将“检务公开”纳入程序化、规范化轨道，进一步推动了“检务公开”的贯彻落实。检务公开制度的推行，有力地破除了检察工作中的神秘主义和封闭现象，拓展了我国检察领域的民主渠道。

发展水平的显著标志。改革开放40多年来，律师制度在促进司法民主和司法公正方面发挥了重要作用。例如，通过律师参政议政和参与立法来推动司法的民主化；通过律师提供法律服务、法律援助来维护更广大公民的合法权益；通过律师参与司法程序和行使辩护职能来促进司法的专业化和规范化等等。律师制度作为我国民主制度的重要标志，已经成为司法民主建设不可忽视的重要环节。然而，律师执业环境较差，律师的执业权利缺乏必要保障。特别是在一些权钱交易案件、行政诉讼案件的庭审中，往往是“你辩你的，我判我的”，律师正确的辩护、代理意见根本不被采纳，甚至有律师被法官随意驱逐出庭，被检察机关随意采取拘捕措施或被追究刑事责任，其人身安全得不到应有的保障。另一方面，由于对律师行业缺乏规范性和制度性的管理和制约标准，律师所提供法律服务的质量和效率也无法得到保障，不仅极易使得律师服务成为富人专享的“VIP”服务，更会使律师行业成为滋生司法腐败的温床。

其六，赋予公民平等诉讼地位以及解纷主体性的新型纠纷解决机制的建立与发展未能受到应有重视，并且缺乏相应的法律规范与法律保障。改革开放以来，在诉讼内和诉讼外出现了一些新型的纠纷解决机制，例如和解、调解、协商等解纷模式，然而，这些新型解纷模式的确立与发展并未受到应有的重视。当事人的诉讼权利与程序选择权均缺乏法律保障。长期以来，我国实行职权主义的诉讼模式，程序正义理念尚未真正得到确立，加之配套机制不完善等原因，当事人程序选择权缺失的问题比较突出。例如，在刑事诉讼中，有关刑事普通程序和简易程序的启动与适用，现行法律没有赋予犯罪嫌疑人、被告人程序选择权；在指控机关单方做出影响被指控者程序利益和实体利益的决定时，犯罪嫌疑人、被告人欠缺相应的程序选择权，无法通过选择适当的程序或程序性事项来维护自身的权益；有关公开审理、书面审理、人民陪审、简易程序等的适用，一般由案件的审判者单方面决定，被告人没有选择权；对二审案件是发回重审还是直接改判，二审法院享有单方决定权，被告人没有选择权，等等。在民事、行政诉讼中，法官处于主动地位，对程序中的诸多方面都有主导权，当事人的诉讼主体地位没有充分确立，以当事人为诉讼主体、尊重当事人处分权的观念也没有在法院得到真正树立；可供当事人选择的程序种类不多，功能不明显；法官与原、被告之间的交流机制缺失，导致程序选择上的合意没有法律保障等。① 此外，司法过程中的“调解过度”甚或“强制调解”有违以人为本的司法精神。

总之，中国的司法民主化进程是一个对西方司法民主理念从“拒斥”到“学习”再到“重构”的艰难过程，其努力的方向首先是型构一种与西方现代意义上的司法民主理念贴合的模式，尽管这种贴合面临的磨难超出了其所能想象的程度。而在民国初期和南京国民政府时期这一中国社会大变革的时代，“民主”“司法民主”等理念，只能是知识精英心中的美景。因为，在一个无法确立和构筑起现代民主社会所必需的基本的民主理念与宪政架构的社会，即使已设立起形似的现代司法制度架构，也必然会在实践中沦为政治的附庸和专权者的玩物。新中国成立后，以革命化为导向的大众司法模式旨在通过司法大众化，使得人民法院和人民政府成为群众具体可感的形象，并最终在人民群众内部完成对司法权威和公信力的塑造。然而，此次司法改革运动与近代以来司法民主化改革所追求的司法程序化、规范化、职业化等现代司法品性，存在着内在的严重抵触，对社会主义法制建设起着阻滞的作用，也为司法民主的正常发展带来隐患。

改革开放以来，随着社会主义民主理念的发展和成熟，当代中国的司法民主观念的发展和实践也进入了一个改革的新阶段。然而，在全球化浪潮的冲击下，中国的司法所面临的“实质合理性”与“形式合理性”的冲突、制度“供给者”与“需求者”的立场之争，以及权利本位与社会本位之争基础上的“维权”与“维稳”之争等，在这一阶段仍然存在甚至变得更为复杂。而由于当代中国的民主理念仍然处于被选择性重构的阶段，无法应对现代社会中凸显的这些利益冲突与价值分歧问题。在这种被选择性重构的民主观引导下，必然会产生对司法民主理念的认识误区，从而进一步导致我们在司法的民主化取向上存在诸多误区，在司法民主机制和架构的建立上出现偏差和不足。因此，只有真正实现司法民主理念与司法民主运行机制的现代转型，确切地说，实现司法民主理念的协商转型，完成相应的制度创新与机制转型和重构，才能真正应对这些早在中国司法近代化萌芽之初就被埋藏下来的利益冲突与价值分歧。而这些才是当代中国司法民主化改革所必须直面的根本问题。

---

① 参见谭世贵、刘政：《我国司法民主的现状、问题与完善》，《法学论坛》2009 年第 6 期，第 128—134 页。

第四章　西方司法民主化进程之实践逻辑

民主并非只是政体意义上的治理机制，而是尊重人的权利的这样一种态度和行为，而司法过程只有时刻体现对个人的平等尊重才是民主的。

——[意]皮罗·克拉玛德雷①

第一节　"司法民主化"改革在西方社会的特殊路径

同样是针对司法领域面临的民主性问题。域外学者们所面临的困境与挑战与我们既有相似性亦有不同。

一、西方司法民主问题研究的特殊立场

国外对司法民主问题的理解，是建立在以消除歧视和不平等基础上的司法的民主责任立场上的。对此，意大利学者莫诺·卡佩莱蒂的总结较为具有代表性："司法裁判会带来'享有'请求权、权利和责任的个人与公共权威的'强力'之间的对峙——公民与政府及司法部门的一种对峙。它是相互冲突的利益和价值搏击之场所；司法裁判也会产生司法独立理想与所有行使公共职能机构的民主责任之目标的冲突。"②可见，西方的司法民主化问题从根本上而言，是脱离了意识形态争执，被转换成为"接近正义"及平等诉诸司法的问题。例如，2019 年世界"经济合作与发展组织"（OECD，即 Organization for Economic Co-operation and Development）发布了一份关于"平等诉诸司法与接近正义"的报告指出，"缺乏法律赋权和诉诸司法机会的不平等给个人和社会造成了巨大的社会经济代价。它不仅限制了公民在经济领域的发展机会，更因此加剧了贫困陷阱，破坏了人类的可持续性发展的潜力。贫穷、边缘化和弱势群体，包括妇女、青少年、残疾人、土著

① [意]皮罗·克拉玛德雷：《程序与民主》，翟小波、刘刚译，高等教育出版社 2005 年版，第 67 页。

② [意]莫诺·卡佩莱蒂：《比较法视野中的司法程序》，徐昕、王奕译，清华大学出版社 2005 年版，自序，第 10 页。

人、外来移民群体和中小企业，都受到了不同程度的影响，进而导致其更深层次的劣势与不平等”。①

西方世界对于“接近正义”(Access to Justice)的定义，是指所有人都可无差别地获得自己可负担得起的、公正的、及时的、有效的向司法机构寻求获得有效权利救济的能力。例如，《欧盟基本人权机构》(the European Union Agency for Fundamental Rights)对其的定义是：“接近正义与诉诸司法的权利包括获得公平审判的权利以及在《欧盟基本权利宪章》第四十七条、《欧洲人权公约》第六条和第十三条以及确保《公民权利和政治权利国际公约》第二条第三款和第十四条所保障的权利得到有效救济的权利。”而且，“接近正义不仅包括被告在刑事诉讼中和民事诉讼中的权利，而且还包括被害人和原告的权利。它不仅是一项实体权利自身，而且是一项诉权，即它不仅赋予个人有行使其实体权利的自由，还赋予他有权在这些权利受到侵犯时获得救济”②。

联合国计划与开发署(UNDP)将“接近正义/诉诸司法”定义为，“人民根据人权标准，通过正式或非正式司法机构寻求并获得权利救济的能力”，“如果公民，尤其是社会边缘群体对一国的司法体系产生恐惧，甚至被司法体制排除在外；如果一国的司法体系由于过于昂贵而难以获得；如果一国的公民无法得到律师帮助；如果他们无法获得与维权有关的必要的法律信息或知识；或一国司法系统十分薄弱；这就意味着他根本无法接近正义和诉诸司法。根据联合国计划与开发署(UNDP)所指，接近正义/诉诸司法应当包括规范性(normative)的法律保护、法律普及、法律援助与咨询、司法裁判，法律适用以及公共社会的法律监督”(UNDP, 2005[5])③。

---

① OECD (2019), Equal Access to Justice for Inclusive Growth: Putting People at the Centre, OECD Publishing, Paris. https://doi.org/10.1787/597f5b.

② The European Convention of Human Rights, Article 6, Paragraph 1 and Article 13; the Universal Declaration of Human Rights, Article 10; the International Covenant on Civil and Political Rights, Article 14, Paragraph 1; the European Union Charter of Fundamental Rights of the European Union, Article 4, Paragraph 2 and Article 47.

③ UNDP (2005), Programming for Justice: Access for All - A Practitioner's Guide to a Human Rights-Based Approach to Access to Justice, Asia-Pacific Rights and Justice Intiative, Regional Centre in Bangkok, United Nations Development Programme, https://www.un.org/ruleoflaw/files/Justice_Guides_ProgrammingForJusticeAccessForAll.pdf.

西方学者对这一问题的研究路径[①]主要是基于一种新自由主义的研究立场，“在承认传统的个人和政治权利、自由之不足基础上，将‘社会’权利补充至公民自由论者的个人权利和自由之中；旨在促使自由与平等富有实效”[②]。首先，他们坚持的是一种程序主义的民主观。以美国民主理论家约瑟夫·熊彼特(Joseph Schumpeter)在其《资本主义、社会主义与民主》一书中明确将民主视为一种为了达成政治目的而做出的政治程序安排为标志，西方的民主观具有鲜明的程序取向。当代西方的一些政治思想家几乎均从程序的角度来界定民主的内涵。在这种程序民主观的影响下，学者们认为“程序分析必须成为‘框架性’的分析，因为规则、制度和程序皆须放置在其社会和政治框架中审视”；其次，他们都反对依托先验、抽象的推测，强调一种基于对实际现象、事实和事件的分析，即坚持社会实证主义的分析方法；而且，他们主张采取一种尽可能广阔的经验视角，即一种比较法的视野，尝试发现跨国界，甚至世界性的发展和趋势。

二、西方司法民主化改革的路径特征

当代西方的司法民主研究在内涵和外延上都超越了传统意义的司法民主理念与实践模式，主要表现为以下几个方面的推进：

第一，受当代西方民主理论发展的新趋向的影响，在司法与民主的关系问题上，学者们认为，司法本身并不是反民主的，相反，它是捍卫和实现民主的有效机制。比如意大利学者皮罗·克拉玛德雷认识到：“威胁民主的危险是抽象理性崇拜，这是启蒙时代的典型特征。……而事实是，……规定于民主宪法条款中抽象理性的命题，本身不足以赋予民主以生机；还必须存在警醒且主动的民主实践，自觉地、稳定地把这些宪法原则转化成有理的(reasoned)，合理的(reasonable)且生动的现实”[③]，而司法环节正是保障民主实效性地实现的有力支柱。

---

① 在笔者的阅读范围内，西方几乎所有的民主理论家对司法与民主的关系问题都有不同程度的关注，但专注于这一题域且最具代表性的当代学者有意大利学者皮罗·克拉玛德雷(代表作为《程序与民主》，翟小波、刘刚译，高等教育出版社2005年版)以及他的学生莫诺·卡佩莱蒂(代表作为《比较法视野中的司法程序》，徐昕、王奕译，清华大学出版社2005年版；《当事人基本程序保障权与未来的民事诉讼》，徐昕译，法制出版社2000年版)，以及意大利学者米尔伊安·达玛什卡(代表作为《司法与国家权力的多种面孔》，郑戈译，中国政法大学出版社2004年版)。

② ［意］莫诺·卡佩莱蒂：《比较法视野中的司法程序》，徐昕、王奕译，清华大学出版社2005年版，自序，第13、26页。

③ ［意］皮罗·克拉玛德雷：《程序与民主》，翟小波、刘刚译，高等教育出版社2005年版，第12页。

第二，开辟了一种从程序视角讨论民主以及司法问题的独特路径。例如，意大利学者皮罗·克拉玛德雷认为，民主并非只是政体意义上的治理机制，而是尊重人的权利的这样一种态度和行为，而司法过程只有时刻体现对个人的平等尊重才是民主的。为了确保司法过程的民主与公正，“仅有对立的两方当事人的出席及法官对他们的论点的听取是不够的；当事人还必须出于平等的情境，不仅是法律平等（可能仅存在于抽象的层面），还包括事实平等，也就是说技术和经济的平等”①。意大利学者莫诺·卡佩莱蒂认为，司法程序潜含着高度的民主性基础，司法程序模式本身具有高度的“参与性”特质，它具备回应民主实质性要求的潜质。司法的民主价值主要是基于司法程序的形式或模式，所以真正值得警惕的不是司法权力的扩张，而是司法程序的基本模式被扭曲，应该保证程序的技术性规则得到遵守，保障当事人的充分参与，保障法官的中立、独立的地位。②

第三，强调了对司法过程中多元主体的地位及其角色功能的深入研究。例如，学者们不仅重视对法官角色及其制度的深入研究，同时更为重视对律师和当事人地位和角色的研究，尤其重视律师在司法活动中的民主功能的发挥。因为“法官从来就不是司法过程的唯一角色。……对立的当事人在司法过程中是必不可少的，……而在民主社会中，司法过程应当成为平等主体间的文明讨论，这就很容易看出律师对民主法律秩序的重要意义。……在司法过程中，律师代表自由；他们也许是现代民主核心原则的生动象征。……律师的在场是在司法过程中尊重个人的最重要的体现；在没有律师的时候，当事人的人格就遭到减损。……”③

第四，更为强调司法问责制度的建立与完善。例如，不仅深入分析了司法责任与民主的紧密联系，即“司法责任的全部问题——它与司法独立之间的紧张与平衡——的解决途径，存在于确保为执行司法公正与程序公平中所体现的更为终极的价值提供可能的最佳具体环境，并因此确保司法程序尽可能最充分的参与（民主性）程度”④；还强调司法责任之目标必须重新定位，即司法“不应看作是为司法人员本身的威望和独立服务的，也不

① ［意］皮罗·克拉玛德雷：《程序与民主》，翟小波、刘刚译，高等教育出版社2005年版，第67页。

② ［意］莫诺·卡佩莱蒂：《比较法视野中的司法程序》，徐昕、王奕译，清华大学出版社2005年版，自序，第15—21、96页。

③ ［意］皮罗·克拉玛德雷：《程序与民主》，翟小波、刘刚译，高等教育出版社2005年版，第55—61页。

④ ［意］莫诺·卡佩莱蒂：《比较法视野中的司法程序》，徐昕、王奕译，清华大学出版社2005年版，第96页。

是为像国家这样任何抽象的实体或任何实际的个人或集体的统治者之权力服务的，它应看作是为‘利用者’即公民服务的，只有这样才能实现法官对民众负责”①；此外，更为重视对司法责任制度的合理形式的深入研究，强调深化对合议制等具体责任制度的运作问题的研究，并重视从程序和具体制度层面来设计司法责任的具体模式。②

第五，进一步重视对司法程序模式乃至司法程序模式的生长环境的研究。当然，这是建立在反思传统的司法民主制度如陪审制度的缺陷和不足的基础上的。比如，意大利学者米尔伊安·达玛什卡极为重视对司法程序环境的研究，他认为，“政府结构和政府功能这两种政治因素在很大程度上影响着司法程序规则的生长环境，并因此在很大程度上决定着程序制度的基本设计”，因而“程序创新的命运在很大程度上并不取决于那些喜欢欣赏规则之完备性的法律人。改革的成败主要取决于新规则与某一特定国家的司法管理模式所植根于其中的文化和制度背景的兼容性”。③

上述对西方学者研究进路及其贡献的分析表明，经历长期的历史积淀，西方的司法民主理论与实践不仅已具有自己独立的理论取向和实践特征，更推进了对司法民主运行机制之制度架构的精细化研究，从始于20世纪90年代的轰轰烈烈的司法“接近正义”运动，直到成为联合国2030年可持续发展议程的一个重要组成部分。④但是，这一发展理路在向我们揭示了“接近正义”这一主题的巨大魅力和强大生命力的同时，又向我们带来更具挑战性的问题：

首先，当代西方司法民主理论及实践模式深受西方民主理论之发展演变的影响，民主观的发展演进直接影响司法民主理念与制度模式的转变。由于西方民主理论的演变深深受制于西方自由主义以及新自由主义意识形态的囿限，而无论是自由主义还是新自由主义，这一进路本身存在着不可克服的内在矛盾，并以各种不同的方式植根于相互冲突的原则和价值中。那么，自由主义所内含的诸多对立与冲突，在其司法民主理论中也必然固有且不可克服地存在。因此，如何突破自由主义的藩篱，建构一种超

① ［意］皮罗·克拉玛德雷：《程序与民主》，翟小波、刘刚译，高等教育出版社2005年版，第34页。

② ［意］莫诺·卡佩莱蒂：《比较法视野中的司法程序》，徐昕、王奕译，清华大学出版社2005年版，第76—153页。

③ ［意］米尔伊安·达玛什卡：《司法与国家权力的多种面孔》，郑戈译，中国政法大学出版社2004年版，第23页。

④ Source：Adapted from Tyler，T. et al.（2011[31]），Poverty，Health and Law，Carolina Academic Press，Durham，North Carolina.

越意识形态的司法民主理论，显然是西方的司法民主问题研究无法独自应对的世界性难题。

其次，由于受到程序主义民主观的深刻影响，西方学者关注的焦点在于对司法程序模式和制度架构的民主性研究。但是，近代以来，民主概念的界定就表现出“程序与价值”分离的特征①，现代西方民主理论发展演进的历程也是一个价值取向与程序取向相对抗的过程。这两者之间的关系或表现为直接民主与间接民主的对抗，或表现为大众民主对精英民主的批判，而当代西方的主流民主模式，如多元主义民主、参与式民主以及协商民主等等，则都试图调和二者间的分歧与矛盾，力争调和程序民主与实质民主的对抗。换言之，程序民主观自形成之时起就从未能摆脱实质民主观的挑战和质疑。因此，司法民主问题研究如何逾越“程序民主”的障碍，迈向与“实质民主”兼容的境界，这一主题就成为具有跨越时代的前瞻性和世界性的课题。

第二节　近代西方司法民主理念的基本特征

“民主”概念的历史相当悠久，最晚也可溯至古希腊时期。而“司法”概念虽正式形成于近代，是资产阶级革命以后司法权与行政权、立法权相分离的产物，但是，作为一种以国家强制力为后盾的、解决纠纷和争议的最具权威性的手段，司法的历史也是渊源久远。因而，从一定意义上讲，司法与民主之间建立关联的起点也始于古希腊。“苏格拉底审判”②这一经典公案就是古希腊直接民主适用于司法领域的典型范例。虽然这种司法民主的古典范式与近现代西方的司法民主模式之间的关联度十分微弱，但它所显现的“民主”与“司法”间的关系却成为思想史上的一个重大学术争论。

著名的“苏格拉底审判”所体现的这种全体公民参与的“广场式”的司

① 参见［美］罗伯特·达尔：《民主及其批评者》，曹海军等译，吉林人民出版社2006年版，中译本导言。亦可参见［英］戴维·赫尔德：《民主的模式》，燕继荣等译，中央编译出版社2008年版，以及西方民主理论研究的相关著作。

② 古希腊哲学家苏格拉底（前469—前399）因为被诬告为不信神和腐蚀青年，被雅典民众法庭的陪审团（那时的雅典民众法庭有6000人，被分成10个陪审团，每团不少于500人，每次开庭时不少于200人，所有30岁以上的公民都应该履行当陪审员的义务）判处死刑，于公元前399年饮鸩而死。当时苏格拉底的亲友和弟子们都劝他逃往国外避难，并已经为他疏通了所有关卡，均遭他严正拒绝，最终当着弟子们的面从容服下毒药。详见［古希腊］柏拉图：《裴多篇》，杨绛译，生活·读书·新知三联书店2011年版。

法民主模式,显然既不能为司法裁判提供可靠的正当性依据,更无法促进司法公正的实现。而在之后的古罗马时期,“民主”几乎销声匿迹,但由于基督教文化的兴起和逐渐壮大,“神权”与“王权”的二元对抗从未停歇,在这长期的权力对抗过程中,同时在基督教文化的平等、博爱精神的滋养下,促生了西方的宪政民主理论和自古以来重视程序正义以及重视对当事人诉权的平等保护等一系列重要的司法传统。这些传统成为法官对抗王权、要求司法独立的重要理论渊源。陪审团制度正是在这样的传统中逐渐形成和发展成熟。① 而陪审制度也被视为在“司法”与“民主”之间建立起联系的制度关联点。

12 世纪以后的西欧,司法逐渐变成由专职人员组成的国家专门机构(即法院)开展的活动。尤其是亨利二世的司法改革以后,职业化的法律家阶层逐渐形成,并逐渐获得相对独立的司法权,甚至能够同国王分庭抗礼。17 世纪著名的普通法法官柯克与詹姆士一世国王之间发生的激烈对抗便是显著一例。而在同时代的欧洲大陆国家,司法也有相近的传统形成。② 可见,在基督教文化所蕴含的对世俗权力的制衡和对权利的平等尊重等理念的支撑下,古希腊式的民主逐渐被司法传统驯服,这就在一定程度上促进了近代司法民主模式的形成和完善。

一、近代西方司法民主的理论背景

近代西方司法民主是由如下的理论背景所决定的:

首先,近代西方的司法民主理论是以自由主义③为其理论内核和基本立场,而个人主义是自由主义的理论前提和精神基础,个人及其权利是近代自由主义政治哲学的基石。因而,近代西方的司法民主自然也具有鲜明的个人本位和权利本位的立场。

---

① 关于陪审团制度形成的时间争议颇多,但西方学界的主流观点认为,陪审团制度大致发端于 8 世纪的法兰克加洛林王朝、形成于 11 世纪的英格兰。参见李红海:《普通法的历史解读——从梅特兰开始》,清华大学出版社 2003 年版。

② 参见[法]勒内·达维德:《当代世界主要法律体系》,漆竹生译,上海译文出版社 1984 年版。

③ 此处的“自由主义”是与“专制主义”“极权主义”相对而言的广义的自由主义,包含了“共和主义”以及与之相对应的狭义“自由主义”。狭义自由主义与共和主义的最大分歧在于,自由主义主张消极自由,以个人权利为核心,把维护个人自主性视为民主的使命,国家的使命是保障公民个人的自由和权利(比如,从洛克、约翰·密尔到诺齐克以及罗尔斯形成了西方的自由主义传统);而共和主义则主张积极自由,它以人民主权为核心,把维护共同体利益或者国家利益视为首要的,但其终极目标仍然是实现和保障个人的自由和权利(比如,从卢梭的共和主义发展到桑德尔、泰勒等等的社群主义)。因而,在这一意义上的自由主义与共和主义都属于广义的自由主义。

古典自然法理论及其影响下的启蒙运动，为近代西方自由主义的形成与发展提供了强有力的理论资源和实践经验。霍布斯、洛克、卢梭等启蒙思想家为近代自由主义确定了基本的分析框架和理论体系，天赋人权论、社会契约论和个人主义则构成了自由主义学说的理论核心。而自由主义之所以将个人作为出发点和终极价值，正是因为基督教为其提供了理论的前提与文化的深层积淀。由于基督教二元政治观的流行，在西方形成了一种二元主义的思维定式，直接影响了近代自由主义的政治思维方式。二元思维定式所产生的私域与公域的区分、公民社会与国家的分离以及个人权利与国家权力的对抗，正是近代自由主义的核心理念。① 在此基础上，洛克、孟德斯鸠、约翰·密尔、托克维尔等近代思想家在自由主义的立场上对自由、民主等价值观进行改造与完善，其最重要的目标就是使保障个人的自由和权利成为目的，以权力分立与制衡的方式对抗专制王权以及国家权力，同时强调对天赋人权的平等保护。② 自由主义不仅仅是根植于现代西方的某种政治态度，而是某种世界观、思维模式，它包含人们对伦理、社会、社会科学、自然科学、政治学、形而上乃至法理学的态度。而且，自由主义的世界观、知识论与自由国家的政治制度是相关联的，人们的观念、理论决定着所采取的政治制度，同时所采取的政治制度又强化了此种观念和理论。③

其次，近代西方司法民主理论是以近代立宪主义的宪政民主观为其逻辑主线。自由主义一方面将个人自由奉为社会治理最高原则；另一方面则将宪政民主奉为实现这些原则的途径。宪政民主所遵循的原则，其实质就是以权力分立与制衡的方式限制国家和政府的权力，防止民主的暴政或无限民主。因而，近代西方的司法民主也是以近代立宪主义的“分权制衡”为其核心框架。

近代立宪主义的思想基础是古希腊、古罗马以及中世纪政治哲学中的个体主义与整体主义的对立与互动，而文艺复兴、宗教改革以及科学方法论所引发的理性主义则促成了政治个体主义的产生，进而形成了以英国、

---

① 丛日云：《在上帝与恺撒之间——基督教二元政治观与近代自由主义》，生活·读书·新知三联书店2003年版，第5页。

② 如英国洛克在其《政府论》中认为民主就是人民的统治，而人民的统治是通过人民对于政府组成、政府权力行使的同意来实现的，而人民的同意是根据多数决定规则进行的。约翰·密尔在《代议制政府》中认为民主需要精英治理，以防止多数人的庸俗，因此，必须通过选举产生能够代表人民的精英。孟德斯鸠在《论法的精神》中认为要对多数人权力实行分权和制衡的原则。麦迪逊等人在《联邦党人文集》中认为民主必须是权力分散和多元化的。

③ R. M. Unger, Knowledge and Politics, The Free Press, 1975, pp. 3-16.

美国、法国为代表的早期立宪主义政治哲学。而到了19世纪,欧洲立宪主义哲学开始走向成熟,贡斯当、托克维尔、约翰·密尔等是这一时期的典型代表。① 此时的立宪主义的核心思想是,以宪政民主的方式来实现对"多数暴政"的规制,从而实现对个人自由的保障以及对自由社会的治理。例如,贡斯当看到对人民主权原则的强调有可能引发的多数暴政的风险,因而指出,人民主权原则的正当性不能作为论证其权力绝对性的借口,无论是人民的权力,还是那些自称人民代表的人的权力,都应该受到限制。②托克维尔认为,"假如把立法机构组织得既能代表多数又一定不受多数的激情所摆布,使行政权拥有自主其事的权利,让司法当局独立于立法权和行政权之外,那就可以建立起一个民主的政府,而又使暴政几乎无机会肆虐"③。在此基础上他还进一步指出,以权力分立和制衡为特色的美国宪政制度并不足以保证人民兼得民主和自由,而"一个由各种独立的、自主的社团组成的多元的、自我管理的社会,可以对权力构成一种'社会的制衡'。这一点,乃是促成美国民主制度是一种自由民主的重大因素。简言之,一个独立于国家的多元的、自我管理的公民社会,是民主社会必不可少的条件"④。在前两者的基础上,约翰·密尔从功利主义的角度全面地阐述了自由主义的宪政民主理论。密尔认为,要想避免社会专制,就必须在个人、国家与社会之间划分明确的权利界限。"任何人的行为,只有涉及他人的部分才须对社会负责。在仅涉及本人的那部分,他的独立性在权利上是绝对的。"⑤

伴随着近代立宪主义的宪政民主理论的发展,司法民主制度的发展也获得了突破。这一时期,司法受到了前所未有的重视,成为捍卫民主的最重要的武器之一;司法权正式与行政权和立法权相分离,成为实现权力制衡的关键。对此,托克维尔在其《论美国的民主》这部经典的民主论著中,专门论述了司法权及其对政治社会的影响以及其制度模式⑥,麦迪逊、汉密尔顿等政治理论家和实践家也更为详尽地阐述和设计了以司法独立以

① 刘志刚:《立宪主义的哲学分析》,《环球法律评论》2007年第4期,第5—13页。

② [法]邦雅曼·贡斯当:《古代人的自由和现代人的自由》,阎克文等译,商务印书馆1999年版,第61页。

③ [法]托克维尔:《论美国的民主》(上卷),董果良译,商务印书馆1996年版,第291页。

④ [美]乔·萨托利:《民主新论》,冯克利、阎克文译,东方出版社1993年版,第137页。

⑤ [英]约翰·密尔:《论自由》,程崇华译,商务印书馆1982年版,第10页。

⑥ 参见[法]托克维尔:《论美国的民主》(上卷),董果良译,商务印书馆1996年版,第一部分,第六章。

及陪审制度为核心框架的司法民主的制度框架。①

再次,近代西方司法民主理论是以程序主义的司法正义观为其主要表征。程序主义的司法正义观是英美普通法的一种法律传统。一句著名的法律格言最能够体现这一传统的精髓:“正义不仅应得到实现,而且要以人们看得见的方式加以实现。”②在西方法律思想史中,自亚里士多德以来,关于司法正义的观点纷争繁多。何为正义?何为司法正义,始终是以多面向的学术论争的形态存在。而在普通法传统中,则逐渐形成了对法律程序与司法正义间关系的关注。随着英国衡平法的发展,法官具有了更大的裁量权,更加需要通过法律程序对法官的自由裁量权进行约束,以保证判案结果的公正性。同时,陪审团制度以及抗辩制度的确立,使得判决结果的不确定性越发难以控制,只能通过法律程序的正当性来支持具有争议性结果的正当性与合法性。这样程序主义的司法正义观在英美法系中获得长足发展,并深刻地左右着司法运作。

程序主义的司法正义观一经确立,在英美法律传统中就具有旺盛的生命力,并得到越来越多国家的关注和认可。由于程序正义的根本诉求在于通过法律程序来约束和限制权力的恣意,并保障权利的实现,即“程序界定各程序参加者的角色分工和角色责任,以此限制各程序参加者的恣意,尤其是国家权力的恣意”③。也正是由于程序正义对国家公权力恣意行使的约束,才使得权利成为可能。所以,美国联邦最高法院大法官威廉·道格拉斯会说:“权利法案的大多数规定都是程序性条款。这一事实绝不是无意义的。正是程序决定了法治与恣意的人治之间的基本区别。”④

以程序主义的司法正义观为表征,近代西方的司法民主理论首先以司法程序的民主化为其理论追求。司法过程是一个没有“唯一正解”的过程,其间表现出的张力在本质上是理论与实践之间的张力,司法裁判所面临的现实情况千变万化,抽象的法律理论和静态的法律体系无法保证人们对裁判结果形成一个较为稳定的期待,而只有法律程序以及对当事人程序性权利的确定,才能保证每个人都平等地享有对案件的事实问题和法律问

① 参见[美]汉密尔顿等:《联邦党人文集》,程逢如等译,商务印书馆1980年版。

② 此句的原文为“Justice must not only be done,but must be seen to be done”,转引自陈瑞华:《看得见的正义》,中国法制出版社2000年版,第2页。

③ 季卫东:《法律程序的意义——对中国法制建设的另一种思考》,《中国社会科学》1993年第1期,第34页。

④ 季卫东:《法律程序的意义——对中国法制建设的另一种思考》,《中国社会科学》,1993年第1期,第35页。

题进行辩护和澄清的权利。换言之，通过确定的法律程序，不但可以保证案件结果的可预测性，也能够使得判决结果满足法律共同体的期待，从而使得司法具有高度的民主性。

二、近代西方司法民主理念的特色

近代西方司法民主理念可以概括为如下几个方面的特征：

首先，权利本位观以及自然正义观赋予了司法裁判以民主的属性，并且充实了司法民主的实质内容。权利本位的观念产生于近代古典自然法思想中对个人权利以及个人自由的至上性之确认，是近代自由主义的核心思想。而自然正义思想则最早源于英国的普通法，按照英国普通法，法庭对任何一项争端或纠纷做出裁判时都应遵循"自然正义原则（natural justice）"，即任何人不得担任自己的诉讼案件的法官；法官在裁判时应听取当事人双方的陈述。前一原则在 1852 年的"迪姆斯诉大金克森运河所有人案"、后一原则在 1723 年的"国王诉剑桥大学案"中分别成为明确的法律原则。① 这是普通法下法官在审判案件时所遵循的最低限度的标准。② 权利本位和自然正义原则对近代西方的司法观产生了深刻的影响。在近代西方，司法的本质体现为对个人权利以及自然正义的尊重与遵行，并且以促进和保障个人权利以及自然正义的实现为其理论追求。这与民主的本质是统一的。因此，司法不仅具有了民主的属性，更拥有了在司法领域有效捍卫民主的基本原则。

其次，权力分立与制衡原则构成了近代西方司法权的民主正当性基础。因而近代西方的司法民主与司法独立之间是相伴相生的关系，而非相互对立的关系。一方面，司法权的独立地位捍卫和保障了民主的实现；而另一方面，在司法民主的理念支撑下，司法独立也具有了正当性。由于"权力导致腐败，绝对的权力导致绝对的腐败"③"一切有权力的人都容易腐败，这是万古不易的一条经验，有权力的人使用权力一直到有界限的地方才终止"④。因此，只有实现权力的内部分化与制衡，即在立法权、行政权与司法权之间形成相互制衡的格局，才能防止因权力的过度膨胀而导致腐败以及造成对权利的侵犯。也就是说，近代西方三权分立原则的确立，使

---

① ［美］彼得·斯坦、约翰·香德：《西方社会的法律价值》，王献平译，郑成思校，中国法制出版社 2004 年版，第 112—113 页。

② 张文显：《法理学》（第二版），高等教育出版社 2003 年版，第 157 页。

③ ［英］阿克顿：《自由与权力》，侯健、范亚峰译，商务印书馆 2001 年版，第 342 页。

④ ［法］孟德斯鸠：《论法的精神》（上），张雁深译，商务印书馆 1997 年版，第 156 页。

得司法作为独立于立法和行政的"第三部门",能够有效地限制国家权力以及立法权、行政权等等对个人权利的侵害。所以,司法本身是民主的,它不仅具有民主的品性,而且,具有捍卫和保障民主实现的能力。也正因为司法是民主的,司法权本身便具有了独立的正当性理由。

再次,正当程序原则从程序正义的角度保障了近代西方司法民主的现实性。"正当程序"是古典自然正义思想的制度化与现实化。正当程序原则最早体现于英国 1215 年《自由大宪章》中,正式提出于公元 1354 年英王爱德华三世第 28 号法令:"不依正当程序,不得对任何人(无论其财产或社会地位如何)加以驱逐出国境或住宅,不得逮捕、监禁、流放或处以死刑。"这一法令此后又在英国著名的《权利法案》(1689)中得以加强,并最终历史性地确立于美国宪法 1791 年的第五修正案中的"正当程序"条款:"非经正当法律程序,不得剥夺任何人的生命、自由或财产"①。美国前联邦大法官威廉·道格拉斯评价道,"《权利法案》的大多数规定都是程序性条款。这一事实绝不是无意义的。正是程序决定了法治与恣意的人治之间的基本区别"②。正当程序的确立在一定程度上解决了司法运行中的司法民主的实现问题,相对于实质的司法民主与司法公正模式而言,程序的民主与公正更具有现实性和可操作性。

三、近代西方司法民主的制度架构与运行机制

近代西方司法民主的制度体系虽然仍处于形成和确立阶段,但已经具有了较为系统的逻辑架构,其内容也逐渐丰富和全面。总体而言,近代西方司法民主制度体系的根本目标是,通过司法来切实保障个人的权利和自由,并通过司法过程取得公民对政治统治以及国家权力的认同与信任。因此,近代西方司法民主的制度建构主要关注的是如下几个方面:一是要确保司法权对立法、行政权力的监督与制约;二是要确保市民社会对司法权力的直接拥有,以及市民社会主体对司法权力运作过程的参与和监督;三是要确保司法程序的设计和运行的民主性。就其制度架构而言,就形成了以司法独立为核心,分别以司法主体制度和司法程序制度为主线的司法民主制度体系。

首先,近代西方司法民主的制度体系是以司法独立制度为核心,以确

① 张文显:《法理学》(第二版),高等教育出版社 2003 年版,第 157 页。

② 季卫东:《法律程序的意义——对中国法制建设的另一种思考》,《中国社会科学》1993 年第 1 期,第 35 页。

立司法权对立法、行政等权力的监督和制约的制度总体目标。司法独立的理念和制度模式是在自由主义宪政民主观的影响下形成与确立的，是近代西方司法民主化进程的重要里程碑，构成了司法民主制度的核心。近代以前，西方的司法体系并不具有独立的属性和地位，司法权通常是一种依附于王权或混同于行政权的权力范畴，只是实现王权统治和封建专制的工具。因而，民主并非传统司法体系的属性，更不是其制度追求的目标。自由主义的宪政民主观的形成和确立，促使分权制衡的政治模式深入司法领域。从而为司法独立理念的形成埋下了伏笔。法国的孟德斯鸠曾以圆满的结构和理论形态论证了“三权分立”，并且明确提出了司法独立学说："如果司法权不同立法权和行政权分立，自由也就不存在了。如果司法权同立法权合而为一，则将对公民的生命和自由施行专断的权力，因为法官就是立法者。如果司法权同行政权合而为一，法官便将握有压迫者的力量。"①可见，司法独立的确立是近代西方司法体系与传统的司法模式的关键性差别，它也使得司法权成为有效限制专制王权、行政权和立法权，从而有效捍卫民主和人权的有力武器。因此，近代西方司法民主制度体系的制度架构之核心就是司法独立。

近代西方司法独立的制度架构主要是由司法审查制度②、法院独立③

---

① [法]孟德斯鸠:《论法的精神》(上册)，张雁深译，商务印书馆1959年版，第185—186页。

② 司法审查之所以是司法民主之制度架构的重要环节，是基于自由主义的理念。自由主义以保护个人和团体的基本权利为其核心理念，宪法正是保护个人和团体基本权利的最高法。为了保障经由代议制民主方式而产生的宪法得以有效和正确实施，必须由有权进行违宪审查的国家机构基于宪法对某项立法以及有关国家机构、社会组织、团体所实施的行为是否合宪而进行的具有一定法律效力的审查。然而，有效的违宪审查权不可能授予选举机构或依赖并严格向多数人意愿负责的人和组织，因为这无法避免多数人对少数人权利的侵害。只有被称作"第三部门(third branch)"的司法机关才有可能对立法机关和行政机关权力形成有效制约。因为，从历史来看，司法权被普遍认为在立法、行政、司法三权中是最弱的一种权力，因而司法机关已被证明为"最少危险"的部门。因此，由司法部门掌握违宪审查权，最有利于保障宪法的实施和三权分立的宪政民主体制的巩固。

③ 法院独立是司法独立的重要内容。法院独立是指法院作为一个整体独立行使司法权，不受立法、行政机关以及其他国家机关的干涉。法院的审判活动只服从宪法和法律，不受其他机关的任何指导、指示和影响。尽管从司法独立理论在近代西方各国被普遍接受和确立以来，独立的法院系统始终面临着各种政治权力的挑战和诱惑，但法院独立的观念仍然得到了制度性的落实和发展，其主要内容包括如下几个方面：一是司法权行使的专属性。国家的司法权只能由法院行使，其他机关，特别是行政机关和立法机关不得行使司法权。二是司法权行使的自主性。法院行使司法权不受外界任何单位和任何个人的干涉、影响和控制。三是司法权行使的合法性。法院行使司法权不仅必须服从宪法和法律，而且只能服从宪法和法律。

以及法官独立①等重要制度环节共同组成，这些制度的形成并非一蹴而就，而是在近代西方各国的宪政实践历程中逐步确立和完善的。1612 年发生的英国大法官爱德华·柯克与英国国王之间关于王权授权司法与司法遵从法律的著名辩论便标志着司法独立逐步从理念层面向实践领域挺进。此后，随着“法律至上原则”在普通法中的逐渐确立，司法这个本来并不起眼的权力角色作为制约立法和行政权力的一种力量被推向了国家权力剧场的前台。司法独立作为近代法律发展过程中的一个重要制度实践开始逐步运作。司法独立的内涵及其制度架构也逐渐丰富和完善，并且成为近代西方司法民主的标志性制度特征。

其次，近代西方司法民主制度体系的建构分别以司法主体和司法程序为切入点和主线。一方面，确立以法官选任制度和陪审制度等为主要制度模式的司法主体制度，以确保市民社会对司法权力的直接拥有，以及民众对司法权力运作过程的参与和监督。司法主体制度体系的确立，是近代西方代议制民主理念在司法领域的落实和运用。近代西方代议制民主制度的理论起点是个人权利和自由，而其核心制度模式就是人民通过民主选举代表来实现其政治参与。在司法领域中，代议制民主就体现为司法主体的产生方式的民主化以及人民代表对司法过程的平等参与。另一方面，则是奉行当事人主义，形成了以抗辩制度为表征的对抗性司法的制度模式，以确保司法程序设计和运行的民主性。具体而言，就是通过司法程序的透明和公开确保对当事人诉讼权利的平等保护与尊重，通过合理性举证和对抗式的辩论过程确保判决结果的公正和可接受性。

第三节　近代西方司法民主的困境与挑战

近代西方司法民主理论以自由主义为基本立场和理论内核，在权利本位观以及自然正义观的支撑下，确立了以分权制衡原则和正当程序原则为保障的近代西方司法民主的实践模式，最终形成了以司法独立制度为核

① 法官独立是指法官在审理案件时，只服从法律和自己的良心。其内容主要包括：第一，法官独立于法院，包括上级法院和其所属法院。第二，法官独立于其他法官，尤其是不受其行政上司的影响。第三，法官独立于双方当事人的利益。第四，法官独立于经济、行政压力。包括法官的职位、任期、升迁、薪俸等应得到充分保障。对法官的奖惩、任免应由专职审判人员依照法定程序进行；第五，法官独立于社会压力。包括法官独立于新闻舆论压力和社会公众时尚与意见的压力。第六，法官在审判活动中所发表的言论和所做的一切行为不被追究法律责任，也就是司法人员有不受民事起诉的豁免权。第七，法官免受自己偏见的影响；等等。

心，分别以司法主体制度和司法程序制度为主线的司法民主制度体系。这种司法民主理论与实践模式是近代西方代议制民主模式在司法领域的全面落实和实现。虽然这种自由主义的司法民主理论不乏缺点，但是却建立了一个自成体系的司法民主制度模式，并且在几个世纪的司法实践中成绩斐然。

一方面，它的形成和确立本身是近代西方新兴资产阶级与封建王权、贵族等特权阶级在政治实践斗争的过程中赢得的卓越战果，因而在一定程度上顺应了近代以来西方社会的基本现实，确实为缓解社会基本矛盾和化解社会利益冲突提供了有效的理论支撑和制度保障。另一方面，它的确立和运行本身也必然具有其时代的局限性，一旦社会基本矛盾和利益冲突的现实情况发生变化，其弊端就会日渐暴露。这些弊端不仅表现为"司法"在实践中遭遇多重的现实困境与信任危机，还表现为近代司法民主观所面临的严峻的理论挑战。

一、近代西方司法民主的现实困境

随着社会政治经济的发展，新的社会矛盾和利益冲突日益凸显，自由主义的民主政治遭遇困境，司法领域也面临重重危机。司法民主的真实性受到质疑，使司法自身面临信任危机。近代西方司法之正当性，是建基于其民主品性之上的，司法之根本目的在于限制权力的恣意和腐败，保障每个公民的权利与自由受到平等的尊重、保护和救济。然而，正如西方学者所言："这种（即古典自由主义所许诺的）想象中的平等和民主参与，尽管因其意味着废除旧制度的社会地位差别（制度）而极其重要，但对于那些在接近该制度时遭遇事实上障碍的个人和团体而言，结果只是维持一种仅为形式的、很大程度上无实效且故弄玄虚之平等。"①换言之，近代西方之司法民主化改造为人们描绘出的是一幅平等、自由、民主、公正的美好图景，然而，这种美好的图景在现实的运作过程中，并未能兑现其承诺。它既无法有效限制权力的恣意和腐败，更没能真正实现对个人权利和自由的平等保护。它只是用"在民主前加漂亮修饰词的方法来阉割民主、驯服民主"②，将身份和等级的不平等转化成为一种财产、能力等方面的不平等，这种新的不平等使法律和司法成为一种只有富人才能享用的"奢侈品"，

---

① ［意］莫诺·卡佩莱蒂：《比较法视野中的司法程序》，徐昕、王奕译，清华大学出版社 2005 年版，自序第 12 页。

② 王绍光：《民主四讲》，上海三联书店 2008 年版，第 31—33 页。

这必然会加剧处于社会底层群体的不满，激化社会矛盾和利益冲突，从而引发整个社会的动荡和危机。随着司法的民主被异化，司法自身就会面临信任危机，司法之公信力和司法权威就必须重新寻找其合法性根源。

具体而言，近代西方司法领域的现实困境突出表现在以下几个方面：

1. 传统的司法独立制度面临质疑和挑战

在理论上，司法独立的理论基础受到后现代法学、批判法学和现实主义法学、法社会学等的挑战。这些法学流派的兴起，在一定程度上破除了法律的客观性和法律确定性这一“基本法律神话”，这同时意味着摧毁了司法独立的理论预设。事实上，正因为司法独立的理论预设被颠覆，西方学者提出了从“自治型法”迈向“回应型法”的理论，而所谓“回应型法”正是指法律“更多地回应社会的需要”①。

在实践中，司法独立更是难以避免地受到社会、政治和情感的制约。法律的社会性决定了司法不可能独立于社会，司法只有满足社会的需要才能赢得其合法性(legitimacy)。同时，社会是以秩序为表征的，为维护一定的社会秩序，司法必须在政治的干预下担当社会秩序“减压阀”和“调节器”，因而司法也不可能摆脱政治的影响。此外，司法也无法摆脱情感的制约。例如，美国现实主义法学的重要代表人物弗兰克曾以一组公式分析了多种因素对于司法的制约。他指出，“D (decision，判决) = R(rule，法律规则) ×F(fact，事实)”的判决公式只是一个“神话”；现实中，判决公式是“D(decision，判决) = R(rule，法律规则) ×SF(subjective fact，主观事实)”，甚至是“D(decision，判决) = S(stimulus，刺激) ×P(personality，个性)”。② 此外，媒体作为在现代社会中的“第四种权力”，也越来越多地担当着监督司法、捍卫司法公正的重要角色。因而，司法行为更无法回避媒体的监督和影响。更为重要的是，司法独立之理想经常与公共职能机构的民主责任目标发生冲突。尤其在司法审查的层面上，多数原则与抑制多数意愿理念之间经常发生冲撞。

2. 传统的司法主体制度体系的局限逐渐显现

代议制民主是自由主义民主的运行方式，其在司法领域的落实构成了司法主体制度的逻辑主线，而法官选任制度便是司法民主制度体系的运行起点。然而，法官选任制度在近代西方司法实践中具有强烈的法官精英化

---

① [美]诺内特、塞尔兹尼克：《转变中的法律与社会》，张志铭译，中国政法大学出版社 2004 年版，第 81 页。

② 转引自沈宗灵：《现代西方法理学》，北京大学出版社 1992 年版，第 340 页。

倾向,这就必然会产生司法与民主之间的疏离。而且,还往往使得陪审团制度形同虚设。而所有这些问题背后所暗含的,是在司法裁判过程中的公民个人与公共权威的“强力”之间的对峙,即公民与政府以及司法部门之间的对峙。司法平台往往成为利益权衡和价值搏击的场所。因而,个人的正义与社会的正义之间的矛盾在社会不断发展的过程中逐渐加剧。

3. 固有的程序正义越来越不能应对社会对正义的新要求

一方面,随着社会的不断发展,利益的冲突与价值的分歧以新的形态显现出来,仅仅凭借司法程序制度的运行越来越不能应对新的争议和纠纷。另一方面,司法自身的局限也在新的背景下显露。例如,对“司法真实”(judicial truth)的发现过程皆隐含着主观性与客观性的斗争,而这在法律和司法证据规则的约束下运作的程序中显而易见。在司法程序这面折射镜中,不仅映射出政府权力与个人自由间的冲突问题,也体现出社会的分配正义和平等接近[司法]的问题,换言之,就是由经济和政治贫困问题所引发的“法律贫困”问题。而且,在全球化的视野中,它更反映了建构跨越民族国家界限并代表沟通桥梁的法律制度的社会需求,以此来最终防止国家间的冲突和战争。①

二、近代西方司法民主的理论挑战

由于资产阶级革命和工业革命引发的社会巨变,逐渐打破了西方思想中的永恒意识,启蒙运动中涌动的进步观念滋养了社会进化与变革的思想,源自古希腊的普遍主义原则和理想,在近代西方向其他国家传播的过程中,受到了民族主义的顽强抵抗,而随着对其他民族国家的文化、历史与传统了解的深入,多样性、差异性、多元性以及变动性意识在逐渐增强,最终使得近代西方司法民主的理论根基——自由主义民主理论发生了动摇。

1. 自由主义受到其他学术思潮和流派的质疑与挑战

首先,历史主义对自由主义的批判。18 世纪末 19 世纪初在西方思想界形成的历史主义思潮的蔓延,强烈地冲击了自由主义的普遍主义意识,并迫使自由主义开始对自己的原则进行历史性的解释和改造。如果说,原先的自由主义精神强调的是用某种普遍的法治秩序为个人的基本权利提供保障,那么,经历史主义,尤其是功利主义改造后的自由主义的精神则开始转向公共的福利。自由主义以人性普遍主义代替了基督教的神性普遍

---

① [意]莫诺·卡佩莱蒂:《比较法视野中的司法程序》,徐昕、王奕译,清华大学出版社 2005 年版,自序第 10、26 页。

主义,用人权普遍主义代替了神权普遍主义,以规范普遍主义代替了价值普遍主义,从而摆脱了基督教和封建专制统治,成为人的普遍性和人类普遍联系发展中的一个重要阶段。① 然而,它所奉行的这种普遍主义和理性主义却成为自身的致命弱点。由于缺乏一种历史主义的视野,因而自由主义根本无法应对历史的变化,也无法正视自身的历史局限与历史意义,也就无法引导未来的发展趋向。历史主义对自由主义的批判主要针对的就是其普遍主义原则和理性主义特征。德国历史法学派之旗手萨维尼认为,“一切法律本来是从风俗与舆论而不是从法理学形成的;也就是说,从不知不觉的活动力量而不是从立法者的武断意志形成的”②。在他看来,法律像语言一样,是从民族的经验与需要之中,经过自然的过程而成长起来的。萨维尼的这一法律观直接构成了对自然法学说的冲击。他的思想受到了自由主义大师哈耶克的推崇,在一个半世纪以后,哈氏明确指出,法律是从进化过程中发现出来的,而不是人类理性发明出来的。③ 历史主义的这种研究社会现象的新视角和新方法,不仅对自由主义的普遍主义和理性主义造成了强烈冲击,更迫使自由主义理论形式发生重大转变,即从普遍主义色彩较浓的自然法学说向功利主义的转变。也就是说,原先的自由主义注重的是维护个人权利与自由的底线,而经功利主义改造后的自由主义则注重的是增进公共的福利。这既为自由主义摆脱普遍主义的教条倾向提供了可能,也为自由主义因时而变提供了契机。④

其次,社群主义对自由主义的批判。如果说自由主义是西方政治哲学的主流,那么社群主义则是自由主义最重要和最有力的挑战者。其主要代表人物有罗伯特·贝拉、查尔斯·泰勒、迈克尔·桑德尔、迈克尔·瓦尔泽、阿米太·爱特热尼、菲利浦·塞尔尼克、威廉·加尔森以及麦金泰尔等人。社群主义者对自由主义的批判主要集中在三个方面:即个人主义、社会原子论和普遍主义。自由主义不仅将个人与国家的关系看作是对立的,而且总是把个人放在优先的地位;它对社会的认识是原子论的,缺乏一种正确的共同体观念,甚至否认国家作为社会实体的存在;而且,自由主义认

① 马德普:《普遍主义的贫困——自由主义政治哲学批判》,人民出版社 2005 年版,第 110—111 页。

② [美]乔治·皮博迪·古奇:《十九世纪历史学与历史学家》(上册),商务印书馆 1989 年版,第 139 页。

③ [英]哈耶克:《法律、立法与自由》(第 1 卷),中国大百科全书出版社 2000 年版,第 113、189 页。

④ 马德普:《历史主义的兴起及其对自由主义普遍主义的冲击》,《政治学研究》2003 年第 4 期,第 65—69 页。

为自己的基本观念和价值(自由、权利和正义等)具有普适性,可以适用于所有文化和所有社会。这种普遍主义的自由主义垄断了当代社会的政治话语,并通过自由主义内部的虚假争论来维持自由主义的霸权,从而剥夺了其他政治思想在政治舞台上亮相的机会。因此,社群主义用公共性的"共同体"来对抗自由主义的"个人主义",用历史的"特殊主义"来对抗自由主义的"普遍主义",用"公共的善"来对抗自由主义的"个体的正义"。因此,社群主义强调个人权利必须与社会公益相结合,国家应该承担起维护公平正义的责任,主张只有能够维护公共利益的社会才是一个好的社会;好的国家能够促进公共利益的实现,当然,个人也应当维护国家,甚至为了国家和社群的利益可以牺牲个人的利益。尽管社群主义自身也存在其理论局限,因而它主要是一种批判性的思想,而不是一种建设性的理论,①但是,社群主义对自由主义的批判对自由主义的霸权地位构成了严峻挑战,并且迫使自由主义以更为合理的方式为自己的观点和原则进行辩护和改造。

再次,科学社会主义对自由主义的批判。自由主义的核心价值是以权利本位为特征的个人主义,这在一定程度上引领了西方自由资本主义时期的大繁荣和大发展。然而,随着新的社会矛盾的出现和激化,自由主义理论所暗含的悖论逐渐凸显:自由主义以个人至上为其理论宗旨,却最终以个人与社会的分裂、国家与个人的背离为结果。20世纪初期的西方经济危机正是这一悖论的现实表现。托克维尔早已意识到,个人主义往往会导致利己主义走向极端②,而马克思和恩格斯真正揭示了其根源,科学社会主义正是对自由主义秩序中被分裂的个人与社会的关系问题的反思和批判。科学社会主义者突破了自由主义者建立在原子论基础上的个人正义观,以建立在系统论基础上的个人与社会关系理论揭示了个人正义观的困境。它指出,自由主义的正义观以二元对立思维割裂了个人与社会之间的有机联系,将社会整体视为个人要素的简单数学和,忽视了作为整体的社会所具有的个体所不具有的特征。而且,系统的个人与社会关系观是发展的和动态的,并非静态整体建构的关系。这些认识揭示了社会系统中个人与个人、个人与社会以及个人与国家之间的对立统一关系。个人始终是有差别的个人,社会作为个人发展的必要条件对个人起着促进或阻碍作用,

---

① 姚大志:《社群主义的自由主义批判》,《厦门大学学报》(哲学社会科学版)2011年第3期,第102页。

② [法]托克维尔:《论美国的民主》(下卷),商务印书馆1996年版,第625页。

单方面的个人发展不会自动导致社会的发展，相反，对个人利益的过度追求却可能导致社会发展的停滞甚至衰退，并最终妨碍个人发展。科学社会主义系统的个人与社会关系理论深刻揭示了人的个性与社会性的对立统一关系。

2. 传统的宪政民主理论面临严峻挑战

西方的民主文明发展历程是复杂的，始终是既有对民主的推崇，亦有对民主的批判；既认可民主的有效性，亦提防其消极面。这种对民主的理性思考是一种长期演化的历史智慧，既有助于破除对民主的迷信，同时也更利于促进民主政治完善。尽管近代以来自由主义民主作为西方主流的民主理论，始终享有在政治舞台上的话语霸权，但它也时刻面临着不同民主观的质疑和挑战。这其中既有自由主义者对民主的反思和修正，也有其他流派从不同角度对民主进行的批判和构建，使得这一时期的民主理论呈现出令人眼花缭乱的局面。因此，美国的民主理论家罗伯特·达尔感叹道：我们面对的困难是，“对于民主论来说，存在着如此之多不同的思路”，“而且在涉及民主的问题时，对于几乎所有的可能性，人们都可以找到一个良好的例证来加以证明。人们试图借以发展一种民主理论的可替代思路如此之多，以致开列出这些思路的清单是一件相当令人恐怖的事情”。①

其一，自由主义式的宪政民主建立在个人本位与权利本位、自由竞争的市场经济以及国家与市民社会的分离等等理论基石之上，以政治平等、法治、分权制衡等为基本原则，以代议制民主为主导模式，旨在为国家权力设定恰当的范围与限度。“自由主义民主的核心优点就在于：它既使得有益于其公民的高效和强大的现代国家的建构得以可能，又能够约束国家的权力并避免滥用这种权力而对公民形成伤害。”②然而，正如萨托利所言：“自由主义以个人为枢纽，民主则以社会为中心”③，自由主义与民主之间始终存在着内在的张力。因此，自由主义者便在民主之前冠以“自由主义”之限定语，意味着这种被限定的“民主”不再是“人民主权”意义上的“民主”，而只是自由主义为实现个人自由而建构的一种程序规则和制度保障。自由主义者认为，作为一种现代国家的政治运行机制，民主“是一个糟糕的标准，但别的标准更坏”④。所以，自由主义民主理论普遍主张宪政

---

① [美]罗伯特·达尔：《民主理论的前言（扩充版）》，顾昕译，东方出版社 2009 年版，第 1 页。

② [美]威尔·金里卡：《当代政治哲学》，上海三联书店 2004 年版，中译本序，第 5 页。

③ [美]萨托利：《民主新论》，东方出版社 1993 年版，第 392 页。

④ [美]萨托利：《民主新论》，东方出版社 1993 年版，第 144 页。

原则,认为普选是政治权威合法性的唯一来源;强调有限政府原则,重视加强权力之间的相互制衡,通过法治来限制政府权力;主张政治价值多元主义,允许不同的政治价值、政治党派和政治团体的存在。尽管如此,随着社会矛盾的转换和激化,这种加了限定语的自由主义民主仍然受到了严峻挑战和质疑。

其二,"精英民主"理论对宪政民主理论的修正。其最重要的代表人物是美籍奥地利经济学家兼政治理论家约瑟夫·熊彼特和德国政治理论家马克斯·韦伯。熊彼特在1942年出版的《资本主义、社会主义和民主》是当代西方民主理论研究的一个里程碑。他批判了所谓"古典自由主义民主观",认为古典民主的困境是其价值目标的虚幻。他把民主定义为"一些个人通过竞争人民选票来获得(公共)决策权的制度安排"。"民主政治并不意味也不能意味人民真正在统治——就'人民'和'统治'两词的任何明显意义而言,民主政治的意思只能是:人民有接受或拒绝将要来统治他们的人的机会。但是,因为人民也能用全然不民主的方式来决定接受或拒绝,我们不得不增加另一个识别民主方法的标准,来缩小我们的定义,那就是由未来领导人自由竞争选民的选票。"①于是,在熊彼特那里,"民主"完成了从"人民统治"向"人民选择统治者"的转型。马克思·韦伯的"精英民主论"同样否定古典民主理论的"人民主权"学说。韦伯认为,"不论在哪里,少数人原则——即精悍的领导集团的高度政治机动性——都在政治活动中发生作用","这个原则不论在何种形式的政府都是民主的真谛"。②公民的民主权利主要表现在竞选过程中,即通过投票选出大众最信赖、最有能力的领袖,因此,民主的本质就应当是,为现代官僚政治社会提供一个最大限度选择领袖的公民选举机制,以保证"精英"的出现并维持政治权力的高效化。精英民主论对民主的定义显然是片面的,但他们对民主改造的方向是值得肯定的,那就是,民主不仅仅是对权力的制衡,它自身也必须受到规范与限制,而这种限制应当体现在民主产生的程序之中。

其三,新自由主义者对传统的宪政民主观的改造。由于看到了传统自由主义鼓吹"个人至上"的"消极自由"倾向,而这一倾向使得个人自由与社会福祉之间产生了不可避免的冲突。因此,以英国的托马斯·希尔·格林提出的"积极自由"为哲学基础,新自由主义理论家开始对自由主义民

① [美]约瑟夫·熊彼特:《资本主义、社会主义和民主》,顾准译,商务印书馆1980年版,第415页。

② [英]戴维·比瑟姆:《马克思·韦伯与现代政治理论》,徐鸿斌等译,浙江人民出版社1989年版,第110页。

主进行修正,认为个人的自由应该有利于社会福祉;维护社会的公平正义是国家必须履行的责任;政府应该以积极的态度合理介入社会和经济生活;而且,自由应当为所有社会成员平等地分享。正是从这种积极的自由观出发,新自由主义提出建设“福利国家”,以减少社会的不平等,扩大公民的民主权利,让更多的人能够享受政治权利。通过新自由主义进行自身调整,资本主义一度呈现出经济相对繁荣和政治相对稳定的局面,为资本主义的长足发展奠定了基础。然而,20 世纪 60 年代以后,波及整个西方的经济滞胀、美国的反越战示威、法国风起云涌的学生运动、流行于欧美的性革命思潮、女权运动、种族问题、消费主义等等,都使得新自由主义捉襟见肘,而新自由主义引以为豪的福利国家也面临不堪重负的局面。

其四,“多元民主论”对自由主义民主的批判。多元民主论的主要代表人物是罗伯特·达尔。其核心内容是:民主只有在由不同政治党派和政治团体存在的竞选制度中才有可能实现;有组织的多元利益集团结构是民主制度正常运转的基本条件。对于多元主义者来说,不同的竞争性利益的存在是民主的均衡和公共政策顺利发展的基础。多元主义的发展轨迹也很好地说明,有关民主的特点和理想性质的理论在不断变化。在多元主义的框架内,关于民主的基本原则,主要特征和一般条件的许多核心问题,比以前更具有公开讨论的余地。① “多元民主论”是在美国等西方国家的社会利益和阶级结构日趋分化的背景下形成的,因而对当时西方社会产生了深刻影响。但是达尔自己也承认,多元民主论仍然存在潜在缺陷,例如,由于多元组织的横行和权力的膨胀,会使得政治不平等稳定化;而多元利益集团结构则会扭曲公民意识,歪曲公共过程,并最终造成控制权的异化。就此而言,多元民主论标志着自由主义民主理论和实践的一种有趣但也有限的发展,其中所包含的“合作主义”理念,无疑是“使对于社会、经济和政治事务的真正控制进一步偏离普通公民的另一种力量”②。

其五,社会主义者对自由主义民主的批判成为现代民主理论方面的一个重要主题。社会主义者并不是在原则上否定民主、自由等原则,更不是抽象地反对自由主义的民主形式,而是对其所忽视或掩盖的问题进行了反思,并为民主理论的发展做出一定的探索。社会主义者认为,自由主义对民主的以个人权利为基础的理解存在一个根本问题,即它几乎没有什么机制能够防止个人对于共同体的异化。虽然权利被视为一个公正社会的最

---

① [英]戴维·赫尔德:《民主的模式》,燕继荣等译,中央编译出版社 1998 年版,第 212—213 页。

② [英]戴维·赫尔德:《民主的模式》,燕继荣等译,中央编译出版社 1998 年版,第 185—201 页。

重要的标志,但如果它们总是在私人的意义上被使用,则必然会导致个人和共同体的双重异化。而建立在生产资料私有制基础之上的市场经济在生产、分配、交换等环节中产生了财富和等级关系的不平等,而这些不平等将造成严重的权力不均,从而限制公民选择的范围和对民主的监控。例如,“马克思坚持认为,自由主义关于私有和公有、市民社会和政治领域之间存在明显区别的主张是值得怀疑的。现代权力的主要根源——生产资料私有制——显然被非政治化了,这就是说,它被专断地视为似乎完全不是一个政治问题”①。

其六,协商民主理论对传统自由主义民主的反思。“协商民主”理论是 20 世纪末期西方政治学界兴起的一种民主理论,最为重要的代表人物是美国学者罗尔斯和德国学者哈贝马斯。协商民主理论指出,西方的竞争式(或对抗式)民主并不能为社会公众提供广泛参与公共决策的真正机会,只有公共协商才是一个社会实现公民广泛参与公共决策的有效民主形式。而所谓公共协商,简言之,就是一个政治共同体成员普遍参与公共讨论并形成具有集体约束力的公共政策的过程。享有自由平等的讨论权的协商主体,通过公共协商形成公共理性,并通过其过程的公开、透明,以及最大限度的公众的普遍参与等等,使公共政策的形成具有极强的合法性和实效性。协商民主不仅能够最大限度地激发公众政治参与的积极性,为公众政治诉求提供广阔空间和渠道,而且为公众参与提供了机会,训练了公民的政治能力,符合民主的本质要求,是一种试图弥合程序民主与实质民主之间鸿沟的新型的现代民主理论模式。

总之,正如学者克罗齐等人在 20 世纪 70 年代指出,当代西方民主政治面临着世界范围的经济、政治和军事关系变化和国内社会结构变化的挑战,但是,民主政体固有的机能问题造成了决策系统超载、公民无责任感、政府公信力下降、利益分散、社会共同目标难以形成和政党的衰弱,这使西方式自由民主政府的统治能力锐减,难以应对挑战,面临严重危机。② 这表明,即便是在西方世界,自由主义的民主距离其所描述的理想境界仍然十分遥远。

3. 程序主义的司法正义观逐渐显露出局限性

自由主义将民主视为一系列的程序性机制,通过一套民主程序来实现

① [英]戴维·赫尔德:《民主的模式》,燕继荣等译,中央编译出版社 1998 年版,第 167 页。

② [法]米歇尔·克罗齐、[美]塞缪尔·亨廷顿、[日]绵贯让治:《民主的危机》,马殿军等译,求实出版社 1989 年版,第 8、409 页。

统治者的选举及对其的控制，通过行政、立法与司法的分立与制衡来实现体制内权力的有效配置和相互牵制。① 而现代司法之合法性建基于其民主性之上，因而，自由主义的司法正义观必然也是程序主义的。这种程序主义的司法正义观最为重要的贡献在于，它能够使司法得以在法律与政治之博弈关系的夹缝中生存下来，并通过司法过程的相对自治而实现司法的独立，最终促进司法民主的实现。然而，正如前文述及，一方面，程序正义本身早已无力应对司法领域中出现的新矛盾和新诉求；另一方面，正如美国学者诺内特和塞尔兹尼克指出的："法律机构以实体服从以换得程序自治。虽然政治共同体赋予法官一种免受政治干预而行使的有限权威，但是这种豁免的条件是法官使自己脱离公共政策的形成过程。这就是司法赢得其'独立'的代价。"②这就是说，程序主义在一定程度上为司法的独立与自治提供了有效的平台，但是，它也使得司法因脱离实质性参与以及缺失实体性责任的承担而丧失了其对于实质正义之追求。这就难免使司法的民主性大打折扣。

究其根源，这是由自由主义民主范围的有限性决定的。自由主义的传统国家观认为，国家是为了满足个人自由和权利之需而建立的一种政治组织形式，因而，抵制国家越界侵犯个人权利与自由是自由主义政治理论的一个核心主题。在这一政治逻辑之中，民主被限定在一个与"公民社会"相分离的狭隘领域，即自由主义民主理论仅承认在政治领域合理地运行民主程序，而在经济与社会等其他领域中，民主并不具有实质意义。例如，美国学者哈耶克认为，"民主至少在下述两个方面几乎始终存在着扩展的可能性：一是有权投票的人的范围；二是由民主程序决定的问题的范围。但是，恰恰是在这两个方面，我们不能简单地认为对民主所做的任何可能的扩展都会对人类有益，也不能认定民主原则本身就要求其范围应得到无限的扩展。"③可见，大多数自由主义者都明确反对把民主问题扩大到政治领域之外。然而，这种狭隘的政治民主显然是无法应对人类解放的新局面的。

概言之，近代西方的司法民主理论是以自由主义为其理论内核，以立

---

① ［美］罗伯特·达尔：《多元主义民主的困境》，周军华译，吉林人民出版社 2006 年版，第 9 页。

② ［美］诺内特、塞尔兹尼克：《转变中的法律与社会：迈向回应型法》，张志铭译，中国政法大学出版社 2004 年版，第 64 页。

③ ［英］弗里德利希·冯·哈耶克：《自由秩序原理》，邓正来等译，生活·读书·新知三联书店 1997 年版，第 127 页。

宪主义的“分权制衡”为其核心框架，以程序主义的司法民主观为其主要表征。因此，近代西方司法民主理念具体表现为如下几个方面的特征：一是权利本位观以及自然正义观赋予了司法裁判以民主的属性，并且充实了司法民主的实质内容；二是权力分立与制衡的原则构成了近代西方司法权的民主正当性基础；三是正当程序原则从程序正义的角度保障了近代西方司法民主的现实性。

近代西方司法民主的制度建构主要关注的是如下几个方面：一是要确保司法权对立法、行政权力的监督与制约；二是要确保市民社会对司法权力的直接拥有，以及市民社会主体对司法权力运作过程的参与和监督；三是要确保司法程序的设计和运行的民主性。因此，就其制度架构而言，就形成了以司法独立为核心，以确立司法权对立法、行政等权力的监督与制约的制度总体目标。同时，分别以司法主体制度和司法程序制度为主线，一方面，确立以法官选任制度和陪审制度等为主要制度模式的司法主体制度，以确保市民社会对司法权力的直接拥有，以及民众对司法权力运作过程的参与和监督；另一方面，奉行当事人主义，形成以抗辩制度为表征的对抗性司法的制度模式，以确保司法程序设计和运行的民主性。

然而，随着社会政治经济的发展，新的社会矛盾和利益冲突日益凸显，自由主义的民主政治理念在现实中遭遇多重困境，司法领域也面临信任危机。一方面，随着社会的不断发展，利益的冲突与价值的分歧以新的形态显现出来，仅仅凭借司法程序制度的运行越来越不能应对新的争议和纠纷。另一方面，司法自身的局限在新的背景下显露无遗。随着司法民主的真实性不断受到质疑，司法自身也面临信任危机，重建司法公信力和司法权威，就必须重建其合法性根源。

近代西方的程序主义司法民主观最为重要的贡献在于，它能够使司法得以在法律与政治之博弈关系的夹缝中生存下来，并通过司法过程的相对自治而实现司法的独立，最终促进司法民主的实现。然而，程序主义在一定程度上为司法的独立与自治提供了有效平台，但同时，它也使得司法因脱离实质性参与以及缺失实体性责任的承担而丧失了其对于实质正义之追求。这就难免使司法的民主性大打折扣。于是，各种新的理论进路纷纷出场，开始扮演近代司法民主理论的纠错者。其中，协商民主理论进路尤其受到关注。

协商民主理论旨在超越传统自由主义民主自身无法克服的种种弊端，在汲取各种民主理论发展成就的基础上，不仅试图使民主理论向其原始意义——"人民统治或者人民治理"的回归,因而,这一转向也被某些学者视为一种向"社会主义"的靠拢;更试图弥合程序民主与实质民主之间的鸿沟,开辟一条新的民主理论进路。总之,协商民主理论的发展为司法民主理论及实践的现代转型和制度推进提供了丰富的理论资源。正是在这一新的民主理论进路的影响下,当代西方司法民主理论与实践均展现出了一系列新的发展趋向和特征。

第四节 当代西方司法民主理论的新面孔 ——"协商性司法"

民主理论作为一种政治哲学的系统理论,其发展演变必然会深刻影响司法理念的发展与转变。而协商民主理论模式的形成与发展不仅为现代司法民主理念的确立与形成提供丰富的理论资源,更从根本上决定和影响着司法民主观的基本立场与价值取向。因此,已经有越来越多的学者开始关注协商民主理论模式对司法之价值取向的影响,同时也极为关注司法在协商民主理论与实践模式发展中的功能和作用。由此,当代西方的司法民主化进程进入了一个以"协商"为特征的新阶段。不仅司法民主理论的发展展现出协商性趋向,在此影响下,司法民主之运行机制也做出了相应的制度创新与发展。

一、司法能动主义与司法克制主义之间的平衡

在协商民主理论的影响下,当代西方的司法民主理论开始尝试在司法能动主义(judicial activism)与司法克制主义(judicial restraint)之间寻求平衡。

"司法克制主义"是基于西方近代以来自由主义传统中确立的权力制衡原则和程序正义取向而形成的司法哲学。它在西方语境中的本原意义主要是指司法在社会事务,尤其是政治事务上应严格恪守自己的界域,尤其不主动关切或参与这些事务;在案件的处理中也应保持适当消极和中立,与案件所涉及的社会及政治因素保持适当距离。《韦伯斯特法律辞典》(Webster's Dictionary of Law)对司法克制所做的定义是:"是指案件应当尽可能以最狭窄的依据来裁判,而毋须解决不必要的问题,尤其是政治

性或社会性争执的学说。"①《奥兰法律辞典》[Oran′s Dictionary of the Law (3rd Edition)]的相关解释则更为狭义:"与司法能动主义相对立,排斥法官个人观点,严格依循适用先例的司法裁判以及做出裁判的过程。"②总之,司法的克制主要是指法院或法官在司法裁判过程中所采取的"被动""消极"或"中立"的司法原则。

"司法能动主义"是在当代西方协商民主理论模式发展的新动向影响下,西方司法民主理念展现出的一个重要特征。是在对传统法治理论的反省与深化的基础上,为了克服法律自身的滞后性、不确定性等固有属性所附随的缺陷,同时也为了平衡司法与政治的融合以及实现司法对社会现实变迁的回应。司法能动主义的实践最早发端于美国的司法审查制度(首创于马伯利 vs. 麦迪逊案③)。美国学者克里斯托弗·沃尔夫(Christopher Wolfe)认为,"司法能动主义的基本宗旨就是,法官应该审判案件而不是回避案件,并且要广泛地利用他们的权力,尤其是通过扩大平等和个人自由的手段去促进公平——即保护人的尊严"④。他还进一步指出,"在当今这个时代,要想描绘司法能动主义,最重要的因素可能就是法官对多数规则以及'政治部门'(即立法和行政)所持的基本态度。……如果一个法官对多数规则以及政治部门的代表性持怀疑态度,那么就可能采取司法能动主义,而能动的程度则可能取决于对司法能与不能问题的怀疑程度"⑤。美国学者科密克(Keenan. D. Kmiect)进一步将司法能动主义概括为五个具体方面:"第一,其他权力机构有争议的宪法行为的无效;第二,不遵守先例;第三,司法性'立法';第四,与公认的解释学方法论的背离;第五,结果导

---

① 该词条的原文为:"Judicial restraint n. The doctrine that cases should be decided on the narrowest possible grounds, without resolving unnecessary issues, especially political or social controversies." Webster's New WorldR Law Dictionary, by Susan Ellis Wild, Legal Editor, CopyrightR2006, by Wiley, Hoboken, NJ; Published simultaneously in Canada.

② 该词条原文为:"Judicial restraint A judge's decision and decision-making that excludes the judge's personal views and relies strictly on precedent." Oran′s Dictionary of the Law (3rd Edition), Daniel Oran, J. D. Mark Tosti, J. D. Contributing Author, Africa, CopyrightR2000.

③ "马伯利诉麦迪逊案"(Marbury v. Madison)是美国宪法中最著名的案例之一,于 1803 年由首席大法官马歇尔主笔,检索码是 5 U. S. 137 (1803)。此案例确定了美国宪法中的司法审查先例。

④ [美]克里斯托弗·沃尔夫:《司法能动主义:自由的保障还是安全的威胁》,黄金荣译,中国政法大学出版社 2004 年版,第 3 页。

⑤ [美]克里斯托弗·沃尔夫:《司法能动主义:自由的保障还是安全的威胁》,黄金荣译,中国政法大学出版社 2004 年版,第 7 页。

向的裁判。”①《布莱克法律词典》的界定则是：“司法能动是指司法机构在审理案件的具体过程中，不因循先例和遵从成文法的字面含义进行司法解释的一种司法理念以及基于此理念的行动。当司法机构发挥其司法能动性时，它对法律进行解释的结果更倾向于回应当下的社会现实和社会演变的新趋势，而不是拘泥于旧有成文立法或先例以防止产生不合理的社会后果。因此，司法能动性即意味着法院通过法律解释对法律的创造和补充。”②在司法的目的上，司法能动主义要求把社会目标的实现作为司法的根本追求；在司法裁判的依据上，主张不以法条或先例为司法判决唯一的规范性依据，而是努力在案件所关涉的多种价值、规则及利益之间寻求平衡与妥协；在司法的方法上，不是机械地拘泥于某些形式要件，被动、消极地面对纷争，而是灵活适用各种解纷机制，从有效处理案件出发，自为地实施相关裁判行为。这使得司法能动在当代西方社会具有着实现个案正义、促进实质正义、提高法律效率、追求法律效果与社会效果的统一以及推动立法发展等重要功能。

在当代西方社会，司法能动主义与司法克制主义存在着紧密的对应性关系，但两者之间实质上又并非完全对立的关系。因为，司法克制主义的核心内含并不能反向覆盖司法能动主义的丰富内涵，反之亦然。它们二者所关注的题域并不相同。司法能动关注的是法官在行使“自由裁量权”时“享有多大自由的问题”。③ 换言之，司法能动主义所主张的是司法的一种积极的、具有开放性的主观状态，而司法克制主义所强调的则是司法的一种保守性的外部行为准则；司法能动主义在技术层面的重要功能是克服司法的法条主义④之根本缺陷，而司法克制主义则直接针对司法权的恣意和滥用。基于司法本身的特性和要求，二者都是司法必须关注的两个重要面向。司法能动主义必须在司法克制主义的约束下运行，才能既做到弥补法条主义的局限与不足，同时又能够防止司法的能动可能引发的司法权的膨

---

① Keenan D. Kmiect, The Origin and Current Meanings of“Judicial Activism”. Cal. L. Rev. 2004,92 (5),pp. 1444-1450.

② Black Henry Campbell, Black Law Dictionary,(6 thed).,West Publish Co. 1990,pp. 847.

③ [美]克里斯托弗·沃尔夫：《司法能动主义：自由的保障还是安全的威胁》，黄金荣译，中国政法大学出版社2004年版，第2页。

④ 法条主义把法官恪守法条规定（包括严格遵循先例）以维护法律的确定性作为司法的重要追求和评价司法行为的主要依据；同时，把司法活动确定为封闭、自洽的逻辑推理过程，“理想的法条主义决定是一个三段论的产品”。（参见[美]波斯纳：《法官如何思考》，苏力译，法律出版社2009年版，第38页）与此相应，法条主义否定司法过程对社会现实关及的正当性，拒绝对法条（或先例）合理性的审视，也排斥司法活动中对特殊情境以及个别性、差异性的考虑。

胀和滥用。因此，当代西方司法民主理念的一个重要特征就是，在司法能动与司法克制之间寻求平衡。

二、形式主义司法观与功能主义司法观的调和

协商民主进路的司法民主理论试图调和过程导向的形式主义司法观与目的导向的功能主义司法观之间的断裂。所谓过程导向的形式主义司法观，是指近代以来在自由主义民主观的深刻影响下而形成的一种西方主流的司法观。它以形式正义为其价值取向，主张法律与政治、伦理道德的分离，尤其主张司法具有独立于政治的自治性。具体表现为法律由专门的司法机构（法院）、独特的法律职业共同体（法官、律师）运用一种区别于政治或伦理的法律思维或法律原则来加以适用。这种司法观致力于保证法官按照既有的法律原则、法律规则而非他们自己的意志来进行司法裁判，法官是并且只能是法律的喉舌①，以此确保法律的适用结果以及裁判的一致性、可预期性以及法律的确定性等等。这种形式主义的司法观要求法官只能对法律文本采取文义解释，并运用"三段论"的涵摄模式将法律规则适用于具体个案中。于是，整个法律适用所关注的核心就自然集中在了司法过程之上，只要司法过程严格遵守法律的形式正义的要件②，司法裁判的一致性、可预期性以及法律的确定性就能够得到落实与保障。而做到了这些，就不仅能够防止司法权的恣意行使，更能够证明司法裁判区别于各种政治力量、利益集团竞相角逐的立法过程，进而证明司法自身的正当性。

这种过程导向的形式主义司法观不仅保护着司法免受政治干预，也保障了法律规则得到严格恪守，维持了司法的权威性、客观性和中立性；但另一方面，它却使法官对法律适用所导致的社会效果以及对社会的实际需求漠不关心，对现实社会中存在的不同利益、价值之间的冲突冷眼相对，使自己置身于政治、道德和社会的利益纷争之外。随着西方国家进入了垄断资本主义时期，经济危机、贫富悬殊等现象的不断加剧引发社会矛盾和利益

---

① ［法］孟德斯鸠：《论法的精神》（上），张雁生译，商务印书馆 1961 年版，第 157 页以下。

② 如富勒在《法律的道德性》一书中所提出的"法律的内在道德"，即法律的一般性、法律的公开性、法律非溯及既往、法律的明晰性、法律不相互矛盾、法律的可行性、法律的稳定性、官员行为与已宣布的规则相符合等。［Lon. L. Fuller, The Morality of Law（revised edition）, Yale University Press, 1964, pp. 33-94.］或如拉兹所言的"法治的八项原则"：法律必须是可预期的、公开的和明确的；法律必须是相对稳定的；特别法应当在公开的、稳定的、明确的而又一般的规则的指导下制定；司法独立应予以保障；自然正义的原则必须遵守；法院应对各项原则的实施享有审查权；法院之门应当容易进入；刑事执法机构不能利用自由裁量权歪曲法律等等。（Joseph Raz, The Authority of Law: Essays on Law and Morality, Oxford University Press, 1979, pp. 214-218.）

冲突问题的凸显。这些问题已经不再是个人权利和自由的问题,而是社会整体性、结构性的矛盾。这些矛盾很难再通过对个人自由和权利的彰显和维护来加以解决,而是需要增加对公共利益与公共领域关照,并通过国家的积极介入才能得到化解。于是,一方面,“福利国家”理念在西方各国日益兴起并得到努力推行;另一方面,当今的社会已经变为一个多元异质的社会,这使得任何基本的社会决定,无论是由法院还是立法机关做出,都不会获得一致支持。① 因此,没有了价值共识,法律便丧失了其保持中立的资本。那么,法律自身的合法性、司法裁判的正当性和权威性就日渐依赖于其所导致的结果的合理性,取决于其能否实现某种实质意义上的公正。这样一来,司法的关注点就又从形式正义转向了实质正义。司法的价值目标也从过程导向的形式主义司法观转向一种目的导向的功能主义司法观。

然而,目的导向的功能主义司法观却仍然具有诸多致命的缺陷,并不能完全消解“法律的不法”②。法治要求所有人平等地受到规则的约束,而这种“约束”必须意味着规则必须以公众所能理解的方式得到解释、适用和运用。③ 那么,对于法律规则的解释和适用就应当是连贯的和确定的,司法裁判也应当是一致的和可预期的,否则就无法有效地约束权力的享有者。但是,如果法官采取的是一种目的导向的功能主义司法观来对法律规则进行解释和适用,就有可能因此而改变法律的字面意义,从法律文本中解读出立法者根本未做规定的判断。即使法官以非人格化的“公共福利”或“社会利益”作为解释的依据,也仍然无法防止司法的恣意和专断。

究竟如何化解这两种司法观之间所暗含的形式正义与实质正义之间的冲突呢?这一问题成为当代西方思想界的经典课题,至今也未有终极的解决方案。依据美国圣约翰大学法学院塔马纳哈(Brian Z. Tamanaha)教授的分析,西方社会的法治理论由弱到强包括了三种类型:依法而治(rule

① [美]朱迪丝·施克莱:《守法主义——法、道德和政治审判》,彭亚楠译,中国政法大学出版社2005年版,第11页。

② [德]古斯塔夫·拉德布鲁赫:《法律的不法与超法律的法》,载拉德布鲁赫:《法律智慧警句集》,舒国滢译,法制出版社2001年版,第170—171页。

③ R. M. Unger, What should legal analysis become? London, New York: Verso Books, 1996, pp. 64.

by law）理论、形式合法性（formal legality）理论①、民主与形式合法性（democracy and for-mal legality）理论。② 他的分析指出，第三种形式法治理论在形式合法性理论之上增加了“民主”的因素以期弥补前两种法治观的不足。然而，这里的“民主”是不包含任何实质性内涵的程序意义上的民主。它并不设定法律的内容应当如何，而仅仅是设定了法律内容如何决定的程序。例如，哈贝马斯认为，在道德多元主义的现代社会，法律的正当性只能依靠法律得以产生的程序来保障。而理性的民主程序无疑是保障法律之正当性的最佳程序，它保证受法律影响的每个人获得平等的参与机会，从而使法律的产生获得每个人的同意。③ 罗尔斯提出的“民主的平等”也是形式平等与实质平等的统一体，他的“程序正义”则是形式正义和实质正义的统一体。④ 罗尔斯认为，对于程序正义来讲，在一种公平程序的作用下，其结果也就自然体现了正义的性质。以差别原则体现出来的民主的平等，本身就是程序的结果。因此，民主的平等既保证了平等的实质正义观念，也保证了平等的形式正义观念。

可见，在一个多元异质的社会中，化解形式正义与实质正义之间的分歧无疑是一项极为艰巨的理论任务。然而，就目前而言，当代西方的司法民主观是以协商民主为其核心理念，试图弥合形式主义司法观和功能主义司法观之间的断裂，寻求二者之间统一的道路。

三、从“对抗式”司法模式向“合作式”司法模式的发展

以“合作式”为特征的协商性司法模式的形成与发展印证了当代西方

---

① 依法而治理论认为，法律是政府治理国家的必要手段，政府的行动必须受制于法律。无论政府采取何种行动，必须有法律的授权，必须依法实施。这种形式法治观主要强调政府必须依法行事，而未对法律或法律体系提出任何要求，因而被认为是一种浅度的、弱势的形式法治观。二战以后，这种理论不仅为实质法治论者所不齿，亦为大多数形式法治论者所不容。很少有学者再坚持这种形式法治理论。形式合法性不是我们通常所讲的形式上是否合乎法律的问题，而是指法律之为法律在形式上所应达到的标准。富勒是这种形式合法性理论的经典解说者。参见黄文艺：《为形式法治理论辩护——兼评<法治：理念与制度>》，《政法论坛》2008 年第 1 期，第 172—182 页。

② Brian Z. Tamanaha, On the Rule of Law: History, Politics, Theory, Cambridge University Press, 2004, pp. 91.

③ Brian Z. Tamanaha, On the Rule of Law: History, Politics, Theory, Cambridge University Press, 2004, pp. 99.

④ 按照丹尼尔斯的说法，罗尔斯的“民主的平等实际上是第一个正义原则和第二个正义原则的连接，并且它符合了作为公民身份的需要”。Norman Daniels, Democratic Equality: Rawls' s Complex Egalitarianism, in Samuel Freeman (edited), The Cambridge Companion to Rawls, Cambridge, UK: Cambridge University Press, 2003, pp. 245.

司法民主理论的新的发展轨迹，并在一定程度上扬弃了传统的对抗式司法模式的缺陷。所谓“对抗式司法模式”是指，在立宪民主理念的影响下，由于西方传统的司法模式是以防止司法权的滥用为出发点，围绕如何保障当事人的正当权利而展开，因而当事人双方以及司法机关之间往往是通过相互制衡、对抗以及利益对峙的方式来解决争端，这种模式被称之为“对抗式司法”(confronted justice)，其最为典型的体现就是刑事诉讼程序中的抗辩制度。这种对抗式的司法治理模式体现的是一种形而上学的或者理性主义的程序观，它追求的司法目标是一种“虚拟的正义”。这种正义由于崇尚普适性与形式合法性，而且要求完全受制于法律规定的架构，只考虑司法裁判过程的正当性，很少关注案件所产生的现实社会原因，更不会关照案件处理结果的可接受性及社会满意度等其他因素。因此，其运行模式也必然围绕如何充分地保障司法裁决权的运作而设计。

然而，这种建基于理性主义和程序正义理念之上的传统司法模式在其现实运行中并未获得其所期待的解释力和实效。务实的司法实践总是拥有一套自发形成的独特逻辑。这种独特的逻辑体系并不以权力与权利的简单对抗为前提，也不以追求合乎法律规范的司法裁决为目的，而是以互利、合作为出发点，以意思自治为核心和主线，以协商与对话为处理争端的方式，以案件的妥善处理为目标而展开。合作式(协商性)司法模式(co-operative justice)①就是这种实践逻辑发展的产物。合作式的司法理论模式主张，司法正义的实现与否，关键要看司法主体之间是否能够平等对话；对话方式是否正当与理性；利害关系主体是否明知自我权利；他们的意志是否自由等等。虽然这种司法治理模式最初只是作为一种例外和补充，但由于它更加注重的是一种“互惠性的正义”或“妥协的正义”，而不是一种纯粹理想状态的“规则下的正义”或“虚拟的正义”，更加追求案件的妥善解决而不是僵化的规则之治，并积极吸纳新的社会公正的标准，从而使司法裁决具有较高的社会价值兼容力。因此，依这种司法模式处理的案件数量在整个司法实践中所占的比重逐渐增多，并且大有“例外成为原则”的趋势。尽管这种合作式(协商性)司法模式因在一定程度上背离了传统程

① 关于协商模式的系统介评，可参见马明亮：《协商性司法——一种新司法模式》，《刑事法评论》2005年第17辑，第207—288页。

序正义理论的框架而备受诟病,①但是,却因其高效、便捷的解纷机制而备受司法实践部门和当事人偏好。

合作式司法模式产生的根源,一方面,是由于在西方民主理论演进过程中形成的协商民主理论深刻影响了当代西方司法观念的内核,协商、对话、参与等元素逐渐渗透司法裁判领域,形成了一种对传统司法观的改造,使司法突破了传统的权利与权力之间的对抗模式以及利益对峙模式,走向一种合作、互利、互惠的利益衡量的发展模式。

另一方面,是由于实用主义冲击了程序正义的理论基础。程序正义虽然拥有坚实的理论基础,但事实上,从纠纷解决和权利救济的角度来讲,现代社会纠纷解决所追求的目标不再是传统意义上的程序的公正,而是对个人利益与社会利益以及个案正义与社会正义之平衡的双重关照。如果只是将司法视作一种追求事实清楚、适用法律正确基础上的裁判,那么诸如中立、对等、司法理性、裁判的及时性、终结性等等这些程序正义的要素就尤为重要。然而,在以纠纷的妥善解决为宗旨的合作式司法模式中,这些传统的程序正义的要素就会遇到解释上和执行上的困难②。因为,程序正义理论本身有其功能边界③,既定法律程序所产生的结果未必符合社会意义的评价标准。尤其是当面对不断涌现的社会差异与社会冲突,规则与事实之间的矛盾进一步升级,法律程序的正当性与社会的可接纳性之间的冲突也就愈加明显。④ 昂格尔就曾指出,"公平愈是屈从于规则的逻辑,官方法律与老百姓的正义感之间的差距也就愈大。从而,在老百姓的眼中,法

① 在这种新型的司法模式中,大量案件突破了司法程序的刚性规定,甚至未经审判而通过其他庭外程序被处理,这就使得正当程序不复存在。参见 George F. Cole, The American System of Criminal Justice (third edition), Wadsworth, Inc., 1983, pp. 116. 还有学者认为,(作为协商模式重要组成部分的)辩诉交易则规避了正当程序的刚性标准。参见 Roland Acevedo, Is a Ban on Plea Bargaining an Ethical Abuse of Discretion? A Bronx County, New York Case Study, in Criminal Courts in the 21th Century, compiled by Lisa Stolzenberg, etc. Prectice Hall, 1998, pp. 88.

② 比如在德国,当司法实务部门面临案件数量增加与案件复杂程度增大时,在法律程序没有改变的情况下,自发地发展出一种当事人协商处理案件的做法。虽然这种做法并不符合程序正义的要求。参见陈卫东、刘计划、程雷:《德国刑事司法制度的现在与未来》,《人民检察》2004 年第 11 期,第 73 页。

③ 已有很多学者论述了程序正义理论的适用边界问题,贝勒斯就是其中的一个代表性人物,他提出了一系列影响程序正义适用的要素,具有可替代的保护措施就是其一。具体而言,在那些契约性的协商、自愿放弃某一行为的场合,当事者如果选择其他程序便可以保护自己的利益,程序正义的原则就不必在程序设计中加以体现。参见陈瑞华:《走向综合性程序价值理论——贝勒斯程序正义理论述评》,《中国社会科学》1999 年第 6 期,第 128 页。贝勒斯所指出的这一点也印证了传统的程序正义理论在具有契约性的合作式司法中并不适合的论断。

④ 在民事司法领域,有学者建议通过赋予法官诉讼指挥权来弥补该冲突。此观点可参见黄松有:《诉讼指挥权:正当性基础与制度建构》,《中国社会科学》2003 年第 6 期,第 108—123 页。

律就会渐渐地失去自身的可理解性和合法性。他们认为,法律或是权贵们运用的魔术箱,或是随意地落在正人君子和邪恶小人身上的一系列霹雷而已”①。久而久之,公众对严格遵循法律程序之下的司法裁决就会产生抵触情绪与不信任感。

当代西方的司法运作中始终存在一种真实的危险:尽管司法的终极目标在于保障每个公民的合法权益,但事实是,穷人很容易在司法中处于不利地位,这似乎是命中注定,无论在什么地方,民主制度保护的仅仅是他的政治和公民自由,但对于那些缺少使这些自由变为现实的必要经济手段的人来说,它们通常毫无意义,仅仅是无法实现的承诺。为了使司法具有高度民主,使其真正贴近和感受民众的社会需求和愿望,司法必须保证所有人拥有平等的进入法院的机会,这就是“法律/司法”的平等可接近性(accessibility)的问题②,也是当代西方司法民主制度体系之目标的核心取向——“接近正义”或“接近司法”③。虽然,策划并实施真正有效的接近正义的改革并非易事,但西方社会为此进行了全方位的改革和尝试。

然而,福利国家中的正义无法真正消除“接近正义”的危机。所谓福利国家,从本质上讲,就是指由政府出面干预私有制经济、改善贫困者、少数民族等社会弱势群体的经济状况,并保护代表消费者利益的扩散性利益的社会。而为保护弱者的利益而制定出数量众多的法律和法规是福利国家最为显著的特色。但是,由于福利国家只意味着一系列新法案的出台,而如果不实际实施这些法律或无法兑现这些法律的承诺,这必然引发与“接近正义”的问题相关联的“福利国家中的正义”的危机。因为,在福利国家中,权利的扩展无论是来自法律法规,还是来自司法判决,可以肯定的是在它背后都有一股新兴社会力量的存在。然而,这股势力能否在实际问题上拥有实现这些权利的力量还并不明确。这时,法官现实的或潜在的力

① [美]M.昂格尔:《现代社会中的法律》,吴玉章、周汉华译,译林出版社2001年版,第198页。

② [意]莫诺·卡佩莱蒂:《比较法视野中的司法程序》,徐昕、王奕译,清华大学出版社2005年版,第46—63页。

③ 所谓“接近正义”共分为三“波”:最初所说的“波”是经济机会局(OEO)于1965年根据附近一个法律事务所的计划制定的,旨在改革现行制度为贫困者提供法律服务。第二“波”旨在让消费者或者环境保护主义者有机会要求获得“扩散利益”的机会,在美国这是1970年由财团资助的“公益法律事务所”出现后兴起的。第三“波”是20世纪70年代随着人们不仅主张法律权利,而且对处理纠纷的一系列制度都普遍关注而兴起的。出现一些大胆的形式,如作为一种新的改革动向,就是以非正式的制度代替法院和司法程序。参见[美]诺内特、塞尔兹尼克:《转变中的法律与社会——迈向回应型法》,张志铭译,中国政法大学出版社1994年版,社会变革的法律模式(代译序),第4—5页。

量是不可小视的。然而,与接近正义运动相适应的司法制度改革,在许多情况下,可能是司法制度细微的技术性改良,也可能是单纯节约开支和缓和案件的混乱。而且,为争取正义权利,费用的增加是不可避免的。也许福利化国家的作用范围会进一步扩大,更多的法规将被实行,更多的官僚将会产生,私营企业也将在众多复杂的法律条款中手足无措。最终的后果,很可能会威胁"接近正义"的运动。①

当代西方学者们始终坚信,司法程序潜含着高度的民主性基础,司法程序模式本身具有高度的"参与性"特质,它具备回应民主实质性要求的潜质。② 但是,仅仅保证司法程序的技术性规则得到遵守,显然并不能真正满足民众与社会对于实质性民主权利的需求。尽管传统的合议制度、陪审制度等在技术上增强了各个司法主体间平等、参与等权利,但它们对民主价值目标的实现也仅仅具有形式上的意义,不仅无力消解公民由于政治、经济、文化以及生理等方面的原因造成的实质的不平等,更会使民主本身蒙受一些负面的影响。因而,这些制度已在司法实践中备受诟病。例如,意大利学者皮罗·克拉玛德雷曾尖锐指出:"正像司法三段论可以作为托词,使法官让议会为其判决承担责任一样,合议制也可以为每位成员提供一道便捷的屏障,掩盖他们的良知,使他免受不公正判决的重负;而某种程度的匿名做法,还可掩盖他对不愿承担全部责任的判决的赞同。"③而陪审制度也同样存在诸多的不良状况。"在传统的陪审团制度中,陪审员被要求做出裁决而无须提供裁决理由,这似乎已成为盛行的方式——正像经验已经表明——它鼓动陪审员随意裁决:他们的裁决不是社会良知的真诚表达,看来它们经常是纯粹非理性的胜利。就其不受上诉之质疑而言,这种非理性更加危险。"④

于是,在协商民主理论进路与制度创新现实需求的双重作用下,当代西方司法制度的民主化有以下几个方面的重要转变和制度创新。

---

① [美]诺内特、塞尔兹尼克:《转变中的法律与社会——迈向回应型法》,张志铭译,中国政法大学出版社 1994 年版,绪论,第 19—22 页。

② [意]莫诺·卡佩莱蒂:《比较法视野中的司法程序》,徐昕、王奕译,清华大学出版社 2005 年版,自序,第 21 页。

③ [意] 皮罗·克拉玛德雷:《程序与民主》,翟小波、刘刚译,高等教育出版社 2005 年版,第 34 页。

④ [意] 皮罗·克拉玛德雷:《程序与民主》,翟小波、刘刚译,高等教育出版社 2005 年版,第 42—43 页。

第五节　当代西方“协商性司法”的制度实践新举措

一、司法主体制度的完善及法律职业共同体的建立

当代西方在司法主体制度建构方面的举措具体表现为以下几个方面：

第一，律师在司法过程中的角色、地位与功能日益重要。在民主社会中，司法过程的民主性体现为平等主体间的文明讨论，而律师对民主司法秩序的良性运转具有重要意义。人们越来越认识到，“仅有对立的两方当事人的出席及法官对他们的论点的听取是不够的；当事人还必须出于平等的情境，不仅是法律平等（可能仅存在于抽象的层面），还包括事实平等，也就是说技术和经济的平等”①。然而，在现代社会中，司法过程是复杂的技术机制，它只为那些知晓其运作秘密的人提供正义。为确保实际司法过程中当事人的自由和平等，在程序的每个阶段，双方都必须由精通法律运作技术的律师为其辩护和提供必要的法律服务。律师凭借其智力和司法运作方面的专业知识，才能够在当事人之间确立真正的平等。因此，当代西方司法民主化建设不再以法官角色、地位及其功能为核心进行制度建构，而是更为重视对律师以及当事人等其他多元的司法主体的角色、地位和功能的制度建构，尤其重视律师在司法活动中的民主功能的发挥。“在司法过程中，律师代表自由；他们也许是现代民主核心原则的生动象征。”②

第二，重视法律援助制度的建立、发展。在特定条件下，穷人有权获得为其指定的律师的帮助，且这种代理必须免费提供，除非案件胜诉并从对方当事人处获取收入。这种制度真正体现了对人的平等关怀。法律援助的发展，主要有英、法、德等欧洲流派的“朱迪凯尔”制度和美国的“带薪律师团”制度。在英国，正在出现这种混合形式，如作为朱迪凯尔制度补充的“近邻法律中心”得到普及。今后法律援助制度在其构架上无疑需要更大的发展与完善。其中，显然会向混合型发展，而且这也是可行的。③ 但是，

---

① ［意］皮罗·克拉玛德雷：《程序与民主》，翟小波、刘刚译，高等教育出版社 2005 年版，第 67 页。

② ［意］皮罗·克拉玛德雷：《程序与民主》，翟小波、刘刚译，高等教育出版社 2005 年版，第 55—61 页。

③ ［美］诺内特，塞尔兹尼克：《转变中的法律与社会——迈向回应型法》，张志铭译，中国政法大学出版社 1994 年版，绪论，第 7—9 页。

这种制度有优点也存在缺陷。一方面,它依赖对被压迫者的牺牲和同情精神,许多情况下,这种精神足以确保低收入人群获得热心律师的帮助。但不可避免的是,被任命的律师经常是年轻律师,他们刚刚出道,经验不足;而出色且经验丰富的律师则往往以高昂的薪酬为富人提供优质的法律服务。这样一来,仅有律师制度也无法消除贫富的差异。因此,免费的法律援助不应该意味着任命二流或三流的律师为低收入人群提供法律帮助,而应当赋予他可以自由选择自己律师的权利。只要富人有这种选择,低收入人群就应该也拥有这种选择,以保证司法过程中的当事人之间实现事实的平等。因此,为低收入人群提供法律援助以使他们摆脱不利地位的理想方式,就是允许他们选择自己的律师,后者的报酬不由委托人支付,而由国家承担,或者由律师协会承担,资金来源于为此目的而设立的专项基金。

第三,更加重视法官的选任以及法律职业共同体的建立。从理论上而言,司法选任应当向所有的社会阶层开放,尽管一定的教育条件是不可缺少的。然而,"司法过程的结果和司法的命运,取决于司法过程中各方讨论的友好且公平推进。而司法的正常运作更多仰仗法官和律师的善良关系"①。这就是说,律师和法官之间相互信任的良好关系,是司法过程中的根本问题。而就重建律师和法官的信任而言,选择法官的方法则具有决定意义。因为,如果是那些具有多年法律实践经验的人才能被任命为法官,那么,这些过去的经验可能有望帮助他们理解在保护委托人的过程中发生的一些问题,使他们更能容忍双方律师可能表现出的放纵行为和固执表演;反之亦然,如果律师在执业之前拥有一些法庭经历,他们将更深刻地体悟到审判行为中的困难与道德张力。这样,法官才能理解并且体认:律师的在场减轻了他的负担,律师承担起繁重的工作,把原始的生活事实转化为可理解的法律语言;而律师也能够理解到,法官的任务比自己更加棘手且富有挑战性,因为,尽管律师像战壕中的士兵,能事先知晓敌人将攻击的部位和自身必须射击的方向,但法官必须做出选择,而且要单独为这种选择承担可怕的责任。总之,在司法过程中,法官和律师像两面镜子:在面对彼方时,每人都认可且尊重他自己正直的映象。因此,法官的选任需要法律职业共同体。只有法律职业共同体才能为司法过程中多元司法主体间的良性关系的建立提供有力支撑。

① [意]皮罗·克拉玛德雷:《程序与民主》,翟小波、刘刚译,高等教育出版社2005年版,第60页。

二、“回应型”司法责任模式的发展与完善

司法责任与民主之间的紧密联系根源在于其与司法独立之间的紧张关系。在许多现代西方国家中司法权前所未有地扩张，使得司法责任的相关问题在现代社会变得特别敏感和尖锐。人们逐渐认识到，司法独立本身绝非一种终极性的价值，独立只不过是一种工具性价值，其目的旨在维护司法的公正性。因而，“司法责任的全部问题——它与司法独立之间的紧张与平衡——的解决途径，存在于确保为执行司法公正与程序公平中所体现的更为终极的价值提供可能的最佳具体环境，并因此确保司法程序尽可能最充分的参与（民主性）程度”①。

然而，究竟怎样的司法责任体系才是有效的和合理的，这是一个必须深入研究的问题。对此，学者莫诺·卡佩莱蒂在学者诺内特和塞尔兹尼克所提出关于法律的三种类型②的基础上，提出了三种典型的司法责任模式：即压制型（或依赖型）、社团自治型（或隔离型）和回应型（或利用者本位型）③。

压制型模式以司法机构或法官处于一种依赖的或者从属的地位为特征，法官所承担的是以“政治责任”“纪律责任”为主要责任形式。这种责任模式由于其对司法独立和公正裁判具有潜在的和现实的威胁与压制，因而在西方极少适用甚至无法运作；但是，“一定合理程度的政治责任可能对法官具有一种合理的劝诫效用，并且，它亦可作为一种有价值的保障，以防范在许多国家中司法机构过分地自我隔离于政府其他体制的倾向，司法机构本身就是政府体制的一部分”④。

社团自治型模式与压制型模式截然相反。它代表了另一个极端，即独立的绝对化，将司法机构视为一个隔离的团体，完全与政府和社会相隔绝。这种模式导致的一个直接后果就是“法律职业的精英阶层”的重现以及司法职业内部的“个人无政府状态”。这不仅是司法机构在很大程度上成为

---

① ［意］莫诺·卡佩莱蒂：《比较法视野中的司法程序》，徐昕、王奕译，清华大学出版社 2005 年版，第 96 页。

② 学者诺内特和塞尔兹尼克提出关于法律的三种类型，即法律分为压制型、社团自治型（或隔离型）和回应型（或利用者本位型）三种。参见 P. Nonet and P. Selznick, Law and Society in Transition: Toward Responsive Law. New York: Harper and Row, 1978, pp. 29–113.

③ ［意］莫诺·卡佩莱蒂：《比较法视野中的司法程序》，徐昕、王奕译，清华大学出版社 2005 年版，第 143 页。

④ ［意］莫诺·卡佩莱蒂：《比较法视野中的司法程序》，徐昕、王奕译，清华大学出版社 2005 年版，第 144 页。

与社会隔离的团体，甚至每个法官个人也几乎成为一个单细胞体——自身孤立地存在，在相当程度上远离内部以及外部监控。①

于是，一种“回应型”的司法责任模式开始受到关注和推崇。这种司法责任模式之目标强调，司法“不应看作是为司法人员本身的威望和独立服务的，也不是为像国家这样任何抽象的实体或任何实际的个人或集体的统治者之权力服务的，它应看作是为‘利用者’即公民服务的，只有这样才能实现法官对民众负责”②。而其实现的途径是，“将合理程度的政治和社会责任与合理程度的法律（民事、纪律和刑事）责任结合起来，但又不使法官从属于政治部门、政党或其他社会组织，或者不使他们陷于不满的诉讼当事人提起的骚扰性诉讼之中”③。这种司法责任模式是一种最佳地平衡了独立与责任两种冲突的价值模式，它充分体现了现代司法学对社会需求予以的强烈回应，反映了司法职能不可避免的“政治化”和“社会化”程度的模式；另一方面，也反映了政府民主制度中心理念，即权力决不能不受制约，甚至制约性权力本身也应受到制约；此外，这种模式是在一个更民主的观念下，即法律和政府的利用者的框架下来看待法律和司法的趋势。

三、司法附生机制的建立与发展

权利是有成本的，因为对权利的救济和保护是昂贵的，任何权利的实现都离不开公共财政资源的投入。“几乎每一项权利都蕴含着相应的政府义务，而只有当公共权力调用公共资金对玩忽职守施以惩罚时，义务才能被认真地对待。……所有权利都要求政府积极回应。”④然而，“权利的实施通常不单依赖于法院。为了补救过去、阻止未来对权利的侵犯，法院必须依赖政府机构自愿的合作；反过来，它也必然在资金短缺的财政和其他约束之下运作。……这是可悲可叹的，但是在一个资源有限的不完美世界里，这也是不可避免的。认真对待权利就意味着认真对待稀缺”。因而，对公共资源稀缺性的认识必然唤醒人们对权利成本问题研究的重视。因为“无视成本的权利理论增加了人们对权利的社会功能与目的的广泛误解。

---

① ［意］莫诺·卡佩莱蒂：《比较法视野中的司法程序》，徐昕、王奕译，清华大学出版社 2005 年版，第 151 页。

② ［意］皮罗·克拉玛德雷：《程序与民主》，翟小波、刘刚译，高等教育出版社 2005 年版，第 153 页。

③ ［意］莫诺·卡佩莱蒂：《比较法视野中的司法程序》，徐昕、王奕译，清华大学出版社 2005 年版，第二章，第 152 页。

④ ［美］霍尔姆斯、桑斯坦：《权利的成本——为什么自由依赖于税》，毕竞悦译，北京大学出版社 2004 年版，第 26 页。

对权利成本的关注揭示了权利可实施的程度……”①。

权利的成本分析作为一个独特的视角，提醒人们要正确认识司法的有限性，不仅司法的资源是有限的，而且司法的解纷能力也是有限的。司法永远不可能清除社会的所有污点。很多时候，拿起昂贵而笨重的法律武器来保护自己的合法权益并非总是明智之举，而为了节省公共资源的投入，国家就要被迫限定法律控制的范围。这就为司法救济之外的其他非司法性（或准司法性）的权利救济机制提供了发展空间，多元化的替代性纠纷解决机制（ADR）成为必要。但是不同的权利救济方式由于公共成本投入不同，必然决定其对权利的救济效果不同，决定了权利实现的程度不同。因而，“关于何种权利应当以何种方式得到何种保护，以及多少社会财富应该投资于不同的救济方式以保护这些权利”②，就成为当代西方司法民主化改革必须关注的又一个重要问题和方向。

近年来，西方社会已经开始关注让法院转变方向寻求代替法庭程序对单个纠纷的解决方法。例如，法国的“调停人制度”，它是指由法院任命的个人指导地区纠纷以友好方式解决。而对非司法性替代制度最为关注的要数美国。在美国，由联邦司法部出资设立的三个试验性“近邻法律中心”引起人们极大关注。但是，也有学者指出，替代现有法院而创制“易于接受”的非正式制度的倾向也可能使社会信任度降低，造成很严重的不平等。但是，非正式制度不一定都难以预料或丧失社会影响力。实际上，地域性社会参与的做法会提高透明度，而且，它是无形的，能不局限于单个案例而“扩充社会利益”。但我们必须充分考虑到不能让非正式的形式掩盖了社会问题使其不能得以正确解决。非正式的形式还存在其他问题。非正式的形式对不同社会阶层会以不同的方式发生作用。对文化素质、社会地位低的阶层的当事人可能导致不讲礼、粗野、不公平的结果。如果要使替代制度的讨论带有现实性，那么还必须考虑社会的“阶层问题”以及法律人员的阶层问题。不仅对法院人员，而且对执行非正式“法律替代制度”的人都应进行适当的必要的训练和选任制度。③

① ［美］霍尔姆斯、桑斯坦：《权利的成本——为什么自由依赖于税》，毕竟悦译，北京大学出版社 2004 年版，第 69 页。

② ［美］霍尔姆斯、桑斯坦：《权利的成本——为什么自由依赖于税》，毕竟悦译，北京大学出版社 2004 年版，第 170 页。

③ ［美］诺内特、塞尔兹尼克：《转变中的法律与社会——迈向回应型法》，张志铭译，中国政法大学出版社 1994 年版，绪论，第 14—19 页。

第五章　“接近正义”的理论准备

程序民主主义者和立宪民主主义者分歧的关键点就在于：民主程序优先于公正结果还是公正结果优先于民主程序。商谈民主则拒绝这种二分法，它把商谈看作是一个结果取向的过程（an outcome-oriented process）：公民带着相互间尽可能证明他们的集体决定的正当性这个目的进行商谈，……既不是界定商谈过程的原则也不是构成它的内容的原则在商谈民主中拥有优先权，双方以克服过程与结果之间那种二分法的方式动态地相互作用。①

——［美］阿米·古特曼、丹尼斯·汤普森

第一节　“司法民主”问题研究的传统理论进路

“民主”自古以来就是一个多歧义、多纷争的概念。而且，在不同的历史时期和时代背景下，“民主”概念的内涵和外延都在发生着变化。“司法”概念尽管从其原始的形式特性上看，清晰地指向以依法裁判纠纷为职责的活动和机制，但是，就其本质特征和结构功能来讲，司法在不同的历史时期和时代背景之下，显现出的也是纷杂而多元的内涵与外延。而“司法”与“民主”之间的关系问题，也是从古至今争执不断。至于究竟什么是“司法民主”，在不同的研究进路中所展现的更是完全不同的面貌。

无论在理论还是在实践中，司法与民主之间究竟应当具有怎样的内源性关系，民主在司法领域中究竟应当以怎样的模式和机制加以展现和落实，这些问题长期以来都未能形成共识，而且极易引发激烈的论战，甚至直接关涉法哲学层面的“主义之争”。

概而言之，在中西方司法民主理论与实践发展进程中，关于“司法民主”的研究路径大致存在以下三种，即主体民主研究进路、立宪民主研究进路以及程序民主研究进路。这三种研究路径的形成与民主理论的演进紧

① 参见［美］阿米·古特曼、丹尼斯·汤普森：《民主与分歧》，杨立峰等译，东方出版社 2007 年版，第 25—26 页。

密关联。换言之,民主理论的发展进程和最新研究成果直接影响着司法民主问题研究的路径选择。

一、主体民主研究进路

对于司法民主问题的研究,主体民主的研究进路是一种较为传统的理论进路,它深深受制于传统的主体民主理论①之影响,其主要特征是,将对问题的关注点集中在司法民主应当由“谁”来“主”的问题上,也就是将司法民主的实现寄托于“掌权人”的身份之上,是一种立足于“权力主体”的司法民主理论。

在这种研究进路的影响下,对“司法民主”的理解往往是将其视为政治民主的一个环节,因而,这种“司法民主”具有鲜明的政治功能和行政色彩。其特点大致表现为以下几个方面:一是强调司法的人民性、党性,因而,对司法的管理具有强烈的行政化色彩。主张司法权的掌控者应当是人民和人民利益的代表,因而,司法权的行使以及司法人员的选任都应对人民利益的代表者和护卫者——执政党负责,受其领导、监督和控制。二是司法的群众化、大众化、便利化,强调司法过程的民主参与,重视司法的亲民性。司法的宗旨是服务于人民的,司法民主当然应当体现对人民基本诉求的满足。所以,司法权的运转和行使都应当从真正的主权者——民众的角度加以设计;司法程序的设计要便民、亲民,司法过程要接受民众的参与和监督、司法裁判的依据和方式要以人民能够接受为原则,司法裁判的结果也应当令人民群众满意。三是强调民意或者民意代表机关对司法的直接参与、介入和监督,以此来保障和促进司法的民主性,进而实现司法的公正。

纵观中外、古今的历史实践,都出现过这种主体民主理论影响下的司法民主模式。例如,“苏格拉底审判”就被视为人类历史上这一主体民主理论影响下的司法民主模式的第一案例。类似的还有法国大革命时期、苏

① 这一民主理论是以古典的直接民主理论为基础形成的、以“多数人主治”为核心的民主观,在欧洲近代的启蒙运动中逐步发展形成以“人民主权”为核心的民主理论。作为一种政治理想,主体民主理论是革命的,它非常简洁且极具号召力。然而,这一民主理论具有先天的理论局限,即缺乏建设性。由于它是建立在“个人的主体性和人民的主体性”之上的,当忽略了个人的主体性的时候,就会产生两个隐患:一是在个人与整体的关系上,强调整体的权力,对个体的自由与权利关注不够;二是对于民主的制度要素关注不够,它只关注权力的转移。这样,民主最终成为权力者的主观宣告——谁在台上谁就可以声称自己是人民的代言人,谁就是民主的化身,反对他,就是反对民主。其结果便是民主理论走到了自己的对立面——成为压制民主的利器。参见周永坤:《我们需要什么样的司法民主》,《法学》2009 年第 2 期,第 4 页。

维埃俄国革命成功初期以及我国陕甘宁边区时期以及20世纪50年代的“大众司法”盛行时期。

这种主体民主的研究进路是基于将“人民主权”做了简单化和绝对化的处理,这种意义上的“司法民主”就极易成为一种假借“人民”之名义,追求不受限制的绝对权力的意识形态工具。历史的教训以及民主理论的不断发展,促使人类社会从未停止过对于这种“主体民主”的司法民主模式的反思与批判。

“司法民主”显然不能仅仅从司法的主体是“谁”来判断和理解,而应当从综合的视野来考量。因为,在司法领域,“公民”究竟是什么,这本身就是一个悬而未决的问题,这取决于话语权的归属。而且,“公民”/“民众”是否天然就有能力来进行公正的裁断?如果不是,那么,怎样的“公民”/“民众”才具有这样的能力和资格?这些具有能力和资格的“公民”/“民众”又应当通过怎样的方式产生?这些质疑显然都是主体民主研究路径所无法解决的根本问题。

其实,概观学界“司法民主”的批评者们所反对的也正是基于这种主体民主研究路径而形成的“司法民主”。例如,学者周永坤指出,由于长期以来受主体民主理论的影响,造成了一种将司法民主与大众司法等同、将司法民主化与司法职业化以及司法独立相对立的误解。这严重误导了中国的司法民主化进程,甚至可能导致司法改革进程受阻。①

二、立宪民主的研究进路

立宪民主语境下的司法民主研究进路,是从关注司法权应当由“谁”来行使,开始转向关注司法权应当“如何来行使”的问题。这一司法民主研究进路的转向也是根源于民主理论从“人民主权”的主体民主理论向“立宪民主理论”②的转向。

这种立宪民主的研究进路基于这样一种认识:民主是一套通过投票决定公众意志和选择多数偏好的政治制度。经选举产生的代议机关,并通过立宪的方式将公众意志和多数偏好转化成为稳定的宪法和法律的形式,就

① 周永坤:《我们需要什么样的司法民主》,《法学》2009年第2期,第4页。

② 由于“人民主权”意义上的“民主”始终与非理性、无知盲动乃至多数暴政等词汇难脱干系,“民主”始终是被抨击的对象。而在古典自然法理论及启蒙运动的影响下,洛克、孟德斯鸠、卢梭、托克维尔等思想家继续对民主进行改进与完善,逐渐形成了“立宪民主”理论。“立宪民主”以“选举制”和“代议制”为其主要制度模式,其最重要的特征就是以“权力制衡”的方式对抗专制权力,实现对天赋人权的平等保障。

意味着“民主”的实体内容得以确立。而司法就只需要严格遵循宪法和法律,就是对民主的捍卫和保障。因而,司法是一种适用法律规范裁判纠纷的法律制度,它要求的是法律的专业技艺和法律理性,要求严格遵循既定的法律程序,独立、中立和被动适用法律。

在这一意义上的司法民主,就不是“主体民主研究进路”中所推衍出的那种依附于政治、政党和行政的司法民主,而是完全相反,是一种坚决主张司法的独立性,并且主张司法应承担捍卫民主之责任的司法民主。刘景辉博士在其博士论文《论司法民主》中将这种司法民主理论进路称为“政治民主范式”,并将其特点概括为以下三点:一是将民主的观念、方法与组织结构在诸如司法等其他社会领域中的运用,视作是政治民主的扩张;二是恪守严格的分权制衡原则,从公权力之间相互牵制的角度来审视司法中的民主问题;三是通过严格的法律适用来证成司法权运作的正当性,因而强调纠纷解决的国家化、法律知识的专业化以及司法主体的职业化。①

这一对司法民主的认识在中西方司法学界都拥有为数不少的支持者。也正是基于这一原因,这些学者也大多反对在“司法独立”框架之外研究“司法民主”问题。例如,美国民主理论与实践家汉密尔顿在《联邦党人文集》第78篇中,将司法独立视作是司法机关发挥民主制衡功能的基本手段。而我国司法研究专家熊先觉认为,传统司法的最根本的特点就在于司法独立和法官中立,而分权制衡、高举民权、民主和法治的旗帜是司法的基本民主责任。② 学者贺卫方也主张,“司法民主”是一个在一个政治体制尚未实现民主的国度和时期,司法是否能够实现民主的问题。而如果立法体制与程序实现了民主,那么,司法民主最重要的体现就是,让法官严格地依照体现国民意志的宪法和法律来裁判案件。任何要求法官在宪法与法律之外寻找裁判依据的做法,都将促成法官的恣意与专断。③

然而,这一司法民主的研究进路在强调司法独立和司法民主责任的同时,虽然捍卫了法律之内的刚性正义,却仍存在诸多的弊端。例如,司法和法律与社会民众的疏离、司法裁判的法律效果与社会效果的冲突、过度强调司法独立而造成的司法权的扩张从而引发司法腐败的滋生等等。这些弊端无疑会引发一系列质疑和追问。例如,司法总是针对具体个案的,当个案的正义与普遍的正义发生冲突时,个案中的正义怎么体现?在司法过

---

① 参见刘景辉:《论司法民主》,吉林大学2010年博士学位论文,第29—34页。

② 参见熊先觉:《司法学》,法律出版社2008年版,第26—27页。

③ 贺卫方:《回归司法的本源》,《南风窗》2009年第8期,第10页。

程中，当实质的正义与形式的正义发生碰撞时，难道牺牲实质的正义而追寻“形式法治”就具有天然的正当性吗？此外，司法的独立真的能够促进司法正义的实现吗？在很多情况下，独立的司法权并不一定就当然地转变为推进司法公正的力量，反而有可能形成司法霸权，成为为特殊群体谋利的门径。正如美国学者诺内特和塞尔兹尼克指出的：“法律机构以实体服从以换得程序自治。虽然政治共同体赋予法官一种免受政治干预而行使的有限权威，但是这种豁免的条件是法官使自己脱离公共政策的形成过程。这就是司法赢得其‘独立’的代价。”①这些质疑显然是立宪民主语境中的司法民主观所无法回答的。因此，一种新的程序民主的研究进路逐渐进入研究视野并受到追捧。

三、程序民主的研究进路

迄今为止，关于民主的思考，存在着两种截然对立的观点：第一种观点是一种“程序的民主观”，认为经严格限定的民主概念充其量不过是选择决策者并制约其过分行为的手段，而作为这种手段之载体的则是“程序”，它“有助于保护公民自由以及为公民追求自我选择的目标而提供最低限度的公共物品（法制、选举政治、社会保障措施、安全）”②。第二种观点则是一种“实质的民主观”，认为政治参与本身有其自身的价值，因而民主是自我实现的基本模式，是一个培养积极的、信息灵通的、有责任感的公民的核心机制。从古典民主主义者到发展型共和主义者以及后来的参与型民主主义者都持有这种民主观。这种民主观认为，针对实质性利益的损害，单纯的程序路线提供的是一种不充分的保护。因为，即使是公正的程序有时也可能产生不公正的结果。

程序民主观与实质民主观之间的论争并不是在民主的支持者和反对者之间展开的，他们都是民主的支持者。但是，双方的主要分歧在于，对民主过程与正义之间究竟是怎样的关系，二者的认识不同。程序的民主观认为，民主过程本身就是一种正义的形式，它是完成集体决策的公正程序。实质的民主观则认为，正义的要求与民主的“单纯的形式意义上的”程序是相互矛盾的。而产生如此分歧的根本原因则在于对民主本身的认识存在分歧。

---

① [美]诺内特、塞尔兹尼克：《转变中的法律与社会——迈向回应型法》，张志铭译，中国政法大学出版社 2004 年版，第 64 页。

② [英]戴维·赫尔德：《民主的模式》，燕继荣等译，中央编译出版社 2008 年版，第 265 页。

近代以来的西方社会，程序的民主观始终居于主流地位，并得到了充分论证。例如，韦伯认为，在一个日益受到科学和技术理性支配的世界中，已不再有任何“世界观”能够合法地命令集体一致同意。……因为在一个具有不同的价值的时代，没有人可以被看作客观正确的，也不可能坚持认为政治生活的基础是一种既定的或者一致同意的道德。在这种情况下，为自由主义政体的辩护只能建立在程序的基础上——这个基础强调自由主义政体之所以重要，是因为它是促进理性化世界中“价值竞争”和“选择自由”的一种机制。对于实现这一目的即维持一种自由主义政治文化来说，民主是一种必要的制度安排的关键要素。① 而熊彼特也认为，民主仅仅意味着一种政治方法，即实现政治——立法和行政——决策的一种制度安排。民主的本质是公民能够以一个政府代替另一个政府，从而防止政治决策者把自己变成不可移易的力量。……民主是一种机制，尽管它使实际的公共政策由少数富有经验和才能的人制定，但是，它却使普通百姓能够把各种各样的愿望提上日程。②

在这种程序民主观的影响下，对“司法民主”的理解和认识也发生了相应的转变。程序民主语境下的司法民主所表现出的最为突出的特征之一是，“正当程序”③成了从程序正义的角度保障司法民主之现实性的核心原则。例如，美国前联邦大法官威廉·道格拉斯指出，“《权利法案》的大多数规定都是程序性条款。这一事实绝不是无意义的。正是程序决定了法治与恣意的人治之间的基本区别。”④正当程序的确立在一定程度上解决了司法运行中的司法民主的实现问题，相对于实质的司法民主与司法公正模式而言，程序的民主与公正更具有现实性和可操作性。此外，这种程序民主进路形成的司法民主，表现出的另一个突出特征则是“当事人主义”。以“当事人主义”为原则形成了以抗辩制度为表征的对抗性司法民主的制度模式，以确保司法程序设计和运行的民主性。具体而言，就是通

① ［英］戴维·赫尔德：《民主的模式》，燕继荣等译，中央编译出版社 2008 年版，第 148—149 页。

② ［英］戴维·赫尔德：《民主的模式》，燕继荣等译，中央编译出版社 2008 年版，第 165 页。

③ 正当程序是古典自然正义思想的制度化与现实化。正当程序最早体现于英国 1215 年《自由大宪章》中，正式提出于公元 1354 年英王爱德华三世第 28 号法令：“不依正当程序，不得对任何人（无论其财产或社会地位如何）加以驱逐出国境或住宅，不得逮捕、监禁、流放或处以死刑。”这一法令此后又在英国著名的《权利法案》（1689）中得以加强，并最终历史性地确立于美国宪法 1791 年的第五修正案中的“正当程序”条款：“非经正当法律程序，不得剥夺任何人的生命、自由或财产。”参见季卫东：《法律程序的意义》，《中国社会科学》1993 年第 1 期，第 34 页。

④ 季卫东：《法律程序的意义》，《中国社会科学》1993 年第 1 期，第 34 页。

过司法程序的透明和公开确保对当事人诉讼权利的平等尊重，通过合理性举证和对抗式的辩论过程确保判决结果的公正和可接受性。

中西方学术界的司法民主研究中，持这种程序民主式解读路径的学者为数不少。例如，意大利学者皮罗·克拉玛德雷认为，“对立的当事人在司法过程中是必不可少的，……在民主社会中，司法过程应当成为平等主体间的文明讨论，这就很容易看出律师对民主法律秩序的重要意义。……在司法过程中，律师代表自由；他们也许是现代民主核心原则的生动象征”①。而我国学者季卫东在其名篇《法律程序的意义》一书中也坚决主张，应重视“程序”对于中国法律发展的全方位意义。这一观点在国内学界的支持者众多。

然而，程序民主语境中的司法民主却必须面对如下困境：一是往往由于司法裁判的过程无法满足真正的民主标准，最终会导致实质性不正义的结果；二是即使是良好运转的民主过程也同样会导致实质性不正义的结果。如果说，在第一种情况下，或许还可以通过更为充分地实现司法程序的民主程度而得到改善；而在第二种情况下，则是程序民主语境下的司法民主本身无法克服的，因为，这正是直接引发实质民主与程序民主之间分歧的根源。一方面，程序正义本身早已无法应对司法领域中出现的新矛盾和新诉求；另一方面，程序主义的民主观在一定程度上为司法的独立与自治提供了有效平台，但是，它也使得司法因脱离实质性参与以及缺失实体性责任的承担而丧失了其对于实质正义之追求。这就难免使司法的民主性本身大打折扣。

随着社会的不断发展，利益冲突与价值分歧逐渐以新的形态显现出来，仅仅凭借司法程序性机制的运行越来越不能应对新的争议和纠纷。而且，司法自身的局限也在新的背景下显露。例如，对“司法真实”（judicial truth）的发现过程皆隐含着主观性与客观性的斗争，而这在法律和司法证据规则约束下运作的程序中显而易见。② 在司法程序这面折射镜中，不仅映射出政府权力与个人自由间的冲突问题，也体现出社会的分配正义和平等接近正义/司法的问题，即由经济和政治贫困问题所引发的“法律贫困”问题。因而，人们逐渐开始对民主理论与实践进行深刻的反省，尝试重建一种新的民主理想和实践模式，以应对传统民主理论所面临的困境与

① ［意］皮罗·克拉玛德雷：《程序与民主》，翟小波、刘刚译，高等教育出版社 2005 年版，第 55—61 页。

② ［意］莫诺·卡佩莱蒂：《比较法视野中的司法程序》，徐昕、王奕译，清华大学出版社 2005 年版，自序，第 10 页。

挑战。

综上所述,以上所归纳的三种“司法民主”的传统研究进路,不仅未能就什么是“司法民主”这一问题给出有说服力的论证,更没能真正化解“司法”所面临的困境与冲突。究其原因,是因为他们在对“民主”以及“司法”的概念理解上仍然存在严重的分歧,从而无法正确理解“司法”与“民主”之间的内源性关系,也就无法实现“民主”在“司法”领域的准确展现和落实。对此,我们必须运用语义分析方法,分别对“民主”和“司法”概念进行现代重构,以期重建“民主”与“司法”之间合理的理论关联,并在此基础上,以一种新的“协商民主”进路,实现对现代社会“司法民主”的理念重构。

第二节 现代民主理论的“协商转向”及其概念重构

上述对三种“司法民主”传统研究进路的分析表明,民主理论模式的发展和演进在根本上决定着“司法民主”的研究进路。而民主本身既是一个极其复杂的现象,更是一个多歧义和多面向的概念。在不同的时代背景下,民主概念发生着不同程度的演进,展现出不同的理论模式。因此,必须对民主概念的发展和演进做细致深入的分析,才有可能洞悉现代“民主”理论与实践发展演变的新趋向。

一、民主概念的演进

“民主(democracy)”一词来源于希腊语 demos 和 kratos 这两个词的组合。前者意指“人民”,亦即城邦公民,后者则指“统治”,二者组合在一起就是民主最为原始的定义——“人民的统治”。此后的数千年间,“人民的统治”一直是对民主最基本的界定。古希腊学者亚里士多德指出:“政事裁决于大多数人的意志,大多数人的意志就是正义。”①由此可见,在民主的原始内涵中,天然地孕育着“绝大多数人统治”的含义。因而,“多数决”便成为民主内涵中不可或缺的要素。而与此相应,民主的模式也就自然表现为“直接民主”。

由于“多数人的统治”意义上的“民主”始终难以与非理性、无知盲动乃至多数的暴政等词汇摆脱干系,古典时期的思想家对民主多持否定态度,“民主”始终是被抨击的对象。于是,在古典自然法理论及其影响下的

① [古希腊]亚里士多德:《政治学》,吴寿彭译,商务印书馆 1982 年版,第 312 页。

启蒙运动,为西方近代“自由主义民主”理论的形成与发展提供了强有力的理论资源和实践经验。这一时期,洛克、孟德斯鸠、卢梭、托克维尔等思想家继续对民主进行改进与完善,逐渐形成了“立宪民主”理论。“代议制民主”以“选举制”和“代议制”为其主要制度模式,其最重要的目标就是保证人民成为主权者,以“权力制衡”的方式对抗(专制)王权,同时强调对天赋人权的平等保障。①

经过近代西方各国的资产阶级革命和后期的民主法治国家的建设,西方近代的代议制民主理论逐渐暴露出其致命的弱点,即缺乏建设性。而民主建设除了代议制民主和一个庞大的选民群体外,还需要一整套其他的自由宪政制度,包括独立的司法体制、言论和结社自由、保护基本人权的宪制和文化以及其他少数人发动社会运动的机会和能力。由此,现代的民主理论逐渐走向了多元,涌现了一批具有重要影响力的民主理论家,如约瑟夫·熊彼特、罗伯特·达尔、塞缪尔·亨廷顿、哈耶克、罗尔斯、德沃金以及哈贝马斯等等②。他们对民主的概念进行不断拷问,从不同的角度对它进行了修正与改造,将民主理论逐步具象化,形成了丰富、多元的现代民主理论。

美籍奥地利民主理论家约瑟夫·熊彼特(J. A. Joseph Alois Schumpeter 1883—1950)在1942年出版的《资本主义、社会主义和民主》一书是当代西方民主理论研究的一个里程碑。他把民主定义为“民主方法就是那种为做出政治决定而实行的制度安排,在这种安排中,某些人通过争取人民选票取得做决定的权力”③,而“民主政治的意思只能是:人民有接受或拒绝将要来统治他们的人的机会。但是,因为人民也能用全然不民主的方式来决定接受或拒绝,我们不得不增加另一个识别民主方法的标准,来缩小我们

① 如洛克在其《政府论》中认为民主就是人民的统治,而人民的统治是通过人民对于政府组成、政府权力行使的同意来实现的,而人民的同意是根据多数决定规则进行的。卢梭在《社会契约论》中提出,人民的同意是在人民的共同意志基础上形成的,据此,他提出人民主权原则,并认为民主的本质就是人民主权的实现。约翰·密尔在《代议制政府》中认为民主需要精英治理,以防止多数人的庸俗,因此,必须通过选举产生能够代表人民的精英。孟德斯鸠在《论法的精神》中认为要对多数人权力实行分权和制衡的原则。麦迪逊等人在《联邦党人文集》中认为民主必须是权力分散和多元化的。

② 这些民主理论家对民主的认识是一脉相承的。参见[美]罗伯特·达尔:《民主及其批评者》,曹海军等译,吉林人民出版社2006年版,中译本导言。他们有关民主理论的经典著作详见文后所附参考文献。

③ [美]约瑟夫·熊彼特:《资本主义、社会主义和民主》,顾准译,商务印书馆1980年版,第395—396页。

的定义,那就是由未来领导人自由竞争选民的选票”①。熊彼特对民主的定义完成了从“人民统治”向“人民选择统治者”的转型,因而被称为“选举民主理论”。熊彼特对民主改造的方向显然是值得赞许的,民主一方面是对权力的制衡,另一方面,民主自身也必须受到规范与限制,而且,这种限制应当体现在民主产生的程序中。

之后的民主理论家们对民主进行了更为精致的概括。例如,美国民主理论家罗伯特·达尔(Robert. A. Dahl)认为“有效的参与”“投票的平等”“充分的知情”“对议程的最终控制”和“成年人的公民资格”等五项元素构成民主的基本内涵,其核心就是“投票选举”②。而美国著名的民主理论家塞缪尔·亨廷顿(Samuel. P. Huntington)指出:“公开、自由和公平的选举是民主的实质,而且是不可或缺的必要条件。”而“政治权威的理性化、政治功能的分化和政治参与的扩大是衡量民主发展的标准”③。美国的另一位著名的民主理论家科恩更是以一种“三维评判体系”更加有说服力地界定民主。他分别以民主的广度、深度和范围作为标准。民主的广度是数量问题,决定于受政策影响的社会成员中实际或可能参与决策的比例;民主的深度则属于质量问题,它由参与者参与时是否充分、有效,亦即由参与的性质来确定;民主的范围一方面包括最高权力范围,即依据公众在何种问题上享有决定权来确定;另一方面则包括有效权力范围,这由两个因素决定,即全社会实际参与决定的问题有多少和有多重要,以及社会成员在影响或改变决定方面能起多大作用来确定。④这些对民主标准的新认识,自然会影响人们对民主理论与实践模式的思考和改造。

经过长期的理论演进,民主概念在现代社会背景下显得更加难以确定。对此,意大利政治学家萨托利曾感叹道:“直到40年代以前人们一直知道什么是民主,并且喜欢它或反对它,而后来我们虽都声称喜欢民主,却不再知道(理解、一致同意)什么是民主了。于是我们生活在一个以民主观混乱为特色的时代里。”⑤

---

① [美]约瑟夫·熊彼特:《资本主义,社会主义和民主》,顾准译,商务印书馆1980年版,第415页。

② [美]罗伯特·达尔:《论民主》,李柏光、林猛译,商务印书馆1999年版,第43页。

③ [美]塞缪尔·亨廷顿:《第三波——20世纪后期民主化浪潮》,刘军宁译,上海三联书店1998年版,第8、152页。

④ [美]科恩:《论民主》,聂崇信、朱秀贤译,商务印书馆2004年版,第12—31页。

⑤ [美]乔·萨托利:《民主新论》,冯克利等译,东方出版社1998年版,第7页。

二、现代民主理论的“协商转向”

20世纪中后期,西方民主理论模式①进入重大的发展与变异时期。尤其是二战以后民主理论的发展,不仅体现在参与式民主对自由主义民主的批判与超越之中,更体现在民主理论的“协商转向”②之中。这一转向标志着民主理论向其原始意义——“人民统治或者人民治理”的回归,因而,这一转向也被某些学者视为一种向“社会主义”的靠拢。罗尔斯、哈贝马斯、阿克曼、桑斯坦、科恩、费斯金等学者都对这一转向做出了理论上的推进。他们扮演着传统民主理论病榻前医生的角色,试图拯救和完善民主理论与实践中的种种顽疾。

协商民主理论家们指出,“程序民主主义者和立宪民主主义者分歧的关键点就在于:民主程序优先于公正结果还是公正结果优先于民主程序。商谈民主则拒绝这种二分法,它把商谈看作是一个结果取向的过程(an outcome-oriented process):公民带着相互间尽可能证明他们的集体决定的正当性这个目的进行商谈,……既不是界定商谈过程的原则也不是构成它的内容的原则在商谈民主中拥有优先权,双方以克服过程与结果之间那种二分法的方式动态地相互作用”③。而且,它们二者在理论上都存在这样一个共同缺陷,即它们所主张的民主都缺乏“公共善”的维度,因此,这两种模式都没能为公民形成“公共观念”提供空间。为了克服这些缺陷,就必须关注公民对公共事务的协商和舆论形成的过程。

具体而言,民主理论的协商转向主要体现为如下几个方面的内容:

首先,协商民主理论(deliberative democracy)强调必须为所有人提供平等的参与和表达的机会与自由,并且必须确保参与者实质上(能力)的平等,消除参与公共协商的制度性障碍,以保证对所有公民需求和利益的系统考虑。这是协商民主理论最为核心的理念,也正是在这一点上,它超越了选举民主忽视平等的倾向。在协商民主中,为了保证所有的利益相关者都有平等的机会参与公共决策的制定过程,则要求在协商过程中,必须

---

① 所谓民主理论模式,按照赫尔德的解释,“是指一种理论架构,这一架构旨在展现和解释民主形式的基本要素及其关系的基本结构。公共生活或整套制度只有在与其他社会现象的关系中才能得到正确解释”。参见[英]戴维·赫尔德:《民主的模式》,燕继荣等译,中央编译出版社2008年版,导论,第8页。

② [美]威尔·金里卡:《当代政治哲学》(下),刘莘译,上海三联书店2004年版,第522页。

③ 参见[美]阿米·古特曼、丹尼斯·汤普森:《民主与分歧》,杨立峰等译,东方出版社2007年版,第25—26页。

保证“参与者在实质上是平等的，因为现存权力与资源的分配不会影响他们在协商过程任何阶段的机会，也不会在其协商中发挥权威性作用”①。对此，协商民主论者提出了两个“机会原则”——基本机会原则和公平机会原则。“基本机会原则强迫政府保证所有公民都能得到他们需要的资源，过一种体面的生活和享受我们社会的其他机会；公平机会原则指导着对于具有重要价值的善的分配，社会对于在个体间公平分配这些善具有合法的责任。”②

其次，协商民主理论强调要充分发挥“公共领域”③的民主潜能，并形成所有公民都能够自由平等参与协商过程的公共性论坛。因为，现代社会公共权力的合法性不再是来自“普遍选举”或者“多数决”，而是来自参与或具有互惠性、公共性和问责性的平等协商。④ 因此，必须通过建立一种公共领域的协商民主机制，“自主自律的公众成为权力的真正主人，在公共领域的交往行为中达成合理的共识，形成公众舆论，将这种舆论以一定程序形成公共权力，并对此进行监督和批判”⑤，才能实现让“所有成年公民在形成一种政治公共舆论的条件下，通过自身意志的深思熟虑的表达，以及对这种意志的实现实行有效的监督，将社会生活的发展完全掌握在自己手中”⑥。换言之，在协商民主的立场上，民主并不仅仅意味着选举出“人民的代表”代替人民行使权力，更为重要的是，要在各种不同层次上建构起向所有公民开放的“公共领域”，使公民拥有集体行使自主力量的场所，并且在这个公共平台上，通过参与和协商，形成非正式的公共观念（舆论），并使其成为立法所应体现的公共意志之基础。

其三，协商民主最终以“公共利益”为导向，以“公共性”为前提。协商

---

① [美]詹姆斯·博曼、威廉·雷吉：《协商民主：论理性与政治》，陈家刚等译，中央编译出版社 2006 年版，第 223 页。

② 参见[美]阿米·古特曼、丹尼斯·汤普森：《民主与分歧》，杨立峰等译，东方出版社 2007 年版，第 237—238 页。

③ 所谓“公共领域”，意指我们的社会生活的一个领域，在这个领域中，像公共意见这样的事物能够形成。公共领域原则上向所有公民开放。……公共领域是介于国家与社会之间进行调节的一个领域，在这个领域中，作为公共意见载体的公众形成了，就这样一种公共领域而言，它涉及公共性的原则……这种公共性使得公众能够对国家活动实施民主控制。参见[德]尤尔根·哈贝马斯：《公共领域》，载汪晖，陈燕谷：《文化与公共性》，生活·读书·新知三联书店 1998 年版，第 125—126 页。

④ [美]阿米·古特曼、丹尼斯·汤普森：《民主与分歧》，杨立峰等译，东方出版社 2007 年版，第 60 页。

⑤ 杨礼银：《哈贝马斯的话语民主理论研究》，北京师范大学 2006 年博士论文，第 58 页。

⑥ 转引自[德]德特勒夫·霍尔斯特：《哈贝马斯传》，章国锋译，东方出版社 2000 年版，第 13 页。

民主承认多元社会中利益冲突与价值分歧的存在,因而鼓励和支持利益相关者通过公开表达不同的利益诉求形成公共理性,最终维护公共利益。因为,“当我们充当了公共角色,我们必须清洗我们的偏好,只表达那些公共指向的偏好”①。因此,协商参与者在协商过程中不但要考虑个人利益,而且,必须超越自身的观点和利益的局限,必须具有“公共性精神”以及较强的“公共责任感”,并且愿意为公共利益而协调和缓解决策过程中的个人利益与公共利益之间的冲突。

其四,协商民主强调必须以中立、透明、公开的程序来保障每个利益相关参与者都有平等的机会参与决策。因为,“民主协商的先决条件是程序性保障,即在确定议程与决策阶段保证平等参与相关的协商领域”②。“协商的理念同样基于这样一个前提,即不同的政治偏好将会发生冲突,而民主制度的功能就是解决这种冲突。但是,它认为这一过程是通过对相关议题的公开的和非强制性的讨论而进行的,旨在达成一种一致的判断。做出决策的过程,同时也是一个如何将最初的不同偏好在考虑和采纳别人的各种观点后加以整合的过程。”③因此,公共协商要求参与者给出的决策理由必须首先符合公共性和公开性的条件,“公开性能够使公民审视协商过程,……公开性还能够阻止秘密的、幕后的政策协定,因为参与者知道,他们需要公开其理由和动机以寻求公众支持其建议”④。只有协商过程的复杂性与公开性才能使决策的理由更加理性,结果更为公正。

三、基于协商转向的民主概念之重构

在当今的现实生活中,实现社会正义的关键问题早已不再是是否需要民主的问题,而是我们究竟需要何种质量的民主,以及通过怎样的途径有效实现民主的问题。那么,究竟什么是民主?美国民主理论家杜威曾指出:“民主的本质与精髓乃是某种不能从一个人或一代人传给另一个人或另一代人的东西,而必须根据社会生活的需要、问题与条件进行构建。”⑤

---

① [美]詹姆斯·菲什金、彼得·拉斯莱特主编:《协商民主论争》,张晓敏译,中央编译出版社2009年版,第205页。

② [美]詹姆斯·博曼、威廉·雷吉:《协商民主:论理性与政治》,陈家刚等译,中央编译出版社2006年版,第213—214页。

③ [美]詹姆斯·菲什金、彼得·拉斯莱特主编:《协商民主论争》,张晓敏译,中央编译出版社2009年版,第196—197页。

④ [美]乔治·M. 瓦拉德兹:《协商民主》,载《马克思主义与现实》2004年第3期,第36—37页。

⑤ [美]杜威:《新旧个人主义》,孙有中等译,上海人民出版社1997年版,第27页。

这一观点无疑提醒我们,民主并不是一种恒定模式。在民主概念中,既包含着一些恒定的核心理念,同时,更需要每个民族根据本土的社会生活的需要、问题以及当代条件,对民主的内涵和形式进行重构。

因此,基于对上述现代民主理论之协商转向这一新趋向的认同与反思,尤其是基于对当下中国从传统政治国家向现代公民社会转换的新的民主诉求的关照,本文对“民主”的概念做如下现代重构:协商民主语境中的现代“民主”,是一种以对人的平等尊重与关怀为核心理念,通过程序性设计化解和应对诸多的利益冲突和价值分歧,以确保参与者实质上(能力)的平等,真正消除公民实现平等参与制度性障碍的选择策略和协商机制。

其一,现代“民主”的核心理念是对人的基本权利的平等尊重与关怀。因而,民主的根本目的就是保障公民的自由权利,它必须能够为所有人提供平等的参与、表达的自由和机会。因为,“每一个个人对基本权利方面的平等而兼容的分享,在理论上以及逻辑上乃是界定现代民主之人民的终极根据”①。这一点,无论是国内还是国外的学者认识都是一致的。例如,美国学者杜威对民主做了更为深刻而精辟的分析。他指出,“民主的基础是对人性之能量的信赖,对人的理智,对集中的合作性的经验之力量的信赖。这并不是相信所有这些都是完美的,而是相信,只要给他们机会,它们就能够成长,并不断创造用以指导集体行动所必需的知识与理智。每一种专制的和权威的社会行动方案都基于一种信仰,即所需要的理智仅局限于少数高贵者拥有,这批人由于遗传的天赋而被赋予控制他人行为的能力与权力,由他们制定原则与规则并确定执行的方法”②。因此,民主的根本目的就是保障公民的自由权利。

其二,现代“民主”在形式上应当是一种应对利益冲突和价值分歧的选择策略和协商机制。它是一种把价值相互联系起来以及把解决价值冲突放到公开参与公共过程之中的方法,是一种能够使现代政治、经济和社会生活具有合法性的方式和机制。“民主应被优先视为政治的善的概念,因为它至少在理论上提供一种以公平和正义的方式调解价值和价值争议的政治和生活的方式。……民主的思想是重要的,因为它不仅体现了自由、平等和公正等诸多价值中的一种价值,而且它是可以联系和协调相互竞争的既有问题的一种价值。它是一种指导取向,有助于为详细说明不同的规范性问题之间的关系创立基础。民主并不以不同价值的一致为先决

① 韩水法:《民主的概念》,《天津社会科学》2007年第5期,第7—12页。

② [美]杜威:《新旧个人主义》,孙有中等译,上海人民出版社1997年版,第4—5页。

条件,毋宁说,它只是为把价值相互联系起来以及把解决价值冲突放到公开参与公共过程之中提供一种方法,它仅仅遵从保护过程本身形成和形式的特定规定。"①因此,在现代社会,唯有通过民主的方式才能促成利益冲突与价值分歧的和解,从而实现具有合法性和说服力的选择和决断;也只有通过民主方式,才能在诸多纷争与冲突中促成合理方案的形成,这一方案或许远不是最佳,但却一定是最少争议和最可接受的方案。

其三,现代"民主"必须能够既确保参与者实质上(能力)的平等,而且能够通过程序性设计,真正消除公民实现平等参与的制度性障碍。这是一个关涉民主的治理是如何实现的问题,即民主的实现必需怎样的实际条件。倘若无法保障公民普遍地参与治理活动的条件和可能性,那么,民主就失去其所有的意义。这一问题显然是事关民主的根本性问题。近现代兴起的代议制民主制度试图通过选举代表从技术上加以解决,但其解决方案显然并不成功,因此,为了消除因"贫困""财富""智力""地位"等因素而产生的不平等,必须有更多的制度设计来保障民主在广度、深度和范围等方面的进一步推进。② 只有真正落实政治平等原则,扩大政治参与的范围和程度,提高参与的质量,才能真正促进民主的实质性价值的实现。这些才是民主的真谛。

第三节 现代"司法"概念的应然之相

上述基于协商民主理论进路对现代社会"民主"概念的重构,揭示了民主本质与内涵的发展演进,那么,现代"司法"概念的内涵又发生了怎样的变化呢?我们必须对"司法"概念做语义分析意义上的梳理,以期能够准确把握司法的深层本质与现代内涵。唯此,才能正确理解"民主"与"司法"之间的内源性关系,在二者之间建立合理的理论关联,并实现"民主"在司法领域中的恰当展现与落实。

司法既是一个在日常生活中出现频率异常高的日常用语,同时又是一个需要定义的学术概念。《布莱克法律词典》对 Judiciary(司法)词条的解释有三:一是指负责解释法律和主持正义(administering justice)的一个政

① [英]戴维·赫尔德:《民主的模式》,燕继荣等译,中央编译出版社 2008 年,第 297 页。

② 参见科恩关于民主的"三维评判体系"的论述。[美]科恩:《论民主》,聂崇信、朱秀贤译,商务印书馆 2004 年版,第 12—31 页。

府部门；二是指法院制度；三是指一批法官。① 这种解释显然因过于抽象概括而难以把握。日本宪法学家芦部信喜教授对司法的界定则较为清晰：“所谓司法，一向被认为是指‘就具体的争讼，通过适用和宣明法律而进行裁判的国家作用’。如果更加严密地加以定义，则可以说司法是‘在当事人之间存在有关具体案件之纠纷的情形下，以当事人提起诉讼为前提，由独立的法院基于其统辖权，通过一定的诉讼程序，为解决纠纷，形成何者为法的判断，保障法的正确适用之作用’。”②但是，这一对司法的经典定义仍然无助于真正揭示司法的本质与内涵。那么，究竟该如何理解司法的本质呢？

一、司法概念的传统界定

传统的对于司法概念的界定，往往是从司法的形式要件方面来看的，将司法大致表述为以下三个方面：其一，司法的主体是由法官构成的法院，其使命是依法裁判各种纠纷，其裁判过程的最大特征是严格遵循既定的法律程序和规定，所谓“法官一方面独立于官方命令，另一方面又从属于法律”③。其二，司法权具被动性而不是主动性，即司法裁判由置身纠纷中的当事人启动，没有当事人的主动诉讼就不可能有司法裁判发生，所谓“从性质来说，司法权自身不是主动的。要想使它行动，就得推动它”④。其三，司法裁判活动所需要的不是人的自然理性，而是法律的技艺理性，由此，就决定了有资格裁判案件纠纷的必须是受过法律职业训练，从而具有法律职业技能和职业伦理的法官。

二、司法的深层本质与内涵

上述对司法概念的传统界定显然无法满足我们对于“司法”本质的追问。要理解司法的本质，还需从司法在人类社会中的功用与价值的层面来诠释和界定司法，即从司法在不同层次上的结构功能层面，揭示其更为深层的本质特征。

---

① See Bryan A. Garner ed. , Black′s Law Dictionary(Seventh Edition), West Group, 1999, pp. 852.

② ［日］芦部信喜：《宪法》（第三版），林来梵等译，北京大学出版社 2006 年版，第 293—294 页。

③ ［德］卡尔·施米特：《宪法学说》，刘锋译，上海人民出版社 2005 年版，第 167 页。

④ ［法］托克维尔：《论美国的民主》（上册），董果良译，商务印书馆 1988 年版，第 110 页。

1. 从司法最为原始的功能和目的层面看，司法是一种解决纠纷或争议的机制

诉诸司法的最常态的情形就是当事人之间发生争议，而且往往是已经达到即将破坏社会秩序的程度。从这一意义上来理解司法，有助于揭示司法的原始功能，从而形成对司法本质的准确定位。

然而，对司法本质的理解仅仅停留于这一层面是远远不够的。一方面，仅仅将司法的本质界定为纠纷解决的方式，会在一定程度上掩盖司法活动的国家公权力属性，而如果司法的终极追求缺乏专属性，那么，司法本身就将失去意义，一切对司法的理论探讨与制度设计也就显得毫无意义和价值；另一方面，仅仅将司法界定为纠纷解决方式，还会导致对于人的自我存在价值的忽视，以及对人的多样性与人的权利的忽视。因为，如果司法仅仅是为了解决纠纷，而解决纠纷又是为了维持现有社会秩序的稳定，那么，为了维护社会秩序的稳定，就有可能反过来侵犯个人的权益。这样一来，司法的实效性也就有可能最终化为乌有。因为，任何脱离人的真正需求而构设的活动机制都无法真正具有实效性。因此，将司法本质界定为解纷方式显然是不全面的，司法还应当具有更为深层的本质属性。

2. 从司法所专属的终极追求层面看，司法在本质上是一种对人与人之间社会关系的调整方式

“司法应该被视为一种对人与人之间的关系进行控制和规制的社会调整方式。”①这一对司法的界定，彰显了司法自身的独特性，使得对司法的理论探讨、制度设计成为有价值、有意义的问题。作为一种具有专属性的社会调整方式，司法要做到对人与人之间的关系进行有效控制和规制，就必须为人所设，投人之所需，以人为本。从宏观看，就是要从个人权利的确立与实现出发，宣示法律，揭示法理，以法的精神调整人与人之间的关系；而从微观看，就是要依凭明确、完备的法律体系，依循法定的程序和专门的法律职业群体，通过对法律的适用和事实的认定，实现法律适用与事实认定的最佳化状态，最终促进人与人之间关系的和谐与人类的共同发展。

3. 从司法所承担的社会责任层面来看，司法是人类事务中为正当诉求提供正式的程序性制度表达的过程

界定司法内涵的关键，并不在于被决定的对象，而在于做出司法裁决的过程。因此，必须发掘司法裁决做出过程的特性，才能真正揭示司法应

① Lon. Fuller, The Forms and Limits of Adjudication, Harvard Law Review, 1978, 92(2), pp. 357.

有之内涵。对此,美国学者富勒对于司法裁决过程之特征的概括十分精辟,认为它至少应当包含三个方面:第一,当事人应当有权以特有方式参与司法决定形成的过程。这一特有方式则指律师的对抗性参与、司法程序当由当事人启动以确保司法的中立品性、做出司法裁决一定要陈述理由、司法裁决者要以当事人无争议的事实与主张为基础做出决定、司法裁决者自身应当合格、司法裁决应该具有约束力等等。第二,司法程序必须足以满足特有的、急迫的对理性的要求。第三,司法裁决应在特定限度内进行。司法本身是有限度的,有些问题很难通过正常的司法程序加以解决。无视这一点,会常常使司法自身陷入困境。因此。"司法附生形式"即替代性纠纷解决机制是必要的。但是,解决的路径不是改变司法本身的形式以适应司法的附生形式,而是使这些附生形式本身具有可司法性。①

① Lon. Fuller, The Forms and Limits of Adjudication, Harvard Law Review, 1978, 92(2), pp. 353-409.

第六章　协商民主语境中的“司法民主”与“接近正义”

> 协商性的司法治理模式，在坚持程序正义立场的同时，将司法正当性的基础，从程序正义与实质正义间的纷争，转向了一种新的“互惠性”正义。更加注重的是当事人所追求的，在各方当事人平等协商基础上通过互相妥协而实现的一种“合意正义”或“妥协正义”。

经民主理论的协商转向而重构的“民主”概念，是一种以对人的平等尊重与关怀为其核心理念，通过程序性设计化解和应对诸多的利益冲突和价值分歧，以确保参与者实质上(能力)的平等，真正消除公民实现平等参与的制度性障碍的选择策略和协商机制；而现代“司法”的本质内涵是一种对人与人之间的关系进行控制和规制的社会调整方式。司法不仅仅要能够解决纠纷，而且还必须能够通过程序性的制度表达来创制可应用于未来的规则，进而对人与人之间的关系进行调整。

根据这一对“民主”和“司法”概念的现代重构，我们便可以在协商民主的语境中，重建“民主”与“司法”之间合理的理论关联：即“以人为本”是二者共同的伦理向度；“公共性”是二者共同的社会向度；“新程序主义”则是二者共同的法治向度；“可接近性”是二者共同的实践向度。

第一节　共同的伦理向度：“以人为本”

以人为本的观念在历史上源远流长。古希腊智者学派代表人物普罗泰戈拉(Protagoras)首先提出的“人是万物的尺度，是存在者存在的尺度，也是不存在者不存在的尺度”①。这一著名的哲学命题被认为是人本思想的最早宣言。因其内在包含着对人类自我价值的积极肯定和生存命运的

① 北京大学哲学系：《西方哲学原著选读》(上卷)，商务印书馆1999年版，第54页。

深沉关怀,“以人为本”这种近乎朴素的观念实际上构成了中外一切忧国忧民的先进知识分子所共有的思想底色。

以人为本更是现代社会的永恒命题,是现代社会“司法”与“民主”共同的伦理向度。“民主”的核心理念就在于对人的平等尊重与关怀,“司法”的本质内涵则在于对人与人之间的关系的控制和规制。因而,“以人为本”不仅是实现社会治理的终极追求,它更全方位地规制和引导着现代社会司法民主理论体系的建构。

首先,作为“司法”与“民主”共同伦理向度的“以人为本”应当是以“权利”为本。从“民主”的角度而言,对人的平等的尊重与关怀必须通过对“权利”的确认和保护为前提,从“司法”的角度而言,对人与人之间关系的调整与控制必须通过“权利”“义务”和“责任”体系的建构来完成。所以,“权利”自然成了连接“司法”与“民主”之间最为重要也是最为稳定的核心概念。具体而言,以“权利为本”就是要在认识上摒弃“司法工具主义”①,确立“司法为民”的服务型司法观,还要处理好权利考量与政策性考量的关系,确立权利考量优先的观念。

其次,作为“司法”与“民主”共同伦理向度的“以人为本”,其逻辑结论应当是以“法治”为本。这是长期以来对于如何实现“民主”问题的最佳方案。“民主”理论长期以来纠结于“精英”与“大众”、“少数”与“多数”、“参与”与“限制参与”等的混战与纷争中,只有“法治”模式的建立,才能通过程序与实质兼顾的制度设计化解和应对诸多的利益冲突和价值分歧,也只有“法治”理念,才能真正消除公民实现平等参与的制度性障碍。

在司法领域中,关于司法正义的实现问题也常常会面临在“民意”与“法律”、“伦理思维”与“法律思维”、“个案正义”与“普遍正义”等矛盾冲突中抉择,于是“民意审判”“媒体审判”等现象往往会假借“人本”之名冲击法律的权威或司法权威。从整个司法制度和社会长远利益来看,只有当“法治”成为一个社会的审判元规则,才能排除一切对司法的不当干扰因素,保障司法正义的实现。因此,“法治”既是现代民主实现的有力保障,也是现代司法的根本目标之所在。

---

① 所谓“司法工具主义”指的是长期以来左右法律人、特别是政治人思维的,将司法当作权力主体实现自身意志的工具的观念,最典型的就是“刀把子”司法观。司法工具主义的一个习惯性做法是政策考量优先。

一、“以人为本”是“接近正义”的伦理内核

“接近正义”(Access to Justice)伦理内核就是“以人为本”,即为了确保司法资源不遗忘任何一个应当被平等对待的人,不仅要确保司法能够平等地关照每一位公民的法律需求,同时还应使其逐步加深对公民法律需求的“个性化”满足,尤其是对真正需要获得法律帮助的群体的真实状况做出回应。

世界经合组织为此曾制定了一个框架性方案,以确保司法救济和法律服务能够最大限度地满足人民的需求。该框架性方案包括四个阶段①,每个阶段都着重解决一个关键性问题:

第一阶段:“接近正义”应当关照谁的法律需求,哪些需求;

第二阶段:这些需求分布于哪些领域和阶段;

第三阶段:如何才能有效地满足这些需求;

第四阶段:满足这些需求的制度应当如何运作,尤其是如何对其效果进行评估。

这项报告显然为各国提供了确保司法系统满足其人民需要的重要范本。这种从“以人为本”出发来探求接近正义的原则和指标、法律援助及司法救济的制度供给,以及在提供法律和司法服务方面有实效的新尝试中汲取的经验教训,无疑能够为我们提供诸多有价值的启发。首先,这个项目提出了一系列适用于整个法律和司法体系的以人为本的服务方式和服务标准。这种服务标准包括平等的包容性、可用性、可及性、预防性、主动性、及时性、适当性和响应性,结果倾向与公平协作以及整合性和有效性等。其次,为确保每个人都能获得符合其需求的高质量法律和司法服务,这个项目讨论并确定了一系列潜在的评价体系和指标,以帮助政府和其他部门进行必要的改革,并随时根据情况的变化进行调整。可见,接近正义及平等诉诸司法的原则,有助于人权保障的包容性增长和可持续发展。它确定了制定政策进程的核心动因,即能够确定和满足个人、家庭、社区、中小企业和其他方面的法律和司法需求的体制性框架。它突出了积极促进平等诉诸司法的措施,并向政府提供具有可行性的建议,这些良好的范例和建议得到世界经合组织及其成员国的支持。

这项报告还根据目前对满足人民法律和司法需求的工作的一个全面

① OECD (2019), Equal Access to Justice for Inclusive Growth: Putting People at the Centre, OECD Publishing, Paris. https://doi.org/10.1787/597f5b7f-en.

掌握的基础上，提供了一个真正“以人为本”的法律服务的共同标准。根据联合国《2030 年可持续发展议程》①（SDG 议程）及其可持续发展目标和具体目标全球指标框架，其中目标 16 明确指出：“创建和平、包容的社会以促进可持续发展，让所有人都能诉诸司法，在各级建立有效、负责和包容的机构。”目标 16.3 更是将目标进一步指向诉诸司法的指标体系：“在国家和国际层面促进法治，确保所有人都有平等诉诸司法的机会”，应包括如下三个方面的具体评价指标：

> 16.3.1 过去 12 个月内向主管当局或其他官方认可的冲突解决机制报告其受害经历的暴力行为受害者所占比例
>
> 16.3.2 未判刑的被拘留者占监狱服刑总人口的比例
>
> 16.3.3 过去两年中发生争端且获得正式或非正式争端解决机制的人口的比例，按机制种类分列

可见，“接近正义”及诉诸司法是可持续性发展的一个重要方面。任何经合组织国家都承认接近正义与诉诸司法是一项基本人权。越来越多的证据表明，有效接近正义与诉诸司法是解决不平等问题的有力手段和实现个人和社会福祉的前提。无法获得法律和司法服务，既可能是经济及收入方面的因素造成，还有可能是其他非经济方面的不利条件的结果，也可能是其他多重原因的影响。例如，就业机会、教育程度和健康条件等情景，都是人权保障的包容性增长和可持续性发展的重要决定性因素。

总之，接近正义与诉诸司法既是一项权利，也是一项重要的公共服务，维护法律，捍卫人权，并以符合人权的方式获得司法救济，确保宪法中的平等权和不被歧视的权利得到确认和维护。尽管这项权利在不同法律部门中的性质和强度各不相同，但通常都是以公平审判权的形式存在，还包括个人有权诉诸司法以及非司法争端解决方式，如仲裁、调解、协商等多元解纷机制（ADR），在其权利受到侵犯时获得救济，并有权获得公正审判。这项基本权利具有独立性和公正性、可用性、可获得性、可负担性、及时性和有效救济，确定司法应以最低限度的公平标准来实行。此外，根据民众的具体需求调整司法服务不仅关系到能否更好地利用司法资源和司法救济

① 《SDG Indicators：Global indicator framework for the Sustainable Development Goals and targets of the 2030 Agenda for Sustainable Development》. available at https://unstats.un.org/sdgs/indicators/indicators-list/. 最后访问：2022/4/12.

渠道，更有助于实现超越司法部门的政策性成果。例如，更好的医疗保健、教育、性别平等、就业、住房和善治，包括更广泛的对政府的信任。

二、“以人为本”的目标是确保司法资源的平等分配

现代“司法民主”理念之重构，首先应当从关注司法资源在社会成员中的实际受益状况着手加以建构。国家对司法体制的建构并不能逻辑地推演出社会成员能够公平地受惠于司法的具体活动。事实上，司法对于诸如平等、公平、正义等价值追求，往往会遮蔽不同社会成员在司法实践中实际受益状况的差异。而社会成员在司法过程中的受益状况直接体现为社会成员对法律资源①的实际分享。法律资源的分享状况更能够体现出每一个社会成员在司法过程中的实际境况与遭遇，因为，获取法律资源的多寡直接关乎社会成员的生存状态。民主并非只是政体意义上的治理机制，而是尊重人的权利的这样一种态度和行为，而司法过程只有时刻体现对个人的平等尊重才是民主的。② 这正是“接近正义”的核心旨趣。

学者顾培东曾尖锐地指出，“社会成员法律资源分享的失衡与我国法律资源配置与分享机制的偏失直接相关。概括地说，这方面的偏失体现于以下三个方面：第一，政治权力对法律资源过度控制。第二，物质财富对法律资源的配置与分享具有较大的趋导作用。第三，各种其他的社会势力对法律资源的配置与分享具有较大的影响”③。因此，司法民主理念之重构，必须关注和强调司法资源在社会成员中的实际受益状况。唯此，我国的司法才能惠及每一个社会成员。具体而言，具有民主性的司法应至少满足如下条件：一方面，司法资源的配置不应依从于主体的社会地位或经济能力，即司法不应仅向部分强势社会主体提供“VIP”式服务；另一方面，司法应尽可能降低法律资源使用的门槛，消除不合理的限制，为社会成员特别是为弱势社会成员提供平等且同质的司法帮助，为经济贫困者提供必要的免费法律服务等等。

---

① 法律资源是指能够对主体产生利己效果的一切法律规范、法律程序以及法律活动。法律资源的分享状态，既体现社会成员的实际利益及欲求受到法律承认与保护的程度，也包括这些利益与欲求通过法律手段实现的可能。

② [意]皮罗·克拉玛德雷：《程序与民主》，翟小波、刘刚译，高等教育出版社 2005 年版，第 12 页。

③ 顾培东：《中国法治进程中的法律资源分享问题》，《中国法学》2008 年第 3 期，第 141—149 页。

第二节　共同的社会向度：公共性

“公共性”追求是马克思主义哲学的本有之义，也是当下中国建设和谐社会的应有之义。“澄明新全球化时代人类合理性生存与实践基础上的公共性思维、立场和理想信念，是当代马克思主义哲学范式变革的内核所在。”①对“公共性”问题的研究更是对以“个人主义”为主导的西方主流价值观念的深刻反思，以及对民主、法治之社会价值的深情呼唤。

“公共性”是人的社会性本质的深刻表达，“是人类公共生活的本质属性。它表现为在公开、相对透明化的社会环境中，在具有差异性视点的评判下形成一种共同认识，进而巩固一种维系社群共同体成员之间共同存在的意识的过程”②。而公共性之培育离不开“公共领域”，“公共领域”是“一个关于内容、观点，也就是意见的交往网络；在那里，交往之流被以一种特定方式加以过滤和综合，从而成为根据特定议题集束而成的公共意见或舆论”③。

一、“公共性”是司法民主化改革的目标向度

协商民主语境中的“民主”是一种化解和应对利益冲突和价值分歧的选择策略和协商机制，这一本质属性决定了其必须以“公共性”为基本品性；而现代“司法”的基本功能也在于，司法不仅要能够解决纠纷和化解冲突，而且还必须能够通过程序性的制度表达来对人与人之间的关系进行调整，因而，“公共性”也自然成为司法的价值向度。“公共性”在“司法”与“民主”领域中具体展现为以下几个方面：

其一，作为现代“司法”与“民主”共同的社会向度的“公共性”，是以对个人意志的普遍尊重为前提，而“公共性”精神要行之有效，就必须承认公民个人利益的正当性。“民主”社会的重要特征就是，每一个社会成员都是平等的，同时，每一个社会成员都被赋予一种相应的社会责任，任何人都没有权利破坏公共利益和他人的利益，任何人都有义务去维护大家公认的

① 袁祖社：《公共性真实：当代马克思主义哲学范式转换的基点》，《河北学刊》2008 年第 4 期，第 12—17 页。

② 袁祖社：《“公共性”的价值信念及其文化理想》，《中国人民大学学报》2007 年第 1 期，第 78—84 页。

③ ［德］哈贝马斯：《在事实与规范之间：关于法律和民主法治国的商谈理论》，童世骏译，上海三联书店 2003 年版，第 445 页。

道德原则。因此，公共性精神是生成于人们自主的、有着个人权利、自由和责任的积极而真实的社群生活或公共生活的。在任何一种缺乏主体性关怀和权利话语体系的文化中，是生长不出公共精神的。人类历史发展的事实也证明，无论是强制抹杀和无视民众个性的方法，还是无限扩大民众私心的做法，都难以造就真正的公共精神。“公共性精神并不是对私人利益的排斥，更不是对个性自由的否定，而是一种最低限度的公共价值、标准和态度。同时，公共精神也要求每一个公民走出一己之私的樊篱，把道德关怀的目光投向社会公众，真正做到以公民和社会为依归。”①在中国的文化和政治传统中向来强调集体本位、国家本位以及公共利益。可是，与推崇个性至上的西方国家相比，中国公民却仍然缺乏“公共性”精神。其原因正在于，在特定文化背景影响下，中国自古缺乏对自我主体性和个人权利的关注。

其二，作为现代“司法”与“民主”之共同社会向度的“公共性”，必须在人与人之间的平等交往与合作基础上，建构和改造现有司法组织和司法的制度形态，以求证司法活动的正当性。因为，从人与社会的关系角度来看，在人的社会生活领域始终存在着种种利益冲突与价值分歧，例如，经济生活中“效率”与“公正”的冲突、政治生活中“秩序”与“民主”的冲突、文化生活中意识形态“一元要求”与思想表达自由的“多元倾向”的冲突、司法领域中“个案正义”与“普遍正义”的冲突等等。这些冲突与分歧最终又都可以归结为“公共利益”与“个人利益”之间的冲突。“公共性”追求的主要目标就在于，在这诸多的冲突中有效发挥其协调与仲裁作用。而其化解冲突的方式就是通过人与人之间通过平等协商与交流合作，最终达成以“公共理性”的形态存在的“共识”。因此，无论是“民主”的实现还是“司法”的公正与实效性，都必须建立在“公共性”品性之上。

其三，作为现代“司法”与“民主”之共同社会向度的“公共性”，应当以“公共领域”的法律化为基础。公共领域的法律化更是法律现代性的标志，也是现代法律的民主性的体现和重要制度保障。公共领域②的存在是

① 袁祖社：《“公共精神”：培育当代民族精神的核心理论维度》，《北京师范大学学报》（社会科学版）2006 年第 1 期（总第 193 期），第 108—112 页。

② 公共领域又可以分为私人聚集的领域和公共权力领域。所谓私人聚集的公共领域，是作为公众聚集以迫使公众舆论获得合法化的场所，这个公共领域和公共权力领域是相分离的，是权力体制以外、法律以内的，是法律与公共权力相抗衡、借助公众以“驯服”权力的重要手段。具有政治功能的“公共领域”产生于 18 世纪的英国。一些民间社会集团为了影响执政当局的决策，求助于具有批判意识的公众或公共知识分子，借助这个新生的公共论坛的认可，实现自身的政治诉求。

民主社会之交往理性得以实现的重要平台。如果这一公共交往的渠道不畅，就必然会使社会丧失民主的特质。但是，无论从长远还是当下来看，只有在法律的框架下建构一个完善成熟的公共领域，为公民意识的唤起以及公共性精神的培育提供一个畅通的渠道和合法化平台，才能为现代社会之民主目标的实现提供良好的环境与土壤。现代社会是公民社会，通行的是“新公共行政”运动所推崇的“多元治理”之共生理念。① 与此相联系，司法也理应体现这一公共性精神。而当下的中国社会也已变成一个利益分化和利益博弈社会，在这样的社会中，司法民主、司法公信力以及司法权威的树立，就不能不直面“公共领域”的存在，不能不考虑公共领域在推进司法民主实践进程中的法律化和制度化问题。

二、“公共领域”的法律化是“接近正义”的制度根基

“公共性”是人的社会性本质的深刻表达，是人类公共生活的本质属性，因而是“司法”与“民主”共同的社会向度。“公共性”的目标是在公开、相对透明化的社会环境中，在具有差异性视点的评判下形成一种共同认识，进而巩固一种维系社群共同体成员之间共同存在的意识的过程。因此，必须将“公共性”理念引入司法领域，以突出司法理念的“公共性”品性，才能彰显现代司法的民主性。

就司法实践的性质而言，司法领域中的“公共性”特征应当至少表现为以下三个方面：

首先，司法活动出发点应当是**非私人性**的。司法是一种公共性活动，这意味着司法本身应当具有公权力的专属性，这是司法区别于其他民间解纷机制以及准司法活动的根本标志。司法的这种公权力属性也意味着，司法活动的主体、行为、裁判依据以及司法程序等等，都必须经过公开、透明化的程序和制度加以确立和认可，方可发生应有的法律效力。

其次，司法活动的过程应当以**主体的平等、互利与合作**为基础。司法程序模式应当将协商、对话、参与等元素逐渐渗入司法裁判领域，力求使司法突破传统的权利与权力之间的对抗模式以及利益对峙格局，走向一种合作、互利、互惠的利益衡平的发展模式。

再次，司法活动的结果应当具有**社会共享性**。现代司法理念重构的主导方向应是通过制度创新，提高司法机构“公共产品”的出产能力和效益，

---

① 袁祖社：《“公共精神”：培育当代民族精神的核心理论维度》，《北京师范大学学报》(社会科学版)2006年第1期(总第193期)，第108—112页。

更加有效、充分和完善地保护社会主体的正当权益，创造、完善并维护适应新的历史条件的政治、经济以及社会生活诸方面的法律秩序。

第三节　共同的法治向度：新程序主义

理解现代“司法”与“民主”之内源性关系的关键之一，在于把握现代社会中司法的地位、功能及其民主责任等。对此，则不能绕过对宪政理论的考察。

宪政理论源自西方的基督教原罪文化关于人性的批判意识、基督教的二元政治观、自然法学说和契约论思想。① 这一对宪政民主之理论渊源的分析表明，“宪政”的根本要义在于平等地维护每一个体具有尊严和价值的主体性，是以每一个体人的存在和发展为根本目的。“让每一个人成其为人”是宪政民主之最高理念。对宪政民主的推崇并不在于它被编撰于某一国家的某一份文件或法典之中，也不在于它规定了政府的组织形式和运行机制，它更是一种现代性精神的体现和追求。从某种意义上而言，民主是一个产生权力的过程和机制。然而，民主在张扬人性的权利意识的同时，不可避免地会引发权利的恣意妄为，而宪政则恰恰是维护每个人的权利和约束权力的机制。因此，宪政体系是民主的载体和运作的平台。理想的社会统治必然是以宪政为架构，以民主为内容，以法治为原则，以人权为目的的政治形态和政治过程。

一、“新程序主义”的立场与实践逻辑

所谓的“新程序主义②”的逻辑立场，是以弥合形式主义司法与实质

① 基督教的原罪文化和人性幽暗意识衍生出了权力悲观主义和制度设防理念；基督教二元政治观作为一种政治文化基因经过多次嬗变导出了公共领域与私人领域、社会与国家的二元界分；自然法学说蕴含着自然权利的思想，并为人类提供了一个评判现实政治法律制度正当性的正义体系；契约论则满足了人们关于政府来源合法性的道德追问，提出了国家产生于契约，政府权力应当分立并相互制约的思想。参见陈德顺：《西方宪政民主理论来源探析》，《政治学研究》2010 年第 1 期，第 79—86 页。

② 学者季卫东指出，新程序主义与传统的程序公正理念最重要的不同在于，传统的程序正义往往拘泥于对形式和过程上的控制，而新程序主义是对形式理性和实质理性的反思理性。它更加强调程序价值的社会化，即程序的意义不仅仅是为了排除偶然性或主观性因素的干扰而加以程序性规制的形式合理性，更应当是在多元异质社会结构中通过附加了内在价值的程序来重建共识。参见季卫东：《法制重构的新程序主义进路——怎样在价值冲突中实现共和》，清华大学法学院 2011 年“中国法学创新讲坛”第 4 期主题报告。最后访问：http://www.21ccom.net/articles/zgyj/xzmj/article_2010112825335_4.html.

主义司法之间的断裂为目标。这种基于新程序主义的司法观强调，司法的功能更多在于建立一个能够通过理性对话来实现纠纷解决中各方利益间的衡平与合作的平台。根据这一逻辑，司法“怎样做出裁决”的问题，就转换为“如何使得各方共同承认做出这样的裁决”。换言之，这种“新程序主义”与传统的程序主义的不同之处在于，传统的程序主义重视的是当事人与法官之间纵向的相互作用关系，而新程序主义所强调的程序正义，更加重视的是当事人之间的横向沟通、协商的相互作用关系，“将当事人之间所进行的水平方向的信息交换、商讨作为程序结构的重点内容加以强调，充分体现当事人作为程序中的主体的原则。因为，只有在这样的理念支配下，当事人才会获得不受‘意志强迫’的对话保障，才能够就案件的相关信息进行充分地交换和讨论”①。

基于“新程序主义”立场的“协商性”司法，其理论追求在于，通过双方之间的平等对话、商谈和妥协，旨在实现一种“互惠性”(mutual benefit)正义。正是在这一意义上，司法正义的实现与否，关键要看司法主体之间是否能够平等对话，对话方式是否正当与理性，利害关系主体是否明知自我权利，他们的意志是否自由等等。与此相应，司法程序本身的妥当性问题，各方当事人对裁判结果的满足度，司法程序结果的执行力，对违背的威慑效果以及异议的容纳和适当处理，都将成为司法程序设计改进的核心要素。②

简言之，协商性的司法治理模式，在坚持程序正义立场的同时，将司法正当性的基础，从程序正义与实质正义间的纷争，转向了一种新的“互惠性”正义。这表明，它不再拘泥于对一种纯粹理想状态的“规则下的正义”或“虚拟的正义”的追求，而是更加注重的是当事人所追求的、在各方当事人平等协商基础上通过互相妥协而实现的一种“合意正义”或“妥协正义”；更加注重通过当事人双方之间的对话、商谈来促成纷争的妥善解决，而不是僵化的规则之治或模糊而恣意的道德之治；更加注重积极吸纳新时代的社会利益衡量标准，使司法裁决具有较高的社会价值兼容力和认同度，从而更有利于司法公信力危机的化解。

二、司法的正当程序与民主责任的并重

无论是作为抽象的宪政原则，还是作为具体的司法原则，司法的正当

---

① 唐力：《协商性司法的理论基础》，《现代法学》2008 年第 6 期。

② 杨力：《中国法院职权优化配置研究》，《东方法学》2013 年第 4 期。

程序与司法民主责任并非互相矛盾的。相反,司法正当程序是司法民主之运行的核心机制。由于宪政架构下的现代司法独立是为实现法律权威与政治权威的抗衡,而且,“司法独立本身绝非一种终极价值,……只不过是一种工具性价值。……司法民主责任的全部问题——它与司法独立之间的紧张与平衡——的解决途径,存在于努力确保为执行自然正义基本法则——司法公正与程序公平——中所体现的更为终极的价值提供可能的最佳具体环境,并因此确保司法程序尽可能最充分的参与(民主性)程度”①。因此,从维护民主价值有效性的角度来看,只有相对独立的司法才能真正有效地维护民主的价值,一个成为他项权力工具的司法,只能是一种“附庸的司法”,这种司法无法真正担当起人权守护神的重任。

但是,让司法处于没有任何合理制约的状态下,人们同样有可能处于更为严重的不安全之中。因此,对司法责任的规制就是必需的。“司法责任”②这一概念意味着司法权的行使必须承担相应的责任。它是保证法院正确行使职权、保证司法权力的良性运行、遏制和防止司法腐败的有效机制,至少可以从制度上消除偏袒以及枉法裁判的可能性。正如卡佩莱蒂教授明确指出的,“存在一种世界性的趋势,即在大大减少独立之政治隔层的前提下,使法官可被追究,以改进司法行为和表现,……以及确保司法责任”③。

正当程序,就是强调法律实施的过程本身的独立价值,不附属于实体公正。法律思维如果主张程序公正优先,则表明它不能仅仅为了结果的实体公正而被牺牲。事实上,现代程序理念尤其反对把与程序有关的价值还原为社会固有的道德规范,国家的实质性平衡和游移不定的群众舆论对结果的主观评价,更加拒绝把实质正义置于程序正义之上。“正是那种打着实质正义的旗号、占领了所谓道德高地的意识形态语言编码最容易导致人们发言能力的非对称化。这样的特定价值观一旦获得超越于程序性要件

① [意]莫诺·卡佩莱蒂:《比较法视野中的司法程序》,徐昕、王奕译,清华大学出版社 2005 年版,第 95—96 页。

② 意大利学者莫诺·卡佩莱蒂将司法责任分为四种类型:第一是法官个人和司法机构作为集体的政治责任(political accountability)。还可分为两种主要的亚类型,即对行政机构的责任以及宪法责任;第二是社会或公共责任(social or public accountability),即对社会公众的责任;社会责任同样可以是法官个人的责任,或司法机构整体的责任;第三是国家的法律(替代性)责任,可以是单独的,或与法官的个人责任同时使用;第四是法官的法律(个人)责任,可以是刑事责任、民事责任或纪律责任。参见[意]莫诺·卡佩莱蒂:《比较法视野中的司法程序》,徐昕、王奕译,清华大学出版社 2005 年版,第 98 页。

③ [意]莫诺·卡佩莱蒂:《比较法视野中的司法程序》,徐昕、王奕译,清华大学出版社 2005 年版,第 86 页。

的话语霸权，势必使整个公共性话语空间逐步变得一锤定音、鸦雀无声。”①可以说，法律程序在法律发展史中占有极为重要的位置，甚至国外有些法学家认为程序法比实体法产生得更早。但是，有了法律程序不等于就有了正当程序，并非一切法律程序都是正当的，此中包含着价值问题。因此，今天主张要重视法律程序的话语语义，其实不是笼统地指一般的法律程序，而是指法律的“正当”程序。

其实，近年来兴起的新程序主义，很大程度上已修正了原来的正当程序优先立场，使得现代正当程序成为程序公正与实体公正的反思理性产物。新程序主义的正当性标准与传统的程序正义理念不同，它已不拘泥于过程的控制和程序公正的一般性判断指标（比如，当事人在法律地位上的平等、裁判者的中立性、对司法决定过程的参与、法庭辩论的直观公正以及对司法恣意的防范等），而是更加关注程序正义普遍化的社会心理（比如，结果的满足度和程序正义本身的妥当性问题被纳入考察范围；同时，判决结果的执行力、对违背判决之行为的威慑效果以及异议的包容和妥当处理，成为程序设计改进的核心要素）。② 实际上，无论是谈判、调解、立法、仲裁、审判，它们所蕴含的新程序主义，都正在抛弃掉那些只与个人权利有关的传统观点，转向主张对于程序公正判断的集体认同，更加强调程序价值的社会化。因此，程序公正的意义，就不只是提供那种为排除偶然性干扰而加以程序限制的形式合理性，还包括从行动与社会结构互动关系的角度，去“接近正义”的实质合理性。

根据这一理路，缺乏共识的地方可通过程序来达成共识，于是“怎样做出决定”的程序性共识，便走向了“共同承认这样做出决定”的实体性共识，并使这种兼有民主决定和司法决定结果的“共识”（而不是先验的共同体道德）具有了获得强制执行的力量。从纯粹的程序性共识，到通过正当程序与民主决定而达成的实体性共识，这是新程序主义的主要贡献。不过，面对传统与现代交错而断裂的不同情境，程序平等与结果公正如何达成社会所能接受的均衡，成文制度与习惯规则的非对称化如何平滑地解决，多元、动态化的弹性结构与制度的刚性面相之间如何有机结合等，仍然需要做深入细致地讨论。

---

① 季卫东：《法律程序的形式性与实质性》，《北京大学学报》（哲学社会科学版）2006 年第 1 期。

② 季卫东：《法制重构的新程序主义进路——怎样在价值冲突中实现共和》，中国法学创新讲坛第 4 期主题报告。

第四节　共同的实践向度：司法的“可接近性”

基于第五章中对“司法”与“民主”之间理论关联的重新认识，我们便可以从协商民主的理论视角，对“司法民主”之理念进行现代意义的重构。概言之，现代社会的“司法民主”应当是以对人的平等的尊重与关怀为核心理念的一套特殊的规范与制度体系，其根本目标在于实现每一个人对司法资源的平等享有，即每一个人都有“接近主义”的权利与可能性。

许多学者已经意识到，传统的司法民主问题研究进路导致了对于司法民主概念的曲解和误读，因而，努力尝试开辟一种新的司法民主研究进路。例如，周永坤教授就试图从结构功能的角度来重新解读司法民主。他指出：司法民主是保障人的尊严的制度以及规范体系的一部分，其作用在于贯彻这一特殊的规范体系。衡量司法是否民主或者司法民主的程度的视角或者指标，一是司法人员产生的制度是否民主；二是司法的“制度环境”——政体的民主性问题；三是司法制度的“规范导向”或者价值导向是否民主，即司法所依据的规则维护的是否有利于民主的根本价值——人的尊严本身；四是司法程序是否民主，即是否满足公开性和对抗性；五是司法本身的结构和地位是否有利于控制他项权力，即司法的独立性问题。其最终的结论就是，司法独立和司法职业化是司法民主的必要条件。因此，进行司法独立的制度建设、坚持司法职业化的方向、实行人民陪审员制度的“人民化”、提高司法规范的民主含量等，是使司法真正能担当起人权守护神之重任的重要举措。①

这一对司法民主的认识已经在一定程度上超越了传统的司法民主研究路径，开辟了一种全新的司法民主研究的视角和进路。这一进路提示我们，司法民主问题研究必须以民主理论的发展演进为大背景，在民主理论的内涵中发掘其对于司法领域的深刻影响。唯此，才能更为准确地把握司法民主的真正内涵。

但是，周永坤教授对于司法民主的具体内涵的解读，似乎仍未能跳出传统的立宪民主以及程序民主研究范式的框架。例如，他强调司法独立是司法民主之必要条件，但对于司法独立可能产生的弊端却并未给予应有的关注；他主张提高司法规范的民主含量，即司法所依据的规则必须有利于民主的根本价值，这显然是将司法民主与立法民主混为一谈；他主张以司

---

① 参见周永坤：《我们需要什么样的司法民主》，《法学》2009 年第 2 期，第 3—16 页。

法人员产生的制度是否民主作为衡量司法民主的指标，主张人民陪审员的“人民化”，这显然又回到了传统的主体民主进路对司法民主的理解误区之中；他主张提高司法程序的民主性，但却将司法程序的民主定位在“公开性”和“对抗性”这种传统的程序民主主义框架中，而忽视了程序民主观所无法克服的诸多缺陷。

因此，本文试图在既有研究的基础上，设计一条新的司法民主化改革方案，即基于一种协商民主的理论进路，重新建构现代“司法民主”的实践伦理内涵。概言之，就是尝试从以下三个方面，建构现代司法民主的核心理念和原则：

> 一是要通过“接近正义”的实践逻辑转换，确保司法资源在社会中的平等、合理分配；
>
> 二是要建立法律职业伦理的“公共性”品性，完成法律职业伦理的结构性改变；
>
> 三是要通过司法正当程序与司法民主责任并重的理念确立，完善对法律援助制度之实效性的保障和落实。

这三个方面既是现代司法民主理念的应有之义，更是衡量司法是否具有民主性以及民主性程度高低的重要指标。

一、实质性指标：改善弱势群体“接近正义”的境况

“接近正义”的传统话语逻辑，实质上正是建立在“分配正义”理论框架下的“平等主义”进路。在分配正义的问题上，西方社会存在三种基本的立场，即功利主义、自由主义和社群主义。梳理这些分配正义理论，我们就会发现，所有这些“分配正义”理论所要达到的目的是相同的——解决社会中的“不平等”问题。① 在这一话语逻辑下，“平等”是一个正义社会的本质特征。而“司法”作为一种由国家支配的公共资源，也应当是人人平等享有的。由于弱势群体在社会中处于“最不利地位”，在权利受到侵害时所拥有的救济途径狭窄和救济能力低下，加之现代社会司法制度的复杂和诉讼成本的高昂，使他们无法平等地享有和利用司法资源。而他们之所

---

① 参见姚大志：《论分配正义——从政治哲学的观点看》，《社会科学》2015 年第 5 期，第 98—105 页；姚大志：《分配正义：从弱势群体的观点看》，《哲学研究》2011 年第 3 期，第 107—109 页；姚大志：《再论分配正义——答段忠桥教授》，《哲学研究》2012 年第 5 期，第 99—105 页。

以处于这种不利境地，则是由社会基本的司法体制的“不正义”所致。因此，接近正义应当是政府的责任，政府必须承担起完善司法体制、优化配置司法资源的职能，使得司法资源得到合理地“再分配”，以确保每一个公民，尤其是社会中处于“最不利地位者”（即弱势群体），享有平等且实质性地利用司法的权利，因而，必须通过社会基本制度的调整来达到对司法资源利用的最大限度的平等，即通过一系列制度改革增加司法资源的供给、降低司法利用的成本以及简化司法程序等等，使得“弱势群体”对司法的利用更加平等、广泛和便利。

其一，值得注意的是，分配正义应当实现的“正义”，只能是一种建基于政府/国家责任之上的“普遍正义/（国家正义）”。因为，分配正义是指国家作为主体来实行的分配，而不是个人与个人（或单位）之间的利益交换，换言之，“分配正义”的实质是国家以制度的方式来分配利益。国家之所以通过制度的方式来分配利益，是为了实现社会整体的正义，这也是衡量一个政府是否具有正当性的重要标志。所以，能够由国家来分配的“利益”，只能是一种属于国家可支配范围内的“公共利益”，而分配正义所能实现的“正义”，也只能是一种建基于政府/国家责任之上的“普遍正义/（国家正义）”。因此，在分配正义的话语逻辑下，司法应当接近的是以“实现平等”为目标的“国家之正义”，而不是以“满足需求”为目标的“个体之正义”。这意味着，司法“接近正义”改革所能够解决的问题，只能是司法资源享有上的不平等问题，是一个社会群体与另外一个社会群体之间的相对不平等，而不是个人与个人之间的不平等。

其二，由于司法应当接近的是以“实现平等”为目标的“国家之正义”，而不是以“满足需求”为目标的“个体之正义”。这就意味着，司法“接近正义”改革的着力点应当落在司法资源的平等分配上。对此，在分配正义的理论中，向来有“平等论”和“优先论”两种具有代表性的主张。而这两种主张都是以实现平等为目标，他们二者的主要区别在于实现平等的方式不同。①

“平等论”是一种强平等主义，主张在无法通过改善处境更差群体的状况使其福利达到更好群体水平的情况下，就应当通过拉平处境更好群体的福利来达到平等。显然，“平等论”并没有使任何人得到好处，却又损害

① 参见姚大志：《论分配正义——从政治哲学的观点看》，《社会科学》2015 年第 5 期，第 98—105 页；姚大志：《分配正义：从弱势群体的观点看》，《哲学研究》2011 年第 3 期，第 107—109 页；姚大志：《再论分配正义——答段忠桥教授》，《哲学研究》2012 年第 5 期，第 99—105 页。

了某些人的利益,所以这种平等是没有价值的。“优先论”①则是一种弱平等主义,主张社会安排应该把处境最差群体(弱势群体)的利益放在首位,以最大限度地提高其成员的福利,因为处境更差群体的利益具有更重要的分量。这一主张最重要的代表人物就是罗尔斯,他提出的“机会平等原则”和“差别原则”正是基于社会正义/国家正义的考虑,主张国家有责任通过社会基本结构的调整,将一部分资源转给社会处境最差者,以平抑分配结果的过分失衡。②尽管这种“优先论”的主张自其提出之日起,对它的批判和质疑就未曾停止过,但迄今为止,它仍然是当代政治哲学中最具有可行性的一种分配正义方案。③ 所以,在“优先论”的框架下,法律资源的平等分配首先应当考虑的就是,切实改善“弱势群体”对司法资源的平等享有的境况。

那么,究竟该如何改善呢?这个问题显然是司法“接近正义”改革面临的最为棘手问题。美国学者诺内特和赛尔兹尼克曾深刻地指出,福利国家只意味着一系列的新法案的出台,诸如由政府出面干预私有制经济、改善贫困者、少数民族等社会弱势群体的经济状况,并保护代表消费者利益的扩散性利益的社会等。而如果不实际实施这些法律或无法兑现这些法律的承诺,必然会引发与“接近正义”的问题相关联的“福利国家中的正义”的危机。所以,福利国家中的“分配正义”无法真正消除司法“接近正义”的危机。④ 我国的接近正义改革实践所遭遇的悖论和困境似乎也在印证这一点。诸多被标榜为最具革命性的接近正义之路,往往都难逃“理想”与“现实”背道而驰的命运;无论“送法下乡”还是“迎法入乡”,其结果都是使得民众与司法更加疏离甚至“对抗”。

其实,问题的真正症结在于,我们对于“司法资源”这一概念的内涵和

---

① Derek Parfit. “Equality or Priority?”, in The Ideal of Equality, edited by Matthew Clayton and Andrew Williams, New York: St. Martin′s Press, 2000. p. 101.

② 约翰·罗尔斯:《正义论》,何怀宏译,中国社会科学出版社 2001 年版,第 150—160 页。

③ 罗尔斯最为重要的批判者,包括自由主义的代表诺齐克、德沃金等,社群主义者的代表桑德尔、沃尔泽等等,以及社会批判理论的代表哈贝马斯、阿玛蒂亚·森等等。尽管这些理论都在罗尔斯正义论的基础上寻求可能的超越,但是,政治哲学的实践取向决定了,一种正义原则不仅应当是合理的和可欲的,还应当是可行的。可欲性表明了它的理想性,而可行性是指,在目前的社会条件下,就我们具有的社会知识和社会经验来说,我们所提出的正义原则是有可能实现的。正是在这一点上,“优先论”可以被视为一种最具可行性的分配正义方案。参见朱学磊:《罗尔斯“分配正义”理论及其批评者》,《学术探索》2015 年第 1 期,第 23—28 页;姚大志:《论分配正义——从政治哲学的观点看》,《社会科学》2015 年第 5 期,第 98—105 页。

④ [美]诺内特、塞尔兹尼克:《转变中的法律与社会——迈向回应型法》,张志铭译,中国政法大学出版社 1994 年版,绪论,第 19—22 页。

外延的理解出现了偏差。要切实改善“弱势群体”对司法资源的平等享有的境况，我们首先要明确的是，哪些资源属于应当进行平等分配的“资源”。而遗憾的是，至今这仍是一个没有被清晰界定的模糊概念。也正因为我们一直以来未能准确界定这一概念的内涵和外延，才导致司法“接近正义”改革在重心选择上出现偏差。

总之，以全面、整体和以人为本的方式诉诸司法和接近正义，这一理念真正把握住了公民个人及法人诉诸司法的路径重心，一方面侧重于正式的正义和公正解决程序；另一方面更关注“弱势群体”法律需求和接近正义与诉诸司法的障碍，即复杂性、成本、诉讼时间、替代性纠纷解决方案等，可用于满足司法需要的机制和部门机制以及未满足的法律需求的高级别社会和经济影响。如前所述，全面性以及民众需求视角尤为重要。接近正义与诉诸司法的概念是从自下而上的角度出发，把重点放在需要接近正义的人和群体上。这种方法认识到，民众对司法的需求是复杂的现象，意味着个人和社会发展进程复杂的利益冲突和价值分歧。自下而上的方法承认，接近正义与诉诸司法绝不会是一个线性的过程，而是一个波浪式前进的过程，是一个个人权利与社会利益冲突与调和高度纠缠的过程，需要我们在实践经验和挫败中不断反省、试错和创新。

二、制度性指标：基于法律援助的“接近正义”之路

法律援助制度是法治和善治的最具代表性的推进因素。多年来，它一直被列入世界经合组织及其成员国的重大政策议程清单。促进所有国家履行政府职责和承诺，根据全球可持续发展目标议程，构建一个最具平等性和最具包容性的法律援助制度，是接近正义及诉诸司法的核心议题。

法律援助制度又称法律救助、法律扶助制度，是为世界上许多国家所普遍采用的一种司法救济制度，其核心功能是：国家在司法制度运行的各个环节和各个层次上，对因经济困难及其他因素而难以通过通常意义上的法律救济手段保障自身基本社会权利的社会弱势群体，提供无偿法律帮助的一项权利保障制度。法律援助的本质是，国家贯彻法律面前人人平等的宪法原则，保障法律得以平等、公正实施的重要措施，旨在为全社会成员提供平等的法律保障。是否建立了完善的法律援助制度，是衡量一个国家法制是否健全、司法人权和司法公正是否得到保障的重要标志，也是衡量一个国家文明进步的尺度，它作为实现社会正义和司法公正，保障公民基本权利的国家行为，在一国的司法体系中占有十分重要的地位。

1. 法律援助的“民主性”内涵

法律援助制度在西方社会的产生和发展,经历了一个由律师自发地对穷人提供免费服务的慈善和道义行为,即律师行业奉献行为,逐步演化为国家保障公民实现其合法权益的国家行为的过程。

到20世纪40年代和50年代,一些国家开始通过专门立法建立起一个受到国家资助的正式的法律援助体制,但是这种初期的法律援助提供服务的范围和程度比较有限,并且主要提供者为私人律师,法律援助仍被看作是一种慈善性行为而非权利,因此被称为“以慈善为基点的法律援助”,或“作为恩惠的法律援助”。

法律援助制度最早起源于15世纪的英国,逐渐发展到各个国家,主要是对“穷人”权利的一种法律救助,目的是实现社会正义和司法公正,维护公民基本权利。概言之,西方资本主义国家法律援助制度的发展大体经历了三个主要阶段:

第一阶段,作为“慈善性”法律救助的阶段。即法律援助制度产生初期,是对“穷人”的法律援助,例如在英格兰,自1495年起即承认“穷人”享有因其身份而免付诉讼费的权利。而苏格兰创立的“穷人”登记册制度,在册者若提起诉讼,则可免费得到法律顾问和代理人的帮助。这些法案的出台,掀开了西方法律援助的历史。英国的法律援助制度经过几百年的发展,已经成为世界上最先进和相对完善的法律援助制度,其许多做法被其他国家学习和借鉴。这一阶段法律援助的共同特点就是“慈善性”,无论是由私人宗教组织提供的,还是由行政机关提供的,或是由公共援助机构提供的,对“穷人”的法律帮助均被视为一种慈善行为。因此,早期的法律援助,被经常地表述为“法律救助”或“法律救济”。

第二阶段,作为“人权”的“获得法律帮助权”的法律援助制度确立的阶段。法律援助作为资产阶级人权观念衍生出的权利得到宪法性确认。这一时期,资本主义制度在欧美主要国家已初步确立,资产阶级人权观念成为资本主义国家所极力标榜的宪法原则,早期的将“穷人”作为社会底层阶级而施之以“慈善性”法律援助的传统理论,逐步为保障公民诉讼权利的理论所替代,从而使法律援助制度进一步社会化和法律化,并从单纯的慈善事业向国家/政府的法律责任转化。这一阶段是以英国和美国的法律援助发展历程为代表的,即法律援助机制的运行主要是依靠受政府资助的独立的私人或民间团体来操作,如律师协会、各种私人基金会乃至律师个人起着决定性的作用。起初,法律援助并不是面向全社会所有成员,其援助对象是社会地位低下的贫困阶层。直至今天,国家责任,即国家对需要帮助的公民提供法律援助的责任，在英、美基本上仍然局限于原则指导和财政支持。这是由于英、美私人法律援助团体较为发达造成的。随着国家财政支持的加强，以及法律援助私人机构的迅速发展，英美法律援助的社会化程度也较为发达。尽管各援助组织是独立地处理法律援助事务，但国家也逐渐通过制定相应的法律和行政法规，从宏观上对法律援助进行规范和控制。

第三阶段，作为福利国家“善治理念”之重要指标的法律援助发展阶段。这一阶段的法律援助制度之根基，立足于对司法之“民主性”的关照，公民“平等获得法律帮助权”不仅得到实体法以及程序法的确认，更成为重要的司法制度加以落实。例如，从20世纪初开始，在“权利本位”尤其是“社会本位”思想的推动下，进一步将法律援助制度的发展推至司法民主化改革的前沿。特别是二战以后，资本主义福利国家更加深了以社会为本位的制度改革，尤为重视司法的“民主性”，不仅强调立法层面的对公民“获得律师帮助权”的确立和认可，更强调司法层面对这一权利的实现与救济，即处于不利地位的当事人不仅有获得无偿法律援助的权利，其获得法律援助的主体资格、案件类型以及援助效果等都应当加以考量，以避免这一权利形同虚设，也确保法律援助这一制度之实效。这就有力地推进了现代资本主义国家法律援助制度的新发展。

2. 法律援助制度的“可接近性”特征

在法律援助的具体制度设计层面，各国的指导思想、立法规定以及援助的方式、对象和条件等方面不尽相同。但法律援助作为一项法律制度，蕴含如下的重要的“可接近性”特征：

首先，法律援助制度的基本特征就在于实现司法的“可接近性”。在法律援助制度的基本权利架构中，公民是权利主体，而国家是义务主体和责任主体。国家不仅要通过宪法和法律赋予公民应当享有的种种法律帮助权利，而且要为公民行使该项权利并实现权利救济等提供必要的保障，而这正体现了“接近正义”的制度性特征，即司法的“可接近性”。

其次，法律援助的实质是确保公民通过司法“接近正义”。法律扶贫、济弱、扶残，体现了国家对法律赋予公民的基本权利平等关怀，更体现了公民对司法资源的平等享有。在法治国家建设以及发展社会主义民主的新形势下，随着大量法律、法规的颁布施行，公民的政治权利、经济权利和其他社会权利越来越广泛，相应的权益纠纷也空前增加，大量涉及公民权益的纠纷需要通过诉讼或非诉讼的形式加以解决。然而，司法作为一种最为有力且有效的稀缺公共资源，往往会成为某些特权阶层独享的“奢侈品”。

法律援助制度正是以“分配正义”为其基本价值导向，以公民宪法性权利以及诉权的形式，确保司法资源的平等分配，以制度化的机制将司法资源从特权阶层独享的“奢侈品”，转换为每一个公民都可享有的“必需品”，防止法律最终沦为破坏“民主”的帮手。

再次，法律援助制度是将“法律面前人人平等”这一宪法原则落实为现实权利的制度保障。“法律面前人人平等”（即“Access to Justice”，译为“接近正义”原则）是法治国家所公认和遵循的一项基本原则。如上所述，停留在宪法中的公民的基本权利只是一种“法律权利”，宪法中的“法律面前人人平等”原则只是一种对“应然性”的平等权的法律宣告。而法律援助制度的运行，才可能使这种“法律权利”真正转变为具有“实然性”的“现实权利”，从而真正消除法律权利形式上的平等与公民权利无法实现的事实上的不平等之间的矛盾。

总之，法律援助是一项扶助贫弱、保障社会弱势群体合法权益的社会公益事业，同时也是中国实践依法治国方略、全面建设小康社会的重要举措。中共中央、国务院对法律援助工作十分重视，国家“十五”计划纲要将“建立法律援助体系”确定为“十五”社会发展目标，党的十六大明确提出“积极开展法律援助”，并作为建设社会主义政治文明的重要内容。2003年7月21日《法律援助条例》的颁布实施以及2003年11月26日“为实现公平和正义法律援助在中国”大型公益活动的开展，标志着我国法律援助工作在广度和深度上有了新的拓展和突破。作为司法制度的重要组成部分，法律援助制度是人类法制文明和法律文化发展到一定阶段的必然产物，是国家经济、社会文明进步和法治观念增强的结果。用法律的手段帮助人民群众解决诉讼难的问题，是当前我国建设社会主义法治国家大背景下的必然选择，是促进司法民主化进程中不可忽视的重要环节。

本章通过对现代民主理论之协商转向的分析，在澄清了“民主”与“司法”的现代内涵的基础上，进入协商民主语境，建立起“民主”与“司法”之间合理的理论关联，即二者共同的伦理向度是“以人为本”，共同的社会向度是“公共性”，共同的法治向度则是宪政架构下的“新程序主义”。据此，基于协商民主的理论进路，重构了“司法民主”的理论内涵，即现代社会的“司法民主”应当是以对人的平等的尊重与关怀为核心理念的一套特殊的制度与规范体系，其根本目标在于实现每一个人对司法资源的平等享有，即每一个人都有“接近正义”的权利与可能性。而确保司法资源在社会中的平等、合理分配，建立司法理念的“公共性”品性，实现司法的正当程序与司法责任的并重，尤其是基于法律援助制度的完善，从根本上改善“弱势群体”的“接近正义”境况，既是现代司法民主理念的应有之义，更是衡量司法是否具有民主性以及民主性程度高低的重要指标。

第七章 “接近正义”何以可能

“接近正义”的司法改革进路是一种从“自上而下”的体制改革到“自下而上”的需求满足的策略转变，为人们重新思考司法的“民主性”问题提供了一个新的战略性依据。①

第一节 “自上而下”的“接近正义”改革之限度

司法的限度一方面是由司法资源的稀缺性所决定的；另一方面，则是由于司法权能的有限性决定的。正是由于忽视了这两个方面的因素所致的司法的有限性，当下的司法“接近正义”之改革才陷入了诸多困境。

一、司法资源的稀缺性

首先，司法的运作是有成本的，因而司法所能提供的正义范围和程度是有限的。忽视这一点，就会导致为司法设置远远超出其能力的目标，使其不堪重负。因为，权利的实现和救济通常不仅仅依赖于当事人和法院，更是一个政府和社会共同协力的系统工程。“为了补救过去、阻止未来对权利的侵犯，法院必须依赖政府机构自愿的合作；反过来，它也必然在资金短缺的财政和其他约束之下运作。……这是可悲可叹的，但是在一个资源有限的不完美世界里，这也是不可避免的。”②这意味着，一国司法所能提供的正义的范围和程度，是由国家和社会所能投入和供给的公共资源总量决定的。

正是由于忽视了这一点，被视为最具革命性的“接近正义”改革举措的法律援助制度，在增加司法资源供给的同时，并未对司法资源的有限性给予足够的重视，也没有对司法功能的限度给予清晰的界定，这就导致法律援助制度发展至今，不仅办理法律援助案件的律师资源与案件数量之间

① Ineke van de Meene and Benjamin van Rooij. “Access to Justice and Legal Empowerment: Making the Poor Central in Legal Development Co-operation”. Leiden University Press, 2008. p. 6.

② [美]霍尔姆斯、桑斯坦：《权利的成本：为什么自由依赖于税》，毕竞悦译，北京大学出版社 2004 年版，第 69 页。

仍存在严重供给不足,尤其是在贫困人口最集中、法律援助需求量最大的乡村,恰恰是法律援助工作覆盖面最小的地方;即使是在法律援助资源较为充足的大中城市,也并未使正义更多,司法形象更佳。因为,法律援助制度的宗旨是以提供免费法律服务来满足弱势群体的正当司法需求,这虽然大大降低了个案处理中当事人的私人成本,但其所耗费的公共成本却不仅没有减少,就整体而言,国家用于纠纷解决的代价和风险反被大大提高。那么,一旦由于司法不堪重负而无法兑现其法律承诺,就必然会进一步引发社会和民众对司法乃至政府的信任危机。

其次,不同的权利救济方式,由于公共成本投入多少的不同,对于权利实现和救济的效果和程度就会不同。忽视了这一点,不仅无法提升司法的“可接近性”,反而会加剧司法的不平等。这是由于,司法资源的稀缺性意味着司法永远不可能清除社会的所有矛盾和冲突,所以,为了节约公共资源,国家就必须合理限定法律控制与调整的范围。换言之,在公共资源有限的情况下,国家不得不将一部分纠纷解决和权利救济的权力让渡给社会,即由诸如协商、调解、和解、仲裁等替代性的解纷与权利救济机制来分担司法的部分功能,以解决“案多人少”“诉讼爆炸”等权利救济渠道壅塞的问题。

然而,不同的权利救济方式由于公共成本投入的不同,其对权利救济的方式和效果是不同的,纠纷解决的程度也是不同的。因而,“关于何种权利应当以何种方式得到何种保护,以及多少社会财富应该投资于不同的救济方式以保护这些权利”①,应当加以科学合理的界定和分配。否则,一方面,包括司法在内的多种解纷机制之间难免会存在对公共资源的竞争和占用。当信访、调解、协商、仲裁等替代性解纷机制过多占用国家公共资源时,司法所能利用的公共资源就相应减少,司法的解纷能力和实效就会大打折扣。这样一来,就不仅不能缓解司法压力,解决权利救济渠道壅塞问题,反而在一定程度上削弱了民众对法治的信心,消解了司法的权威性和公信力;另一方面,不同群体、不同案件之间对公共资源的利用也会存在竞争,这就难以避免强势群体因其社会优势地位而享有更为优质的法律服务。这意味着,这些替代性的解纷机制的存在,虽然在一定程度上增加了纠纷解决的渠道,赋予了权利人对纠纷解决方式和渠道的选择和决定权,但实质上,这种选择和决定仍是基于当事人所处的社会阶层不同而做出的

① [美]霍尔姆斯、桑斯坦:《权利的成本:为什么自由依赖于税》,毕竟悦译,北京大学出版社2004年版,第170页。

无奈之举，其后果则是更加剧了不同社会阶层对司法资源利用的不平等。

概言之，司法是一种最常态的纠纷解决和权利救济机制。可是，纠纷的解决以及权利的救济都是有成本的，而任何国家的司法资源都是有限的，因此，司法所能提供的正义的范围和程度必然是有限的。不仅如此，司法资源作为一种稀缺的“公共产品”，必然存在社会中不同部门、不同群体、不同案件之间对这种优质公共资源的竞争，这就导致社会弱势群体在司法资源享有上的不平等。长期以来的“接近正义”改革恰恰忽视了这些，不仅无法真正改善弱势群体对司法资源的利用境况，反而更加深了人们对司法社会功能及其限度的误解，甚至危及司法的权威性和公信力。

二、司法权能的有限性

司法所面对的难题，其背后往往暗含着更深层次的利益冲突与价值分歧。司法纷争往往发生在并没有相对清晰的正义评判准则的模糊地带。尤其是当下转型时期的中国司法，除了经常遭遇法律思维与道德（伦理）思维的较量，时常要在程序正义与实质正义的二元对立中寻求平衡，在个案正义优先和普遍正义优先的争执中寻找出路之外，还不得不面对西方化模式与本土化经验的摩擦与碰撞，这些都已远远超出了司法自身所能承载的范围。尽管众多学者都主张，司法正义的内在逻辑是借助于法律之内的正义来实现个案正义，而不是通过背叛、抗拒法律的方式来实现法律之外的正义。① 然而，这一逻辑在司法的微观运作中，始终面临严峻的挑战。

首先，司法所能解决的纠纷的范围是有限的。因而，何种争议和纠纷需要以司法途径加以解决，即“案件的可裁判性”（Justiciability），必须加以明确界定。以南京彭宇案②为例，此案之所以成为一桩“公案”，正是由于它在多方面挑战了司法权能的边界和限度。彭宇案备受诟病之处是，在无法确证侵权人时，将“怀疑对象”彭宇列为被告，并以公平责任原则为由要求其对被害人的损失进行补偿。这时，司法面临的困境是，当“事实之真”已无法还原时，司法能否实现“法律之善”？美国学者爱德华兹曾对“可裁

① 郑成良：《法律之内的正义：一个关于司法公正的法律实证主义解读》，法律出版社 2002 年版，第 102 页。

② 2006 年 11 月 20 日早晨，一位老太在南京市水西门广场一公交站台等 83 路车。人来人往中，老太被撞倒摔成了骨折，鉴定后构成 8 级伤残，医药费花了不少。老太指认撞人者是刚下车的小伙彭宇。而彭宇则申辩，自己是扶起老太并将其送往医院救治。2007 年 9 月 4 日，鼓楼区法院一审宣判，认为本次事故双方均无过错。按照公平的原则，当事人对受害人的损失应当给予适当补偿。因此，判决彭宇给付受害人损失的 40%，共 45876.6 元。该判决顿时引起民意沸腾。二审期间达成了和解协议，最后案件以和解撤诉结案。

判性案件”的特征加以概括，即适合法院做出裁判的案件或争议应当是明确的、具体的、真实的和实质性的；当事人必须具备“诉讼资格”；案件必须是成熟的且非既往的；案件不属于纯粹的政治问题等。① 姑且不论这一概括是否全面，但至少表明，能够由司法裁决的案件的范围和特征是有限的，当纠纷和争议明显超出这个限度时，司法所能发挥的作用就必然是有限的。就彭宇案而言，无论是争议的明确性、真实性，还是彭宇作为“被告”的“诉讼资格”，都具有一定的争议性。此时，强行以司法的方式解决此类问题，其结果必然是使司法陷入纷争和质疑的漩涡。

其次，司法解决纠纷所能达到的程度是有限的。因而，如何对司法功能加以合理定位，使其与政治、立法、行政、道德以及社会保持适度的距离，这也是司法权界的一个重要维度。彭宇案中法官做出裁决的另一顾虑在于，担心自己的裁决会成为其他类似案件的“一般性参照”，从而引发不良的社会效果。那么，法官在个案裁判中是否应当兼顾“社会效果”，以及它对于“社会效果”的兼顾能够达到何种程度，这又是彭宇案所揭示出的一个司法困境。作为具体案件的主审法官，除了应当以裁判者的角色完成其在法律之内对具体的个案正义的裁决，是否还应当肩负立法者的使命，进一步承担宣告“普遍正义”和兼顾社会效果的职责？而法官对于“普遍正义”以及社会效果究竟应当承担多大责任？显然，司法的解纷能力是有限的，它能够发挥作用的程度是有限的，如果为司法设定过高的要求，就不得不担负一个风险，即将法律之外的因素（道德、政治等因素）引入司法，用道德逻辑、政治逻辑等非法律逻辑作为司法裁判的标准。这意味着，我们将本应由政治、道德乃至社会承担的职能强加于司法之上，要么会造成司法权的过度膨胀和僭越，构成司法对其他权力的侵犯；要么会导致“司法软弱”，使司法轻易受到法外因素的干扰。而无论是哪一种后果，都会从根本上动摇司法的权威性和公信力。2002 年发生在四川泸州的“二奶遗产继承案”②便是司法在与道德较量的过程中，道德逻辑替代了法律逻辑，法官

① 吴英姿：《司法的限度：在司法能动与司法克制之间》，《法学研究》2009 年第 5 期，第 111—130 页。

② 被告蒋伦芳与丈夫黄永彬于 1963 年结婚。1996 年，黄永彬认识了原告张学英，并与张同居。2001 年 4 月 22 日，黄患肝癌去世，在办丧事时，张当众拿出黄生前的遗嘱，称她与黄是朋友，黄对其财产做出了明确的处理，其中一部分指定由蒋继承，另一部分总值约 6 万元的遗产遗赠给她，此遗嘱经公证机关于 4 月 20 日公证。遗嘱生效后，蒋却控制全部遗产。张认为，蒋的行为侵害了她的合法权益，按《继承法》等有关法律规定，请求法院判令蒋给付遗产。一审法院依据《民法通则》第 7 条（公序良俗原则）的规定判决，驳回原告张学英获得遗赠财产的诉讼请求。二审法院驳回上诉，维持原判。

站在道德的高度论证其裁判理由，看似追求的是法律效果与社会效果的统一，却不仅因此备受诟病，而且在一定程度上削弱了判决的权威性。

再次，司法的自由裁量是不可避免的。在任何社会，法律适用的统一性和确定性都只能是一种理论“神话”，因而，建立一种对司法功能限度的理性认识和适度宽容，才是一种正确的法律心理。“法律的不确定性”是一个全球性的司法难题。迄今任何社会都未能提供一劳永逸的对策以应对这一困境。作为一种基本的哲学探究，“既然不能证明何者为绝对真理，那么就应该拒绝独断，使思想处于‘无决断’状态”①。但是，“司法的自由裁量是不可避免的，因为社会实践不可能提供能解决所有可想象到的问题的标准”②。这意味着，在司法领域，不允许也不可能去无限度地追逐一种普适的正义。及时有效地寻找到一个能够证明司法判决之正当性的判准，是绝对必要而且刻不容缓的。对此，西方社会不仅有深厚的法治传统作为根基，而且已经大致形成了较为成熟的理论流派或思潮，这些派系虽然观点各异甚至相左，但至少能够为司法裁判提供充分的理论支撑。有了成熟的理论体系和根深蒂固的法治理念的支撑，在司法实践过程中，法官在做出裁断的时候就有了坚实的理论依据，也就不会轻易地在沸腾民意的影响下摇摆不定；更为重要的是，基于不同的学派或思潮对司法纷争的理论论战，民众对于司法功能和限度也能够形成一种理性的认识和适度的宽容，对司法裁决的认同度就会大大提升。然而，处在转型期的中国社会，理论体系的建构刚刚起步，这就使得在微观的司法制度运作过程中，尤其是在面对分歧和冲突时，法官们常常难以形成统一的立场，司法裁判理由和依据就会显得缺乏合理性和确定性。在这一语境中，仅有法律援助制度的推进，仅有对司法亲民、司法便民的过度宣扬，而缺少对司法的限度的理性认识，缺乏对司法权运作边界的限定，就会在一定程度上刺激社会对司法的过度需求，加剧民众对司法的过度依赖，无形中拔高民众对司法的期望值，从而使司法更加不堪重负，更难以摆脱司法的公信力危机。

---

① 赵汀阳：《坏世界研究：作为第一哲学的政治哲学》，中国人民大学出版社2009年版，第311页。

② Scott J. Shapiro. The "Hart - Dworkin" Debate: A Short Guide for the Perplexed [J]. University of Michigan Public Law, February 2, 2007. Working Paper No. 77. Available at SSRN: http://ssrn.com/abstract=968657.

三、“接近正义”之阻碍因素

鉴于司法资源的稀缺性和司法权能的有限性，以及“贫”与“富”、强与弱等因素导致的社会低收入群体以及被边缘化群体（弱势群体）目前无力充分享受司法资源的现实结构，法律援助制度的存在也无法有效弥合接近正义之理想与现实之间的鸿沟。然而，更引人注目的是，立法和司法决策者对此仍缺乏关切。如本著作第一章中所指出的，尽管在司法民主化改革进程中暴露出的种种现实困境①亟待做出回应，但我们中的大多数人仍然只是在扮演着被动旁观者。事实上，现有的法律体系能够为社会弱势群体提供的权利救济渠道以及相应的制度保障机制，对问题的真正解决贡献甚微。

1. 政府部门对司法资源的投入和分配不均衡

我国法律援助的经费主要来源是政府拨款。然而，国家投入法律援助的经费占财政收入的比例非常低。虽然我国近几年法律援助经费增长很快，但与法治发达国家和地区相比，我国法律援助经费占全部财政收入的比例仍然非常低。据不完全统计，自1999年至2011年，政府拨付的法律援助经费占财政收入的比例在0.0011%~0.0122%之间②，也即我国政府拨付的法律援助经费只占财政收入的万分之一甚至十万分之一，比例极低。

以陕西省为例，自法律援助制度建立以来，陕西省一直面临着经费短缺与巨大的法律援助需求之间的矛盾，经费短缺不仅限制了陕西省法律援助体系覆盖的广度，也影响了法律援助案件的质量。2019年陕西省司法厅、陕西省财政厅联合下发了《陕西省法律援助经费管理办法》（修订版），根据国家的相关规定提高了法律援助案件补贴标准。民事、刑事、行政援助案件补贴为每件1000—3000元，跨区域法律援助案件每件为2000—4500元，无期徒刑、死刑和死刑复核案件按照刑事法律援助案件补贴标准的1.5倍执行。与此同时，提高其他法律援助服务事项补贴标准。律师被法律援助机构指派从事值班工作的，每人每天补贴100—500元；法律援助人员代写法律文书每件补贴200—500元。这一规定虽然相较之前已经大大调高了案件补贴标准，但仍明显低于社会律师平均办案成本，明显滞后

① 参见本书第一章第二节“司法民主化亟待回应的社会问题”。

② 法律援助经费及其中的财政拨款的数量均来自《中国法律年鉴》，财政收入数据来自国家统计局官方网站。

于现代社会权利保障与救济所必需的水平。这在很大程度上挫伤了法律援助工作人员的办案积极性,直接影响了办案质量。

附表1 2011—2019年度陕西省司法厅法律援助经费支出情况

年份	法律援助支出金额及用途
2011	法律援助支出251万元,用于开展法律援助工作的支出,包括法律援助办案经费、法律援助三秦行经费、法律援助日大型宣传活动经费、开通“12348”法律援助热线经费等。
2012	法律援助支出255万元,用于开展法律援助工作的支出,包括法律援助办案经费、法律援助志愿者走基层活动经费、法律援助日大型宣传活动经费、开通“12348”法律援助热线经费等。
2013	法律援助支出325万元,用于开展法律援助工作的支出,包括法律援助办案经费、法律援助公益宣传广告、法律援助日大型活动经费、开通“12348”法律援助热线经费等。
2016	法律援助年度拨款232.40万元,支出232.40万元,用于开展法律援助工作的支出。
2017	法律援助183.68万元,主要用于开展法律援助工作的支出。
2018	法律援助支出245.26万元,主要用于开展法律援助工作的支出。 2018年司法厅评选法律援助典型案例210件,开展12次法律援助宣传活动,评抽法律援助案卷1200件,法律援助覆盖率100%,电话回访受援人3480人,法律援助办案标准1200元。法律援助社会知晓率96%,法律援助服务人员能力有效提高;受援人满意率99%。
2019	法律援助2019年年初预算260万,调整预算为240.63万元,支出决算240.63万元,决算数与预算数持平。 2019年全年办理法律援助案件4.2万件,法律服务体系建设“12345”陕西模式被司法部向全国推广。办理法律援助案件1100件,评选法律援助典型案例220件,开展12次法律援助宣传活动,评抽全省法律援助案卷1200件,法律援助覆盖率100%,电话回访受援人3390人,法律援助社会知晓率96%,受援人满意度98.6%。

附表 2 2011—2018 年陕西省年度法律援助工作统计信息①

<table>
<tr><th></th><th>2018 年上半年</th><th>2017 年</th><th>2015 年</th><th>2014 年</th><th>2013 年</th><th>2012 年</th><th colspan="2">2011 年</th></tr>
<tr><td>法律援助机构总数</td><td>118 个</td><td>118 个</td><td>127 个</td><td>118 个</td><td>118 个</td><td>118 个</td><td colspan="2">118 个</td></tr>
<tr><td>法律援助机构人员总数</td><td>693 人</td><td>693 人</td><td>678 人</td><td>583 人</td><td>549 人</td><td>601 人</td><td colspan="2">612 人</td></tr>
<tr><td rowspan="3">法律援助案件总数</td><td rowspan="3">18128 件</td><td rowspan="3">38375 件</td><td rowspan="3">31258 件</td><td rowspan="3">30766 件</td><td rowspan="3">26139 件</td><td rowspan="3">22258 件</td><td rowspan="3">总数 17597 件</td><td>刑事 2424 件</td></tr>
<tr><td>民事 15082 件</td></tr>
<tr><td>行政 91 件</td></tr>
<tr><td>法律援助受援人总人数</td><td>18820 人</td><td>40059 人</td><td>33299 人</td><td>32673 人</td><td>27798 人</td><td>23902 人</td><td colspan="2">19875 人</td></tr>
<tr><td>挽回损失或取得利益总金额</td><td>3. 64 亿元</td><td>8. 25 亿元</td><td>5. 49 亿元</td><td>4. 35 亿元</td><td>4. 4 亿元</td><td>3. 45 亿元</td><td colspan="2">28428. 7 万元</td></tr>
<tr><td rowspan="2">接受群众法律援助咨询总数</td><td rowspan="2">81509 人</td><td rowspan="2">187908 人</td><td rowspan="2">205105 人</td><td rowspan="2">167200 人</td><td rowspan="2">148700 人次</td><td rowspan="2">139800 人</td><td colspan="2">来访咨询人总数 91162 人</td></tr>
<tr><td colspan="2">来电咨询人总数 49071 人</td></tr>
</table>

在法律援助经费有限的情况下，是应该优先保障对刑事案件的援助，还是优先保障对民事案件的援助，这也成为司法“接近正义”改革面临的一个棘手问题。因为，它直接关涉法律援助案件的类型、范围的设定。由于刑事诉讼涉及剥夺公民的自由、甚至生命等自然人最为重要的权利，而民事案件通常涉及的是财产，其重要程度低于刑事诉讼。因而在法律援助经费短缺的情况下，多数国家和地区都尽量控制、甚至缩小民事法律援助的范围，从而确保依法应当为其指定辩护的犯罪嫌疑人、被告人都能获得必要的法律援助。

① 附表 2 信息来源于陕西省司法厅官方公布数据，2016 年数据官网未公布。官网链接：http://sft.shaanxi.gov.cn/search/searchResultGJ.jsp? site_id=CMSsft&t_id=58&st=1&q=陕西省法律援助工作统计信息&scope=&type=&categoryId=&ts=&te=. 最后访问：2022 年 5 月 5 日。

但在我国，情况刚好相反：民事法律援助案件在全部法律援助案件中占绝大多数，刑事法律援助案件所占比例不到一半，而且在逐年降低。根据《中国法律年鉴》发布的不完全统计数据，在我国法律援助经费以及刑事案件的数量都大幅度增加的情况下，刑事法律援助案件数量没有实现同比增长，这是极不合理的现象。例如，2003 年时，全国法律援助总量大约14 万件，到了 2011 年已经增长到了 80 余万件，但刑事法律援助的数量自2006 年来几乎始终保持在 11 万件左右，仅占到全部法律援助案件的 20%左右。① 刑事法律援助案件，无论在案件数量还是受援助人数上，与其他类法律援助案件相比远远不及。

近年来，在新一轮司法体制改革的推动下，围绕《法律援助条例》和《刑事诉讼法》修订对刑事法律援助的完善，《关于完善法律援助制度的意见》《关于开展法律援助值班律师工作的意见》《关于开展刑事案件律师辩护全覆盖试点工作的办法》等文件相继出台，刑事法律援助制度的进一步完善取得了积极成效。2017 年 9 月，司法部会同最高人民法院部署在北京等八个省（市）开展刑事案件律师辩护全覆盖试点。该政策当年即释放出较为明显的改革红利，为犯罪嫌疑人、被告人提供辩护案件达到 7084件，同比增长达 59.45%；2018 年 10 月 26 日，全国人大常委会通过了《中华人民共和国刑事诉讼法修正案》，通知辩护制度进一步巩固，刑事案件律师辩护全覆盖试点政策红利进一步释放，全年为犯罪嫌疑人、被告人提供辩护案件 10025 件，同比增长 41.52%；2019 年，试点政策保持平稳，为犯罪嫌疑人、被告人提供辩护案件 10547 件，同比增长 5.19%。2020 年，因受疫情影响，为犯罪嫌疑人、被告人提供辩护案件为 7731 件，仍高于 2017年水平。②

2. 缺乏对法律援助制度实效的评定标准

法律援助的办案质量与实效问题在各个国家的法律援助机制中都存在。许多国家的律师协会都制定了相应的管理准则，要求法援律师在涉及贫困群体法律帮助的个别案件中应当提供有效援助。这些准则要求由各国政府建立专门机构作为经费与责任的承担者，由法院任命或者指定具备相应资格的律师和志愿者担任法援律师，并监督和考核其援助行为的完成与效果。这些准则通常包括对案件数量的限制、对与诉讼有关的费用的支

① 李松、黄洁：《我国刑事法律援助远低于民事》，《法制日报》2012 年 3 月 27 日。

② 李天琪：《〈开启中国法律援助新时代〉系列三：法援法，助力刑事案件辩护全覆盖》，《民主与法制》2021 年第 41 期。

持以及与客户进行事实调查和沟通的要求，所有这些制度原本都可以大大提高法律援助的质量。然而，大多数法域对于这些标准和准则都无法真正落实，而只是将其作为漂亮的数据和政绩加以展示。

作为一项重要的民生工程，我国从20世纪90年代开始试点到2003年国务院颁布实施《法律援助条例》，由政府主导的法律援助模式逐渐成形并不断走向完善，在维护司法公正和社会稳定等方面发挥了积极作用。但是随着法律援助案件数量的迅速增长以及法律援助范围的不断扩大，法律援助案件的质量问题日益受到社会关注。法律援助质量是法律援助工作的生命线，是法律援助的核心和精髓。法律援助的职能和价值能否得以切实发挥，关键在于法律援助质量能否得到充分保障。2004年，司法部下发《律师和基层法律服务工作者开展法律援助工作暂行管理办法》较早地规定办案质量问题。其中第13条规定，法律援助机构应当采取对结案材料审查、办案质量反馈、评估等方式，督促律师和基层法律服务工作者尽职尽责地开展法律援助工作，确保法律援助服务的质量。律师协会应当按照律师协会章程的规定，对实施法律援助工作予以协助，指导律师和律师事务所不断提高办理法律援助案件的质量，维护律师在开展法律援助工作中的合法权益。2014年，《中共中央关于全面推进依法治国若干重大问题的决定》对法律援助提出了更高要求，明确指出要“完善法律援助制度，扩大援助范围，健全司法救助体系，保证人民群众在遇到法律问题或者权利受到侵害时获得及时有效法律帮助”。2015年6月，中办、国办印发《关于完善法律援助制度的意见》，将“提高法律援助质量”作为加强法律援助工作的重要内容。但实际情况是，到目前为止，我国法律援助整体办案质量及其保障机制堪忧。因此，如何高质量推进法律援助工作，成为新时代摆在政法工作者面前的一道重要难题。

在实践中，法律援助质量难以保证的困境突出表现为如下几个方面的“不正常”：

(1)“你辩你的，我判我的”。律师辩护中最不正常的现象莫过于此，回顾近年来的若干起重大冤假错案，我们发现，律师辩护中最大的问题不在于律师不能够提出正确的辩护意见，而在于律师提出的正确辩护意见

“曲高和寡”,没人理,得不到采纳。如佘祥林案①、杜培武案②就是典型,这两个案件中律师的辩护意见都可谓呕心沥血之作,一针见血指出了问题所在,事后证明这些意见都是符合客观事实的。但这些辩护意见不约而同地都没有被采纳,检察院怎么诉,法院就怎么判。为什么同是法律专业人士,律师能看到问题,检察官就看不到,法官也看不到,问题究竟出在哪里呢?

(2)对公然侵犯律师辩护权的违法行为,没人管,没人理。《刑事诉讼法》实施后,律师的辩护环境不是更好了,而是更差了。为解决律师辩护中的各种难题,尤其是“会见难”问题,2012 年 12 月 26 日,由全国人大常委会法制工作委员会、最高人民法院、最高人民检察院、公安部、国家安全部、司法部联合发布了《关于刑事诉讼法实施中若干问题的规定》,该规定于 2013 年 1 月 1 日正式实施。应该说,这一规定对于律师会见等问题做出的规定是比较明确的,但实际执行的情况是律师的会见还是难,还是要经由公安、检察等部门批准。从而使律师“会见难”成了一种特有现象,且这种现象在全国公然存在。这关涉的是执法部门集体、普遍、大规模的严重违法行为,但就是“既没有人管,也没人敢管”。法律的权威何在?如果法律没有权威,以法律作为武器的律师存在有何价值?又能够发挥多大作用?

(3)面对刑讯逼供,律师通常也无能为力。刑讯逼供是导致冤假错案的一大源头,几乎所有的冤假错案中都有刑讯逼供的影子,但遗憾的是,律师面对刑讯逼供却无能为力,尤其对于法援律师而言更是如此。例如,在杜培武案中,杜培武本人就是公安人员,他的妻子也是公安人员,但当他处于犯罪嫌疑人这一角色时,昔日的同事并未手下留情,而作为公安人员的杜培武在刑讯逼供面前,也只能选择“你们让我说什么,我就说什么”的方式来暂求自保。杜培武被刑讯逼供后向驻所检察官递交了申诉书,提出了

① 佘祥林,又名杨玉欧,湖北省京山县雁门口镇人。1994 年 1 月 2 日,佘妻张在玉因患精神病走失失踪,张的家人怀疑张在玉被丈夫杀害。同年 4 月 28 日,佘祥林因涉嫌杀人被批捕,后被原荆州地区中级人民法院一审判处死刑,剥夺政治权利终身。后因行政区划变更,佘祥林一案移送京山县公安局。经京山县人民法院和荆门市中级人民法院审理,1998 年 9 月 22 日,佘祥林被判处十五年有期徒刑。2005 年 3 月 28 日,佘妻张在玉突然从山东回到京山。4 月 13 日,京山县人民法院经重新开庭审理,宣判佘祥林无罪。2005 年 9 月 2 日佘祥林领取 70 余万元国家赔偿。

② 云南省昆明市公安局戒毒所民警杜培武,因故意杀人罪于 1999 年 2 月 5 日被昆明市中级人民法院一审判处死刑,剥夺政治权利终身。1999 年 10 月 20 日被云南省高级人民法院以故意杀人罪终审判处死刑,缓期两年执行,剥夺政治权利终身。2000 年 7 月,因真凶(当地派出所民警杨天勇等人)被抓获,杜培武被云南省高级人民法院再审改判无罪,当庭释放。7 月 11 日,昆明市公安局以昆公监发〔2000〕12 号文件恢复杜培武于 2000 年 3 月 7 日被开除的公职,同时恢复工资及福利待遇。

控告,其辩护律师也代为向有关部门反映,但也只能如此。法官对杜培武被刑讯逼供的问题并不感兴趣,驻所检察官拍的伤情照片也不翼而飞。难道这只是偶然的吗?在这样的一种环境中,律师又该做什么呢?

(4)律师不敢调查取证。在佘祥林杀妻案中,几名反映曾在案发后见过佘祥林妻子的村民被关押,佘祥林的母亲因为儿子申冤也被关押了 9 个月。可见,在司法实践中,律师对调查证据往往并不主动,原因在于,取得无罪证据就是对侦察工作的否定,就说明其中必有一方是错的,而究竟谁错,公安机关更有话语权,不仅有话语权,还随时可以以涉嫌伪造证据为由对律师或证人采取必要的强制措施。所以,律师也只好“惹不起还躲得起”。

(5)无罪、罪轻通常一起辩。本来,无罪就是无罪,有罪就是有罪。但中国律师有时不得不“自相矛盾”,先辩被告人无罪,然后再补充和强调存在从轻情节。若碰到“高明”的法官,会要求择一而辩,此时,律师只好做出艰难抉择。但问题在于,你辩无罪,法院却对被告人做出了死刑判决,这种死刑判决对于被告人而言就属于一种“突袭性裁判”,因为,做无罪辩护的律师通常无法在量刑问题上进行充分论证和辩护,这就会致使被告人权益不能得到充分的保护。可是,如果选择罪轻辩护,律师显然又会觉得对不起当事人,无罪的案件怎么能辩罪轻?所以,律师这时就会陷入两难。更为严重的问题是,经常会出现判决罪名与起诉罪名不一致的情况,完全是“你诉你的,你辩你的,我判我的”。这样的司法判决,无疑是严重无视当事人诉权以及律师辩护权的存在价值和意义。

(6)律师通常被排除在死刑复核程序之外。死刑复核程序是死刑案件最后的一道关口,但我国现行死刑复核程序基本上是封闭式程序,最高人民法院复核死刑案件,只在法院内部进行,辩护律师是被排除在外,根本无法有效地发挥其辩护功能。2014 年 12 月 29 日,最高人民法院印发了《关于办理死刑复核案件听取辩护律师意见的办法》,正式规定了在死刑复核程序中律师可以申请会见法官。应该说,这一规定有其进步的一面,看到了律师辩护对于防止冤假错案的积极意义,“人命关天”,特别是有冤屈之人,多一次呐喊就多一个“沉冤得雪”的机会。但是,这种“求见”仍有很大局限性,得到法官会见的律师又能够在多大程度上参与对案件的实质性影响,这仍是一个亟待解决的难题。

上述这些“不正常”现象仅从律师视角就足以说明法律援助质量堪忧;而从法院以及司法监管部门角度而言,正是缺乏对法律援助质量的监管、评估和问责机制,使得法院及监管部门不仅无从着手进行有实质意义的管控,甚至使自己更成为律师发挥其法律救助功能的主要阻碍因素。

3. 司法部门缺乏对“无效法律援助”的积极干预

如学者们普遍认同的那样,大多数政治家(各级政府)都不甚情愿或者无力为法律援助制度提供足够多的预算,那么司法干预和监管则是唯一可行的解决方案。然而,事实上我们的法律援助监管机构以及法院不仅没能阻止无效法律援助的发生,而且在出现援助不称职之后果时,也未能提供适当的补救措施。此时,受害者则面临两个近乎无法克服的障碍:一是缺乏愿意且能够证明其案件有缺陷的律师及相关责任机构;二是几乎不可能负担的举证责任。

虽然法律援助这一制度是针对无力聘请私人律师的群体而言,其制度设计的初衷无疑是完美的。但实践中在大多数情况下,这一制度的实效性并不理想。尽管从长远来看,刑事司法制度的合法性正是来源于对社会中弱势群体乃至全体公民合法权益以及诉权的平等的宪法保障。但是,具体个案中的“有效辩护”和“有效援助”问题仍十分严峻。

即使法律及相关司法解释中明确规定了法律援助的范围和必须为当事人指定律师的情形,其所涉范围却是绝对不够的。例如,下述案件的存在就绝非个例。

> 江苏连云港市海州区新坝镇大屯村现年74岁的老太太李某兰,因2018年3月种植罂粟被举报。2020年3月26日,江苏省连云港市海州区人民法院做出一审判决,以李某兰犯非法种植毒品原植物罪,判处有期徒刑三年,缓刑三年,并处罚金人民币五千元。一审判决宣告后,李某兰未提起上诉,公诉机关也未抗诉。因案件系法定刑以下判处刑罚,海州区人民法院报送连云港市中级人民法院核准。裁定书显示,中院组成合议庭复核后认为,原判认定李某兰犯非法种植毒品原植物罪的事实清楚,证据确实,定罪准确,但李某兰没有法定的减轻处罚情节,原判在法定刑以下量刑不当。故裁定撤销原判决,发回重审。2020年9月19日,案件在海州区人民法院重审开庭。同日,李某兰被逮捕,羁押在连云港市看守所。最终,李某兰因犯非法种植毒品原植物罪,被判处有期徒刑五年,并处罚金人民币六千元。
>
> 老人的儿媳告诉媒体记者,婆婆没上过学,是个文盲,当时是因为别人说这个种子开花好看,“就向邻居要了两颗种子,撒在上面,也没管它”。《华商报》等媒体以“74岁老人误种罂粟被判5

年”报道后，引发广泛关注。①

此案中非常值得重视的一点是，该案的代理律师在2020年10月底才接受家属代理的申请，随后前往看守所和李某兰沟通，才得知法院已将判决书交给李某兰，在接手案件时，已过上诉期。北京市律师协会刑事诉讼法专业委员会副主任刘玲曾提出，这个案件是否构成非法种植毒品原植物罪，值得讨论。当事人70多岁，系文盲，且长期生活在农村，对所种植的植物缺乏基本认知，不具备种植毒品原植物的主观故意。李某兰是年过七旬的老人又是文盲，难以知晓辩护律师参与诉讼的作用和意义，因此法院仍有责任通知其家属委托辩护律师。在家属未委托律师的情形下，则应按“辩护全覆盖”的要求，通知法律援助机构指派律师提供辩护，这才是充分保障被告人辩护权行使的适当做法。

从理论上讲，对于无律师辩护的刑事被告人的法律援助如果出现过错或者瑕疵，被告人通常可以有三种可能的救济方式和结果，即纪律投诉、民事索赔和推翻其定罪。事实上，前两种救济办法几乎从来没有适用过。被定罪的罪犯是无法收获同情心的，因此他们也很少能找到真正尽职尽责的律师来帮助他们处理诉讼问题。即使相关的律师职业伦理规范中有对律师尽职尽责考量的规范性条款，律师执业纪律机构通常也无法认定何为“合理的疏忽”，甚至严重的疏忽或过错也很少会带来任何不利后果。此外，通常可用的制裁，如私下指责、公开谴责或暂停执业，对提出申诉的被告人本身而言也毫无帮助。

实践中，对法律援助案件的质量和实效的把控也同样是难以捉摸的。因为，除非被告人能够证明他们的律师确实没有尽职尽责，否则结局的扭转将毫无希望。这就是说，他们不仅必须证明自己是无辜的，还必须证明援助律师的辩护或代理是有过错的。这一举证责任对于一个本就需要法律援助的人来说，无疑是其无法承担的。即使对认罪认罚或最终判决产生重大影响的事实，通常也难以证明是由于援助行为不当造成，甚至诸如不遵守上诉期限等明显失误和过错也难以通过有效的监督加以避免，更不用说需要充分辩护和证明的事实和法律依据了。鉴于在刑事案件中证明法律援助中是否存在不当行为的上述困难，就更少有律师愿意以无偿服务的

① 案件细节请参见《新京报》官微2020年11月29日报道：“七旬老人种4104株罂粟获刑5年，是否属‘明知故犯’成焦点”，最近访问：2020年12月14日，http://m.hao123.com/news/shoubaiDetail/9425720813845383438.

方式去代理提出此类索赔，那么，可以想象，受害者更是几乎无法为自己启动相应的追诉程序。

从个别被告人的角度来看，针对无效法律援助最可取的补救办法是，推翻定罪或宣布之前的认罪无效。然而，在这方面，应对这些挑战的障碍通常是无法克服的。即使是那些能够设法证明其律师的表现在法律上有瑕疵的被告也不一定会如愿以偿；他们必须面对对生效判决和指控的重审，并冒着再审结果或认罪协议会更糟糕的风险①。

当事人可能遇到的另一个障碍是，聘请律师帮助以主张民事或行政索赔往往更难。根据宪法规定，经济上有困难的被告人只有在初次诉讼时才有权得到法院指定的律师。但如果像上述情况那样，该律师提供的法律援助未能达到尽职尽责，抑或是后来出现了为被告人开脱罪责的证据，被告人在随后的上诉中则无权获得政府指定的法律援助律师。他们也没有权利在被定罪后的重审、再审以及死刑复核程序中获得援助，以纠正在上诉时的法律或事实错误。由于这些终审判决生效后的重审、再审程序在技术上是刑事案件的“附带”性程序，因此不属于法律援助所保障的范围。因为，法律援助程序旨在保障在初审案件中无支付能力的刑事被告人获得法律帮助的权利。

即使是公益志愿者的参与也无法填补这一法律制度上的缺位状况。为了帮助被定罪后仍有诉讼需求的非死刑的囚犯也能够获得律师的帮助，囚犯本人首先必须自己起草相关的申请书，并提出一个合理的权利救济要求。这无疑要求该囚犯必须对相关的程序法和实体法有一定理解，甚至需要超出大多数贫困的法律援助申请者对法律的认知水平和能力。因此，从实际情况看，有能力提出申请且其申请能够被批准的，不到此类囚犯的1%甚至更少。

更为严峻的是，即使在判决生效后的申诉程序中获得了指定的援助律师为其提供辩护和代理，其最终的结果也未必能更好。由于此类案件的收费标准极低甚至是无偿的，因而根本无法激励援助律师进行充分准备，针对“消极援助”或“无效援助”的不称职行为，相关的法律条款和法院裁决并无清晰明确的标准加以界定，有效的司法监管也几乎不存在。而其不称职行为本身在司法实践中往往也不构成无效法律援助的理由。例如，通常

---

① 尽管各国刑法以及刑事诉讼法中都有“上诉不加刑”原则来限制此类情况的出现，但重审、再审案件并不受此原则的约束，因而在重审、再审案件中出现结果更不利的情况也是极为常见的。

情况下，即使律师的错误令人震惊，严重到如在死刑案件中错过了提交上诉的截止日期，最高法院仍然可以按照法定程序判决被告死刑立即执行。这就是说，如果因律师的疏忽大意致使被告人放弃了上诉，就意味着当事人的生命便因为其疏忽大意而被剥夺了。

第二节 “自下而上”的“接近正义”改革新战略

“接近正义”是西方社会兴起的一项真正关注“穷人”以及被边缘化的社会弱势群体之法律需求的法律发展运动，更是一场轰轰烈烈的司法改革浪潮。这一改革取向意在帮助“穷人”和社会弱势群体，使他们能够通过司法资源的平等享有，真正获得“接近正义”的机会，并能够平等地利用法律制度改善他们的生活。

将“接近正义”理念进一步推进的，是“法律赋权”（Legal Empowerment）运动。这是以“穷人”以及社会边缘群体为目标，通过正式和非正式国家机构制度改革，以及民间社会力量的加入，帮助“穷人”以及社会边缘群体运用法律和司法途径实现其对正当权益的维护与救济。不过，它与“接近正义”改革的基本假设和目标仍存在一些差异。司法“接近正义”改革的基本假设是“穷人”和弱势群体因经济原因而无法支付其获得有效的法律帮助的对价，这通常是由于法律和司法的成本过高，即司法制度在构建上剥夺了他们保障他们的自身权利的机会和能力。而“法律赋权”改革的侧重点是，关注到了这类群体自身先天缺乏一种运用法律和司法的权力、机会以及能力，而正是这种先天性的缺乏，阻碍了他们运用法律和司法工具来掌控他们的生活、改善他们的生计。

例如，联合国贫困人口法律赋权委员会①（UNCLEP，the United Nations Commission on Legal Empowerment of the Poor）就是致力于通过识别出符合条件的“穷人”并向他们提供使其受益的法律和司法手段，帮助他们不仅在法治框架中获得更大的安全，而且能够创造更多财富，最终真正消除贫困。UNCLEP 的工作基于这样一种理念，即贫穷的妇女和男性在关于其资产管理和交易领域，都普遍缺乏有效的法律保护和支持，因此，“法律赋权”改革的重点是，通过使相关领域的问题法律化和规范化，来消除这类群

---

① United Nations Commission on Legal Empowerment of the Poor (2008), Making the Law Work for Everyone: Report of the Commission on Legal Empowerment of the Poor, United Nations Development Programme, New York. pp. 3.

体适用规范时与其他优势群体之间的差距。①

简言之,西方社会“接近正义”的改革实践表明,通过不断增加司法资源的供给、降低司法的成本以及拓宽权利救济渠道等举措,并不能真正提高司法的可接近性(accessibility),提升司法的民主性和公信力。事实上,这种实践逻辑忽视了一个非常关键的问题,即司法的限度问题。美国学者尼尔·K. 考默萨曾指出,法院在处理边界清晰、相对简单的社会问题时,即争议本身并不复杂且涉及人数较少的时候,其功能发挥最好,法官们的表现往往也是最令人满意的。可是,一般而言,在这种情况下,当事人往往并非最需要司法的保护。因为,法院能处理的这些简单而清晰的问题,其他的制度同样也能够妥当解决,而最需要司法做出决断的情形,恰恰是其他制度不能或很难发挥作用的情形。②

这意味着,要使司法真正贴近和感受民众的需求和愿望,保证所有人拥有平等接近正义和诉诸司法的机会,至少需要明确两大重要问题:首先,应当明确司法所能发挥作用的范围和限度,即司法究竟能够在何种范围以及何种程度上满足社会和民众对司法的需求;其次,应当明确究竟哪些群体的何种需求急需由政府承担法律援助的义务和责任。无法澄清以上两大问题,就会陷入一种对司法的“乌托邦”式的苛求,这不仅会无形中拔高人们对司法功能的期望值,刺激社会对司法的过度依赖,从而使司法不堪重负,更为严重的后果是,一旦个体诉求不能通过司法得到充分满足,司法就会成为社会矛盾的集聚点和矛盾各方泄愤的“火山口”,司法的权威性和公信力就会陷入危机。

一、司法“接近正义”运动从理念到实践的推进

从20世纪初开始,伴随着英国工会运动的成熟和社会福利制度的发展,为工会成员提供专门的私人法律服务,特别是由工会顾问律师为其个体成员提供专门针对有关工伤损害赔偿的法律帮助,成为一项使司法更具民主性的新的制度尝试。这项举措逐渐发展为公益运动(Pro Bono Movement)③,越来越多的私人律师开始帮助客户解决更多的民事诉讼问

① I. S. van de Meene and B. van Rooij. Access to Justice and Legal Empowerment : Making the Poor Central in Legal Development Co-operation. Leiden University Press, 2008, pp. 7.

② [美]尼尔·K. 考默萨:《法律的限度:法治、权利的供给与需求》,申卫星、王琦译,商务印书馆2007年版,第53—54页。

③ Deborah L. Rhode, Pro Bono in Principle and in Practice, 2003, available at www. ssrn. com, excerpted at 54 Journal of Legal Education 413 (2003).

题。这一运动在20世纪30年代发展成为“穷人的律师运动”(Poor Man's Lawyer movement)①。该运动在第二次世界大战中得到迅速发展,最初主要集中于解决因战争而被拆散的家庭所引发的婚姻问题,随后发展成为旨在推行一种更广泛和普遍意义上的法律援助制度。②

随着1949年英国《法律援助法》的通过以及工党政府推行的其他福利制度改革,为支付能力有限的公民提供刑事和民事法律咨询和法律援助已成为各国政府的一项重要民主职能。与此同时,工会运动也成功地迫使政府将“努力消除工会成员提起人身损害赔偿诉讼的障碍”确立为政府的义务和责任。此后,这些改革举措的受益者逐渐突破了工会成员的范围,扩大至所有符合法律援助申请标准的群体。③

20世纪60年代,西方世界进入了诉讼爆炸的时代。为了应对诉讼成本高昂、诉讼迟延、当事人诉讼能力的不平衡、诉讼制度的烦琐和难于理解以及诉讼结果的不确定性等④重重困境,意大利著名法学家莫诺·卡佩莱蒂(Mauro Cappelletti)首先提出了“接近正义”(Access to Justice)这一司法改革的新理念,并在全球范围内推动了一场影响深远的“接近正义”司法改革运动。⑤ 这场改革的核心目标就是为了使司法具有高度民主性,使其真正贴近和感受民众的社会需求和愿望,保证所有人拥有平等地进入法院的机会。⑥ 这一理念迅速成为一种全球性司法改革目标。

莫诺·卡佩莱蒂无疑是在“接近正义”领域最重要的研究者。正是在他开先河式的领导下,1970年代在佛罗伦萨大学法学院开展的这个“佛罗伦萨接近正义项目”(Florence Project)是最早开始关注司法的实效和质量问题研究的。正如卡佩莱蒂教授和他的同事Bryant Garth所表达的,他们

① John Peysner. Access to Justice: A Critical Analysis of Recoverable Conditional Fees and No-Win No-Fee Funding. First published 2014 in UK by PALGRAVE MACMILLAN.

② Jack Katz, Poor People's Lawyers in Transition 44 ,New Brunswick, N. J. : Rutgers University Press, 1982.

③ Harry P. Stumpf, Henry P. Schoerluke & Forest D. Dill, *The Legal Profession and Legal Services: Exploration in Local Bar Politics*, 6, Law and Society Review 47, 49 (1971).

④ 参见齐树洁:《英国民事司法改革》,北京大学出版社2004年版,第2页。

⑤ 卡佩莱蒂教授推进的这一司法改革项目,先是由福特基金会、意大利研究委员会(DIE)、意大利教育部等机构发起和出资,由佛罗伦萨的比较司法研究中心、欧洲大学研究院等研究机构执行,最终形成了著名的四卷本的巨著《接近正义》,成为全球性接近正义改革的百科全书,进而在欧洲乃至全球掀起了一股“接近正义”的司法改革热潮。

⑥ [意]莫诺·卡佩莱蒂:《比较法视野中的司法程序》,徐昕、王奕译,清华大学出版社2005年版,第46—63页。

试图确立一个“司法公平的最低标准”①,并且基于一个长期的调查研究,他们得出了一个重要结论:目前的法律制度既不能充分地,也无法有效地保护公民的权利和利益,而目前看似健全的司法系统,实际上却面临着各种障碍,其中经费问题仍然是这些障碍中最严重、也是最古老的障碍之一。国家支持对促进个人接近正义和诉诸司法无疑很重要。

1.“接近正义”制度改革的三“波”浪潮

“接近正义”制度改革实践被学者们概括为三“波” (wave)②。“第一波”以法律援助制度为核心,旨在通过改革现行制度,为贫困者提供法律服务;“第二波”以“公益诉讼”“集团诉讼”等为核心,旨在让消费者或者环境保护主义者有机会要求获得“扩散利益”的机会③;“第三波”则以非正式的替代性纠纷解决机制(ADR, Alternative Dispute Resolution)的出现为标志,旨在以新的多元化的解纷方式拓宽权利救济渠道,以满足更广范围的社会弱势群体的诉求。与此同时,一系列官方或非官方的网络平台相继建立④,以更加广泛和便利的方式推进“接近正义”实践活动的展开。

一波又一波的改革都在努力改善各国司法的“接近正义”的状况。最初,这些改革的重点和焦点是法院和律师,因为他们是改善低收入群体诉诸正式司法渠道实现权利救济的关键环节。尤其是法院,它始终被视为司法的核心支撑要素,当然对于衡量“司法的民主性”至关重要。因此,早期的“接近正义”改革重心是,通过建立法律援助和类似的公益法律服务,来增加民众诉诸司法的机会,从而帮助有诉讼需求却无力支付的人能够进入正式的司法程序维权。随后的改革浪潮侧重于司法系统内部的结构性不平等,包括试图简化司法和法院审判程序,并改进相应的可用于协助刑事司法的效率的辩诉交易等参与性司法程序。另外一些新的改革举措往往采用更多非正式的方式,包括设立行政法庭和监察员,以及替代性纠纷解决办法(ADR)机制等。

---

① M. Cappelletti and B. Garth, ‘Foreword’ in M. Cappelletti and B. Garth (eds.), Access to Justice - Emerging Issues and Perspectives (Alphen aan den Rijn: Sijthoff and Noordhoff, 1979), pp. vii-viii.

② [意]莫诺·卡佩莱蒂:《福利国家与接近正义》,刘俊祥等译,法律出版社2000年版,英文版序言。

③ [美]诺内特、塞尔兹尼克:《转变中的法律与社会:迈向回应型法》,张志铭译,中国政法大学出版社1994年版,第4—5页。

④ 例如,由英国司法部、律师协会以及社会法律志愿者联合会共同组建的“接近正义基金会”(The Access to Justice Foundation),http://www.atjf.org.uk/;澳大利亚新南威尔士州政府建立的“接近正义”网络服务平台,http://www.lawaccess.nsw.gov.au/等等。

随着制度移植与制度建构的初具规模，制度功能与制度实效之间的“张力”开始不断显现。例如，国家在法律援助中投入了大量资源，可是，在实践中，参与法律援助的法律职业者在数量上仍远远不能满足现实需求，尤其是在最需要获得帮助的贫困、偏远地区，法律援助的覆盖面远远不够；不仅如此，法律援助在质量上也无法满足现实需求。因为，提供免费法律服务的往往是刚刚出道或经验不足的年轻律师，而且，法律援助的服务质量往往依赖于法律职业者对弱者的同情，依赖于律师的良心和对职业的奉献精神。

诸如此类状况的存在使得“接近正义”的理论前提开始受到学者们的反思和批判。美国学者诺内特和赛尔兹尼克指出，福利国家中的“分配正义”无法真正消除司法“接近正义”的危机。因为，福利国家只意味着出台一系列的新法案，将改善贫困者、少数民族等社会弱势群体和边缘化群体的经济状况的任务确立为政府的义务。可是，如果政府无法实施或者无法兑现这些法律的承诺，就会引发“福利国家”自身的危机以及政府公信力的危机。① 美国学者 Deborah L. Rhode 更进一步指出，在新的时代背景下，司法应接近“谁”之正义、何种“正义”等一些根本性问题，必须在理论上重新加以澄清，方能弥合“原则(Principle)”与“实践(Practice)”之间的鸿沟。②

2.“接近正义”之新浪潮的推进

随着“接近正义”改革运动的不断深化，尤其是法律援助在全球的推广和完善，学者们发现，需要法律援助的群体在不断扩大，而投入法律援助的经费却在不断紧缩。在经历了 1973 年全球石油危机和通货膨胀上升时期后，各国政府的预算压力普遍增大，各国政府的行政当局在各个方面都面临经费的紧张，因此，获得法律援助的资格标准也被不断拔高。例如，在英国的撒切尔政府和布莱尔政府时期，都加强了对国家干预性投入的限制，继续采取拔高法律援助资格标准的政策。这无形中扩大了“穷人”和富人之间的鸿沟，并且在那些仍然有资格获得法律援助的“穷人”，和那些有能力支付自己的律师费用的富人之间，又导致一个新的群体也被卷入困境，即被称为“中等收入而无权获得法律援助群体”(MINELA, Middle Income Not Eligible for Legal Aid)。这个群体尚没有穷到符合政府规定的

① [美]诺内特、塞尔兹尼克：《转变中的法律与社会：迈向回应型法》，张志铭译，中国政法大学出版社 1994 年版，第 19—22 页。

② Deborah · L · Rhode. Access to Justice [M]. New York: Oxford University Press, 2004, pp. 3.

获得法律援助的资格,但又确实没有富到能够依靠自己的力量聘请私人律师,但他们又的确非常需要有效的法律帮助。尽管如此,由于欧洲各国政府的财政政策迫于压力而不断紧缩,法律援助资金也继续收紧。

“接近正义”的改革很大程度上是从正式司法系统内部推动的。虽然是针对被理解为符合公益的目的,并为了满足个人和企业的司法需求,但这些改革往往并非是从公民的法律需求出发,而更多是从政府在应对法律纠纷和司法困境时能够做什么为出发点,即启动法律程序以及满足这些需求的最便捷有效的方法是什么。换言之,传统的改革进路是从制度“供给者”视角,而非制度“需求者”视角在探寻“接近正义”之路。直到1990年代末,世界经合组织成员国及其伙伴国家才开始认识到,传统的“接近正义”改革的结构和侧重点可能并不总是适当的,应当从民众需求的观点和实践经验中挖掘接近正义及诉诸司法改革的正确方向。①

3. 从“接近正义”到“谁之正义”的“需求者”视角转换

虽然全球经济正在复苏,但据世界经合组织的调查显示,市场风险和缺乏安全性以及低收入群体的广泛存在这一状况愈发严峻。因而,“以人为本”的视角转变被认为是将全球的“包容性增长”(Inclusive Growth)与“接近正义”议程联系起来的指导性原则。② “包容性增长”理念将更为广泛的特定群体的人口纳入改革视野,特别是注意到,生活在法律世界中的人(不仅包括低收入者,还包括妇女、少数民族群体、残疾人、老年人等社会边缘化群体),都可能面临在不利条件下产生特殊的法律需求,并在试图解决这些问题时,面临某些特殊的、可能阻碍其获得法律援助和司法救济的困境。因而,“接近正义”关注的焦点就进一步深化为——究竟应当接近“谁之正义”的问题。

“以人为本”的视角转换,其价值是多层面的。最为突出的就是对民众的特殊“法律需求”展开全面而有针对性的调查与衡量(Legal Needs Surveys and Measure),③并将此确立为“接近正义”制度改革创新的焦点,这就从根本上改变了传统进路以制度“供给者”视角为核心的路径,从而为“接近正义”改革走出困境提供反思的新视角。而对个人、家庭和社区

---

① OECD/Open Society Foundations (2019), Legal Needs Surveys and Access to Justice, OECD Publishing, Paris, https://doi.org/10.1787/g2g9a36c-en. p. 61.

② OECD/Open Society Foundations (2019), Legal Needs Surveys and Access to Justice, OECD Publishing, Paris, https://doi.org/10.1787/g2g9a36c-en. p. 23.

③ OECD/Open Society Foundations (2019), Legal Needs Surveys and Access to Justice, OECD Publishing, Paris, https://doi.org/10.1787/g2g9a36c-en. p. 259.

的司法需求状况的考察，则为如何更好地实现这一改革创新提供了来自“外部”的关注视角，即通过探究如何能够更好地反映民众真实的法律需求，对人们日常生活的深刻理解、对他们的不同情况和经历的分析，都有助于引导“接近正义”改革进入深水区。例如，对不同群体的人的法律认知能力、经济以及文化等境况甚至社会阶层、职业经验等信息的评估，可以进一步说明，这些信息对于人们决定是否进入司法程序以及选择何种方式的法律服务，究竟能产生怎样的影响。这些“以人为本”的新视角还必须渗透法律援助服务的评价系统，以便我们能够衡量法律和司法服务在多大程度上真正有助于公平解决法律问题。

为了满足不同群体的法律需求，世界经合组织成员国在确立“接近正义”的战略目标时，越来越多地纳入“以人为本”的理念，将民众法律需求与平等、全面及可持续发展统统纳入对“法律需求调查与衡量”这一新的制度焦点上，即发展综合模式和多元化法律服务，以实现对不同群体特殊法律需求的更加有针对性的满足。① 当然，“行之有效的办法”或许还远远没有形成，而且，很少有实证研究的数据来支撑各国之间的比较交流的研究。更难得的是，很难有机会对这一机制的实效进行系统审查和评估。鉴于司法问题本身的复杂性，拥有全面的数据支撑是尤为重要的。

然而，深化对“法律需求”的满足与司法资源的极度匮乏之间始终存在着紧张关系。

首先，司法资源的不足不仅限制了对法律需求的满足，要做到对“需求者”的调查与衡量也并不容易。在日益严重的经济不平等、日益严重的收入不平等和获得公共服务的机会不平等的情况下，这种紧张关系只会更加恶化。这种恶化趋势的重新出现，迫切需要强有力的经费支撑以及制度补救，以了解究竟哪些群体是真正需要获得法律帮助的，他们究竟需要怎样的法律帮助，以及什么是对于这些群体的民众真实有效的法律帮助。唯此，才能确保法律和司法服务的投入更符合成本—效益原则。

其次，对于“法律需求”的调查与衡量，我们仍然缺乏一些基础性问题的对策性研究。例如，为什么通过诉诸司法以接近正义如此重要？我们是否清楚地知道有哪些未能被满足的法律和司法需求，它们是如何发展变化的？关于未满足的法律需求和满足这些需求，我们如何识别和界定？我们究竟可采用哪些方法和途径来确定和衡量民众对接近正义和诉诸司法的

① OECD/Open Society Foundations (2019), Legal Needs Surveys and Access to Justice, OECD Publishing, Paris, https://doi.org/10.1787/g2g9a36c-en. p. 67.

效果是否满意？为什么这一衡量指标和评价体系很重要？我们可以使用哪些有效的方法和步骤来确保数据和信息采集及获取的全面性和准确性？我们又如何利用司法体制的结构性完善，来为这些特殊的“法律需求”提供有效的法律服务？如何最大限度地利用这些举措为帮助企业实现财富增长与可持续发展？诸如此类的问题仍然是“接近正义”改革面临的全球性新课题。

二、“法律赋权”对“接近正义”改革理念的补充和推进

西方协商民主理论作为一种系统的政治哲学理论架构，其发展演变深刻影响着司法理念的转变。协商民主理论模式的发展不仅为司法理念的确立与形成提供了丰富的理论资源，更从根本上决定和影响着司法观的基本立场与价值取向。由此，当代西方进入了司法民主理论与实践发展的新阶段。

概言之，当代西方司法民主理念的演进展现出三个方面的新趋向。首先是在司法能动与司法克制之间寻求平衡。这二者都是司法必须关注的两个重要面向。司法能动主义必须在司法克制主义的约束下运行，才能既做到弥补法条主义的局限与不足，同时又能够防止司法的能动可能引发的司法权的膨胀和滥用。其次，以协商民主为其核心理念试图弥合形式主义司法观和功能主义司法观之间的断裂，寻求二者之间统一的道路。因为，在一个多元异质的社会中，只有协商民主进路的司法民主观是化解形式正义与实质正义之间的分歧的有效路径。其三，以“合作式”为特征的协商性司法模式的形成与发展印证了当代西方司法民主理论的新的发展轨迹，并在一定程度上扬弃了传统的对抗式司法模式的缺陷。

此外，从司法民主运行机制层面而言，当代西方学者们已经意识到，尽管传统的合议制度、陪审制度、法律援助制度等在技术上增强了各个司法主体间平等、参与等权利，但它们对民主价值目标的实现仍然仅具有形式上的意义，不仅无力消解公民由于政治、经济、文化以及生理等方面的原因造成的实质的不平等，更会使民主本身蒙受一些负面的影响。于是，在协商民主进路的深刻影响和制度创新的现实需求的双重作用下，当代西方司法制度的民主化有以下三个方面的重要转变和制度创新：

> 一是关注多元化的司法主体之角色、地位及其功能，尤其是对法律职业共同体的建构等方面的制度完善开始受到重视，以此来完成司法程序对于民主的实质性要求的回应；

二是建立更为有效的司法责任体系来完善司法民主的制度架构；

三是建立和发展司法附生机制，即以一种司法与准司法相结合的多元化的权利保障与救济机制来真正促进司法民主的落实与实现。

总之，当代西方司法民主化的改革重心已转向以确保社会中的每一个人，尤其是弱势群体对司法资源的平等享有的司法“接近正义”改革实践。尽管仍然是坚持以“司法程序”为核心来进行司法制度体系的民主化建构，但是，突破了传统的对“程序”的形式主义解读，以协商民主进路展开一种“对形式主义的反叛”①。这一反叛性的思考与传统的学说所揭示的相比，对司法尤其是法官提出了更加艰难、更加复杂的要求。但对于司法领域的现实困境与理论挑战而言，却是一种具有开拓性和实效性的大胆尝试。

1. 关注焦点从“外在贫困”到“内在贫困”

在过去数十年的“接近正义”改革中，消除贫困占据着讨论中最为突出的地位。这一语境中的“贫困”不仅意味着缺乏收入和支付能力，也包含身体上的脆弱。然而，与这种“外在贫困”相比较，一种缘于知识结构、认知能力和信息渠道等造成的内在能力的匮乏和心理的无力等却被忽略了，这种贫困我们称之为“内在贫困”。这一概念借鉴了全球最新的发展政策文件，并使我们认识到，对“内在贫困”者的帮助是同样不应当忽视的。我们不仅应当把改革重点放在对所有贫困群体的“法律需求”上，更应当关注那些导致他们贫困的深层原因，包括“外在贫困”和“内在贫困”，而往往后者才是“接近正义”改革的真正难点所在。而这一点，正成为“法律赋权”（Legal Empowerment）运动的基础。

“法律赋权”改革是对注重立法和国家机构“自上而下”的法治改革的重要反思。多年来，通过研究发展中国家法律和司法制度的运作我们可以发现，传统的“接近正义”改革，即使其目的之初衷是造福于“穷人”，但其总是难以避免地会产生与我们预期相左的结果，甚至还会产生对他们不利的后果。因此，“法律赋权”和司法救助战略就是要努力解决这些不平等

① 在世界不同地方，这一反叛所针对的目标不同：在美国针对的是“判例教学法”（Case Method）的形式主义；在法国针对的是“法律实证主义”的形式主义；在德国则针对的是“科学的”或概念化的形式主义。

的根源性关系。

2. 关注弱势群体在“接近正义”时的主要障碍

“法律赋权”改革是以分析穷人和被边缘化群体在寻求接近正义时遭遇到的主要障碍，以及赋予他们法律上的权利的主要障碍。这些障碍被细化为若干非常具体的问题，主要分为与司法机构有关的问题和与寻求法律帮助者本人有关的问题两个方面：

（1）与司法机构有关的障碍问题，即在司法机制内部存在的实现公正和法律赋权的障碍。在正式和非正式的司法体系中，存在着基于贫困以及种族、性别等方面的歧视和偏见；由于法律数量冗余繁多造成的适用成本高、难度大；以外国人、外语或因对某些专业领域的特殊行业要求而造成的适用障碍；因缺乏司法独立性和公正性、缺乏司法透明度等造成的障碍；司法效率低下、拖沓、成本过高、人员不足等造成的障碍；民众与法院之间的距离感造成的障碍，特别是偏远地区的“穷人”对于法律的疏离感形成的障碍；对法律职业群体的问责和监管机制不健全造成的障碍；司法腐败和司法滥权形成的障碍；缺乏有效的执法、缺乏法律援助制度和法律服务体系造成的障碍；缺乏多元化的争端解决机制的障碍等。

（2）与寻求法律帮助者本人有关的障碍问题，即包括个人、群体和私人企业，特别是“穷人”、妇女等贫困和被边缘化群体自身存在的能力和认知障碍。包括缺乏支付能力；缺乏与正规司法机构打交道的经验；缺乏必要的法律知识以及维护权利的必要能力；基于某种经济、政治或职业的依赖性而妨碍其向雇主、上级或掌控其命运的人主张权利；寻求法律帮助者本人对法律机构和诉讼持有负面看法；因求助于法律寻求正义而产生的社会耻辱感等；寻求法律帮助者本人不信任法律以及司法制度的公正性，而这种不信任往往与其曾经几乎从未从法律制度中获得正义的经历和看法相吻合，并因此形成恶性循环；因自身存在住房、纳税或法律登记方面的非法境况而导致其对正式司法程序及法院的恐惧感等。

3. 从关注“结果”到“过程”与“实效”并重

改革者在构思“法律赋权”改革方面采用的是一种关注“过程”（process）方法，即强调需要采取一系列“步骤”来有效地保护和主张自己的权利。政治、社会、文化、经济和心理障碍等因素都在阻碍着“接近正义”与“法律赋权”的落实，因而，在权利保障的每个阶段都存在着“接近正义”与“法律赋权”的必要性和可操作性问题。这种侧重“过程”的方法可以清晰地表明，每一个过程或阶段都是紧密联系的，同时也能告诉我们，仅在过程的某一个阶段采取的干预措施，很可能并不足以从根本上解决接近正义问题。

传统的“接近正义”标签下的改革往往侧重于司法制度和程序上的建设，尤其是司法功能与司法能力的补充和完善。例如，被公认是典型的接近正义机制包括：

(1)法律援助制度、法律诊所以及公益律师与律师助理，目的是增加诉诸司法和庭外解决方案的机会；

(2)提高法律意识，特别是通过(法律)教育和普法运动；

(3)集体诉讼和公共利益法；

(4)发展替代性争端解决机制(ADR)以及支持本土传统(习惯法)的争端解决方式；

(5)引入混合法院和程序，将诉讼与和解结合起来；

(6)加强民间社会和社区组织的规范化、综合化治理。

新战略下的“接近正义”与“法律赋权”改革所遵循的共同原则强调：

(1)更多“参与”，即关涉贫穷和弱势群体利益，基于他们的法律需求和偏好建构权利保障机制；

(2)更加“主流”，就是要使法律行为成为其他部门发展工作的主要方式；

(3)更多“承认”，认识到非正式纠纷解决机制对于司法制度的重要性，并支持这些传统而现代的力量，因为它们通常比司法更接近社会弱势群体和被边缘化群体的法律需求；

(4)更多“耐心”，努力避免因法律程序的僵化以及司法机构设置的烦冗等原因导致的效率低下；

(5)更多“量身定制的解决方案”，即尽可能使司法更接近本土文化传统以及民众的现实需求，避免过多移植现有的(西方)模型；

(6)更为“充足的支持”，即为“接近正义”改革找到足够的经费和人员支持，并有效克服对既得利益的纵容。①

① I. S. van de Meene and B. van Rooij. Access to Justice and Legal Empowerment : Making the Poor Central in Legal Development Co-operation. Leiden University Press, 2008, pp. 13-14.

三、"接近正义"与"法律赋权"改革的新战略举措

在许多发展中国家,法律真正惠及"穷人"仍然停留于纸面,在实践中却往往难以实现。因为,其他领域的不平等关系会经常性地破坏弱势群体平等获得法律帮助与权利救济的基础,更无法保障其平等参与经济、政治和社会资源的分配。学者们一致认为,改革只有辅之以解决不对称的权利结构,才能够从根本上摆脱困局。也只有提高了这个群体自身的认知水平和能力,他们才能更有资格克服法律制度内外的不平等权利关系。

1. 从"解决争端"到"预防冤案"

"构建'接近正义'和'法律赋权'的理论框架,既要预防冤案的发生,也要有切实的补救措施以确保错误得到纠正,权利获得救济。"①而人们能够在多大程度上通过正式的和非正式的司法途径获得对"冤案"(grievances)的申诉以实现权利救济,是衡量一国公民"接近正义"状况的重要指标。

"冤案"通常被理解为人们由于他人的作为或不作为行为而遭受的不公正对待以及权益减损,从而会导致人与人之间以及民众与政府、组织及社会之间的矛盾争端激化。联合国计划开发署(UNDP,2005; DfID,2002)的司法救助方案中,就明确规定了确保申诉获得支持、"冤案"得以昭雪的具体措施,而在这些措施的实行过程中,会有各种复杂因素的介入来影响这一过程,比如,人们的法律认知水平以及他们对司法系统的整体信任水平等,都会是对最终结果产生影响的重要变量。

然而,如果仅仅强调通过申诉获得权利救济,那么至少在观念层面上会导致对预防"冤案"发生之重要性的忽视。如何防止公权力(尤其是侦查、检察乃至监狱)侵犯人权,确保其在合法情况下充分提供公共法律服务和治理,这对于"接近正义"而言,显然更为关键。幸运的是,在实践中,旨在防止"冤案"等司法不公现象发生的努力,已经成为"接近司法"与"法律赋权"改革方案的重要部分。这就是说,关于"接近正义"和"法律赋权"的综合改革架构,必须明确预防冤情以及对"冤情"补救的有效措施并重。

2. "正式"与"非正式"的司法解纷机制并重

多年来,大部分国家的法律制度已经构建了较为完善的公益法律服务以及法律援助制度。然而,尽管政府已经做出了极大的努力,但许多发展

① I. S. van de Meene and B. van Rooij. Access to Justice and Legal Empowerment : Making the Poor Central in Legal Development Co-operation. Leiden University Press, 2008, pp. 15-17.

中国家的贫困和被边缘化群体仍然存在“接近正义”的诸多法律上的障碍。比如,司法机制对于这些群体而言,始终具有疏离感、效率缓慢、昂贵的、有偏见的、不确定性等缺陷。相反,以非正式的或习惯法的形态存在的准司法机制实际上成为“在民众家门口的”颇受欢迎的争端解决方式,特别是在偏远或乡村地区。它们被认为是快速、低成本和更适应环境的解纷方式。因为,它不仅能化解纠纷,还能够促进人与人之间的和解。在冲突和冲突后的情境中,这些非正式规则以乡规、民约和习惯法的形式发生效力,往往是使纠纷得以和平方式解决的更佳平台。因此,学界已开始认识到“接近正义”与“法律赋权”之改革应包括对准司法解纷机制的研究。

然而,非正式的准司法解纷机制虽有其不可替代的优势,但这并不意味着它们始终能够提供“最佳”的“接近正义”的机会。“穷人”和被边缘化的人群可能因此而获得更有效的“接近正义”的机会,但有时其实效性也是值得怀疑的,具有极大的不确定性。一方面,非正式的准司法解纷机制的执行得不到确定性的保障,因为遵守这些裁决结果的社会压力可能随着时间的推移而不断减弱;另一方面,非正式的准司法解纷机制因缺乏透明度和问责制,容易受到精英阶层的操控;其三,非正式的准司法解纷机制有时还会存在有辱人格和过于残酷的(体罚)刑罚,这些情形无法得到制度性约束和控制。因此,“接近正义”与“法律赋权”之改革新战略,必须注意到,应当在认可非正式的准司法解纷机制的重要功能的同时,对其进行必要的改革和修正,使其符合国际人权标准。

3. 政府与非政府组织间需共同发挥作用

“接近正义”和“法律赋权”改革还必须包括政府与非政府组织等民间社会组织的合作。通过让民间社会组织参与,改革才能够更好地惠及更广泛的贫穷和被边缘化群体。而且,民间社会组织的参与也使改革者能够更好地执行国家法律制度之外的必要方案。

从全球的“接近正义”改革实践来看,为“穷人”或“弱势群体”提供的最成功和最有创意的法律服务,一般都是由非政府组织提供的,而且通常是与民间的社区服务机构合作,或由发挥着非政府组织的重要作用的法学院来主导,开展各类项目合作。虽然国家(政府)仍然承担着最为重要的作用,但实践中,政府和国家的力量往往存在较多的局限。而阻碍政府对“穷人”的法律和其他需求做出积极反应的主要因素包括:司法资源分配不当、官僚作风过度、官员腐败、性别歧视、种族歧视等等。因此,不少的西方学者认为,“接近正义”与“法律赋权”改革不应当仅侧重于改革国家机构,因为这只会使精英受益,而应当将侧重点放在民间社会组织上。①

然而,将侧重点放在民间社会组织,同样可能因为忽视国家在“接近正义”与“法律赋权”改革过程中的重要性而导致很多举措的失控。所以,应当开展更为全面的改革,既包括国家也包括非国家的社会组织、民间团体、学术研究机构以及社区等。应在支持非政府组织和基层社区项目合作的同时,促进和加强司法机制和法院改革,最为关键的是,要使立法更有利于“穷人”以及被边缘化的群体,最大限度地满足他们的需求,且进一步强化执法官员的“接近正义”与“法律赋权”意识。

4. 衡量“结果”与“影响”并重

传统的“接近正义”改革方案重视的是对制度“产出”(output)的评价,而非结果(outcome)和影响(impact)。② 法学家和经济学家长期以来都在试图找到衡量正义的成本(在金钱、时间、延迟和情感成本方面)及其质量的最佳方案,但是,他们遇到了各种看似无法克服的困难。由于难以制订令人信服的评价指标体系以及衡量工具,针对某一制度的结果和影响的评价不仅很难做出,由于评价本身要耗费很多时间且费用高昂,因而它也最容易被放弃和忽略。最终的后果就是,我们对“接近正义”与“法律赋权”诸多制度举措的实际效果知之甚少,对影响制度实效因素的分析也就必然是“隔靴搔痒”,难以对症。尽管对任何研究而言,一手的调研数据的定量分析具有不可替代的重要性,但针对制度实效的考量,定量分析通常并不能说明人们的需求是否真正得到了满足,或者不平等状况是否真正得到了缓解。因而,必须对这些问题进行“质性分析”,不仅要对制度的“产出”(output)进行分析和评价,更要对制度的结果(outcome)以及影响(impact)展开分析和研究。

这显然是难题之所在,因为这关系到这些改革措施是否确实是满足“穷人”和被边缘化群体需求的最佳可用手段。因而,必须投入足够多的时间和金钱,去开发能够衡量“接近正义”和“法律赋权”制度方案的结果和影响的有效工具。只有这种质性研究的结论才能真正有助于制定更有依据的战略方案,并设计更适当的具体措施,以解决“穷人”和被边缘化群体所面临的真实法律需求被忽视造成的不公正。

---

① Golub, Stephen (2006) ‘The Legal Empowerment Alternative’, in: Th. Carothers (ed.), Promoting the Rule of Law Abroad: In Search of Knowledge, pp. 161-187, Carnegie Endowment for International Peace.

② I. S. van de Meene and B. van Rooij. Access to Justice and Legal Empowerment: Making the Poor Central in Legal Development Co-operation. Leiden University Press, 2008, pp. 13-14.

第八章　从“司法民主”到“接近正义”的实践逻辑

规定于民主宪法条款中的抽象理性的命题本身并不足以赋予民主以生机；还必须存在警醒且主动的民主实践，自觉地、稳定地把这些宪法原则转化成有理的（reasoned）、合理的（reasonable）且生动的现实。

——［意］皮罗·克拉玛德雷①

经协商民主进路重构的“接近正义”与“法律赋权”理念，彰显的是人本精神、公共性精神以及新程序主义的现代司法理念。但是，如果这些理念不能转化成为一种制度性的整体设计，将这一基于协商民主进路的现代司法民主理念在司法的运行机制中加以落实并有效运转，就必然会导致因制度供给不足而造成潜规则盛行，甚至会抵消现有司法民主制度体系的规范作用。那么，协商民主进路的现代司法民主理念究竟如何在司法实践层面转化为具有实效性的运行机制呢？

司法民主理念应当从传统的以主体民主、立宪民主或者程序民主为核心的司法民主，转向以“接近正义”为取向的司法资源的平等享有，即确保社会中的每一个人，尤其是弱势群体对司法资源的平等享有。具体而言，至少需从以下几个方面入手。

第一节　司法的民主责任之内涵转变

无论是作为抽象的宪政原则，还是作为具体的司法原则，司法独立与司法民主都是并不矛盾的。相反，司法独立是司法民主之运行的核心机制。由于宪政民主理念引导下的现代司法民主机制是为实现法律权威与政治权威的抗衡，而且，“司法独立本身绝非一种终极价值，……只不过是

① ［意］皮罗·克拉玛德雷：《程序与民主》，翟小波、刘刚译，高等教育出版社2005年版，第12—13页。

一种工具性价值。……司法责任的全部问题——它与司法独立之间的紧张与平衡——的解决途径，存在于努力确保为执行自然正义基本法则——司法公正与程序公平——中所体现的更为终极的价值提供可能的最佳具体环境，并因此确保司法程序尽可能最充分的参与（民主性）程度”①。因此，司法民主理念在司法实践过程中的实现与落实必须从以下几个方面加强司法独立机制。

一、合理界定和配置司法机构同其他权力机构之间的权力

依照司法独立机制的架构及制度实践，司法权所要应对的权力主体主要是在政治构架中处于强势地位的主体，司法机构自身在权力关系调整中则处于一定的弱势。这就意味着需要扩张权力的机构缺少实现这种扩张的权力；而具有扩张权力能力的机构却需要相对减少权力，由此形成权力调整中的位势失衡。因此，司法独立机制的重构必须对司法以及与司法相关的各主体的权力进行重新界定和配置。具体而言，主要包括以下几个方面：

首先，在司法与执政党的权力关系问题上，既要建立和巩固执政党的方针政策、主流意识形态对司法的渗透和影响的常规渠道，也要为司法机构排拒个别党组织、特别是个别党的领导干部的不当干预，维护法律基本原则（包括程序上的规则）提供必要的制度保障。

其次，在司法与立法机构（包括各级人大）权力关系的问题上，既要防止司法权的失控、遏制司法专横及司法腐败的滋生与蔓延，保证立法的有效实施，同时，又要避免因立法权的过度扩张而影响司法权的独立行使，尤其是影响审判权的自主性。因此，一方面，应强化人大对司法的影响，立足于完善和改进具体的监督和制约方式，提高监督与制约的实际水平；另一方面，在两者权力关系的配置中应更多地倾向对司法独立地位的保护。

其三，在司法与政府权力关系的问题上，始终存在着两个矛盾。一方面，政府行政权力的行使在一定范围内受制于司法评价，但是，由于司法机构的物质资源来自同级政府，因而，政府的财政状况以及对司法机构的态度又决定着同级司法机构物质供给的丰寡；另一方面，司法是政府实现其经济社会发展以及社会治理的重要机制和保障，然而，政府自身又不能直接支配司法行为。对于第一层面的问题从表面上看是行政诉讼的受案范

---

① ［意］莫诺·卡佩莱蒂：《比较法视野中的司法程序》，徐昕、王奕译，清华大学出版社 2005 年版，第 95—96 页。

围问题,但实质上则涉及司法的地位,即对相关范围的界定或重新配置应从属于政治建构合理化的要求。而更为主要的矛盾则在于,政府决定司法资源供给的合理性必须建立于对政府和司法的双重道德假设之上①,而这双重的道德假设无论在理论上和实践中都是难以成立的。第二个矛盾在实际运作中的展现是,司法如何既能够成为地方政府有效实施社会治理的重要保障机制,同时又不至于陷入"地方保护主义"的牢笼,丧失司法应有的公正性和独立性。这两方面的问题无疑是司法独立运行机制之建构面临的重大难题之一。

其四,在重新配置司法机构之间的权力配置关系的问题上,突出矛盾集中在检察机关的权力界定上。具体说,检察机关集部分侦查以及控诉和法律监督权力为一体,这一格局事实上在一定程度上已经瓦解了相互独立、相互制约以及相互配合原则所要求的平衡。而更值得深思的则是,赋予检察机关的法律监督权对审判权这一终极权力的权威性的维护是否真正有利?因此,中国司法机构之间权力重新配置的核心问题是,重新审视检察机关的职能与功用,检讨并真正解决检察机关的职能与法治国家中司法技术的一般规则之间的协调性。

其五,在各司法机构内部的权力关系问题上,不仅涉及各级司法机构之间的权力关系,还涉及在各司法机构内部不同职级之间的权力关系。在司法机构内部权力关系的调整过程中,当前较为明确的取向是权力的下放,亦即上级司法机构将部分权力下放给下级司法机构(包括权力行使的部分范围划给下级),上一职级将部分权力下放给下一职级。然而,司法机构内部面临的主要问题事实上在于激励和约束机制未能有效形成,因而,仅仅通过下放权力显然不足以解决这一问题。如果说下放权力是作为一种激励性措施的话,那么,逻辑上应当先行考虑的则是约束手段的形成与完善。只有在对司法的约束机制(即司法问责机制和司法监督机制)健全的情况下,下放权力的效果才能达到其预期。

二、正确理解司法运行机制的逻辑进路

实现司法独立的正当逻辑进路应当是经由司法官员之身份独立来支撑司法职业之独立,由此方能实现司法权的独立。"对司法秩序的所有改

① 即政府不因资源供给上的优势而谋求司法给予特殊保护,包括在行政诉讼中不谋求司法机构予以偏袒,并且不直接或间接干预司法审判;同时,司法亦不"为稻粮谋"而在处置涉及政府事务时失之公正,且能排拒政府的任何直接或间接的干预。参见顾培东:《中国司法改革的宏观思考》,《法学研究》2000年第4期,第3—16页。

进,最终的目标必定是希求个体法官的独立。因为,如果缺少这一点,法官就不可能具有道德责任感,而这是该职位的最高价值。" ①

司法独立运行机制至少应当包含三层要义:一是司法权的独立。抽象地看,司法权作为公权力的一种,在权力结构上独立于立法权和行政权。具体说来,就是指法院作为整体对司法事务享有自主决定权,防止立法、行政等其他公权力对其裁判的干预。包括法院设立或取消的决定参与权、法律争议的管辖权、自行决定并取得充分的司法资源。二是司法官职业的独立。具体指法官在具体的审判过程中独立于一切主体包括国家机关、社会组织、个人、其他法官与法院,不受任何外部不当或无关因素的影响,而且仅仅根据法律和法律程序,按照自己的理性和良知进行审判并做出裁决。三是司法官身份的独立,即具体行使司法权的法官,在审判中独立运用司法权审判案件,不受行政机关和立法机关干扰。这是确保司法独立的重要条件,为此,现代社会通常是通过合理的法官遴选制度、适当的稳定、高额薪金、稳定的任期制或终身制以及惩戒程序的严格化与正当化等机制来保证法官身份的独立。

1. 司法独立的两难困境之化解

在我国司法理论和实践中,司法独立始终面临着一种两难困境。从理论上讲,使司法尽可能少地受制于各种社会压力和影响,并具有更大的独立性是司法之民主责任的必要条件;然而,司法独立却又并非司法民主责任实现的充分条件。因为,在目前条件下,为了维护司法的权威和公信力,确实有必要采取适当的制度或措施以防止司法腐败,或者分担司法所面临的政治责任与社会责任,减轻司法的社会压力;而这些措施往往又会影响法官的独立审判,妨碍司法独立的发展和确立。事实上,这正是由于我们历来仅强调司法机关的整体独立性,企望通过实现法院的整体独立来促进司法独立的实现,而忽视了对法官个体独立的型塑。此外,司法改革者在对司法独立的认识上也出现了严重误区,将司法独立与司法民主看作是对立的两个方面,长期以来在这两种错误认识基础上徘徊不前。由于这一思路与实现司法的民主化与现代化的正当逻辑进路逆向而行,因此结果恰恰是造成法院内部管理中的行政化趋向,从而严重损害到法官的个体独立性,使司法的独立性被破坏殆尽。

因此,在司法独立之运行机制的三层要义中,法官身份的独立较之司

---

① [意]皮罗·克拉玛德雷:《程序与民主》,翟小波、刘刚译,高等教育出版社 2005 年版,第 28 页。

法权独立以及法官职业独立而言，应当居于更为重要的地位。因为，只有保障了法官个体身份的独立，才能真正确保法院的整体独立性，也才能确保其他层次的司法独立，而司法机构以及司法职业的独立只不过是法官身份独立的直接后果。因此，实现司法独立的正当逻辑进路应当是经由司法官员之身份独立来支撑司法职业之独立，由此方能真正实现司法权的独立。

2. 司法与民意的冲突与调和

关于司法应当如何对待民意的问题，目前的主要争论其实并不在于司法是否要吸纳民意，而在于司法应当吸纳怎样的民意，应当通过怎样的渠道来吸纳民意以及司法应当以怎样的方式来回应民意等问题。

司法判决强调法律的刚性正义，而民众却大多坚持一种外部立场，他们往往会提出许多不同的道德伦理主张，甚至直接给予对或错的评价，其中不乏相反的法律命题。这个现象本身就充分表明“自动售货机”这一法律隐喻并不能描摹司法的过程。“司法可以也需要吸纳和回应民意，但是，一旦为了迎合讨好民意，司法就有被民意俘获的可能。”①同样，如果司法一味坚守其保守性和“贵族”气质，便会因其难以融入市民生活而丧失其“可接受性”。因此，司法对于民意既要保持警惕，又要有效回应；既要开放又要限制。

首先，司法过程对民意应当保持适当开放，但前提是民意必须遵从既定法律渠道、法律程序，以“法律参与”的形式进入司法场域。② 强调司法对于民意的开放，并非意味着放弃对刚性正义的坚守，而是更为在意司法判决的社会可接受性。因此，司法过程中的民意吸纳与回应问题，是把判决与民意的对立和冲突化约为规范与事实之间的问题，借助于法律原则和法律论证的技术性强化，使得民意经由法律程序的过滤进入司法。换言之，能够成为判决理由的民意，必须符合并依托某一条法律原则，通过合法性的检测才具有正当性，必须依托法定的形式和渠道进入法律程序。

其次，司法吸纳民意的过程绝不意味着司法对民意的妥协，而是法官不断从民意中吸纳相关信息做出合理判断（以及规则调整和解释）的过程。法官对民意的看法应当持一种谨慎、警惕的态度，他们必须通过职业规则强化自律，防止其司法活动被民意所左右。因此，教义分析和法律技

---

① Luke Bierman, Legal Development : Preserving Power in Picking Judges : Merit Selection For the New York Court of Appeals , Albany Law Review ,1996,60(2),pp. 339.

② 孙笑侠、熊静波：《判决与民意——兼比较考察中美法官如何对待民意》，《中国政法大学学报》2005 年第 5 期，第 47—56 页。

能是司法对于民意的吸纳与回应过程中不可缺少的司法技术和能力。司法过程对各种相关信息的吸纳，是各层级法官的教义分析、司法技能的运用，特别是上诉（二审或终审）法院的政策性考量和政治性判断的共同作用。它不仅仅受制于个别法律精英（特别是出庭律师）的教义分析和法律技能，相反，整个社会中的法律精英（法官、律师和法学家）会由此强化对民意的理解和吸纳。①

再次，司法吸纳或回应民主的方式大致可以有两种：一是法官的“合理化法律分析”，即在司法审判中，法官可以从政策、目的及原则等实质性的角度来论证判决的合理性，维护法律制度的一致性和连贯性。而法官选取作为判决理由的原则、政策和目的时，经常参照民意或者将二者挂钩，以增进判决的可接受性和法律秩序的民主价值。二是“陪审团”制度。陪审团由普通公民组成代表民意。他们在裁决案件时会将法律之内与法律之外、正义与非正义、控辩双方的状况甚至是道德伦理因素都加以衡量考虑，从而在一定程度上使司法判决具有较强的社会接受性。更为重要的是，它不仅能够使法律规则保持机动灵活，由于它有权力修改、替换甚至避而不用规则，将“超国家的”或者说“非国家的”意识导入司法，因而可以维护情理和公意，实现个案正义。②

概言之，将民意导入理想的法律程序装置，让民众在司法过程中与法律形成互动与共鸣无疑是一种理想的选择。如果没有适当的制度渠道来吸纳与回应民意，民众的不满就会涌入非正式渠道加以宣泄，这必然会引发社会的动荡。民意是司法合法性的最终基础，司法当然应当吸纳或回应民意。但是，司法对于民意必须合理、合法并且有效地加以吸纳与回应。而且，必须在现行制度架构之下，通过法律原则和法律程序所提供的合法渠道来进行吸纳与回应。

第二节　主体面向与司法立场的转换

对于司法民主化的道德哲学基础，传统进路旨在实现的是“分配正义”，即一种建基于政府/国家责任之上的“普遍正义/（国家正义）”，以论证司法之民主性根基。强调“分配正义”是指国家作为主体来实行的分

---

① 苏力：《法条主义、民意与难办案件》，《中外法学》2009 年第 1 期，第 93—111 页。

② Michael J. Saks, Public Opinion About the Civil Jury: Can Reality Be Found in the Illusions?, DePaul Law Review, 1998, 48(2), pp. 221.

配,而不是个人与个人（或单位）之间的利益交换①,换言之,“分配正义”的实质是国家以制度的方式来分配利益。国家之所以通过制度的方式来分配利益,是为了实现社会整体的正义,这也是衡量一个政府是否具有正当性的重要标志。所以,基于“分配正义”所能实现的“民主”,也只能是一种建基于政府/国家责任之上的“制度民主”。

然而,这一“分配正义”进路显然陷入了将司法制度工具化的误区,即过于强调“自上而下”的制度“供给”,忽视了作为制度“需求者”的“个人”的民主诉求的差异性。换言之,它为司法民主性的实现设置了一个外在目标,该目标的实现预设了“个人”对于制度需求的一致性,而忽视了不同行动者的选择偏好。在分配正义的话语逻辑下,司法应当实现的是以“实现平等”为目标的“国家之正义”,而不是以“满足需求”为目标的“个体之正义”。这意味着,长期以来司法民主化改革的重心,始终落在了解决司法资源的“供给”与“分配”上的不平等问题上,具体体现为扩大司法资源供给、降低司法成本和简化诉讼程序等一系列改革举措。

显然,这一系列改革举措已被实践证实其成效甚微,甚至陷入了司法资源的短缺与浪费并存的悖论。因为,扩大司法资源供给、降低诉讼成本和简化诉讼程序,虽然表面上大大降低了个案处理中当事人的私人成本,但同时也会大大刺激个体的诉讼需求。如果没有适当的机制对轻率诉讼、恶意诉讼、滥用诉权等现象加以有效限制的话,就会使得耗费的公共成本和司法资源不减反增。因而,就整体而言,我国的司法资源耗费总量实质上是被大大提高。这样一来,司法资源供给增加与成本降低的实效性也最终化为乌有。正如学者范愉所言:“便利和廉价的诉讼不仅不可能解决社会中存在的一切纠纷,而且也难以解决司法和诉讼本身的难题。”②

不仅如此,对于司法主体方面的机制建构,传统的司法民主研究将关注的焦点往往集中在对当事人诉讼权利和地位的平等保护层面。一方面,通过诉讼程序的设计,使纠纷双方或原被告双方之间形成一定的对抗性关系,为纠纷各方提供一个平等参与司法裁判、平等对法院施加影响的基本条件;另一方面,要求裁判者在诉讼程序中必须始终保持中立立场,即使对那些依法追究刑事责任的人也必须尊重其人格尊严。此外,还强

---

① 参见姚大志:《论分配正义——从政治哲学的观点看》,《社会科学》2015年第5期,第98—105页;姚大志:《分配正义:从弱势群体的观点看》,《哲学研究》2011年第3期,第107—114页;姚大志:《再论分配正义——答段忠桥教授》,《哲学研究》2012年第5期,第99—105页。

② 范愉:《司法资源供求失衡的悖论与对策》,《法律适用》2011年第3期,第14—16页。

调了司法裁判过程中的民主参与，例如陪审制度、合议制度、公开审判制度等等。

虽然上述研究视角在一定程度上体现了对当事人平等地关怀和尊重，但是，这种以制度“供给者”为中心的研究视角并不能真正实现对主体的平等关怀。因为，在特定情况下，它往往只是一种停留在理论层面的理想图景。而在司法的实际运作过程中，往往存在更多更为复杂的因素，使得当事人并不能充分而有效地享有这种理论上规定的权利和地位。“司法资源的妥当分配意味着，不仅要考虑供给，还要考虑需求。……如果我们仅仅关注于供给问题，由此而过分依赖法院的特性，则我们往往要无谓地浪费司法资源；而如果仅仅关注需求，我们往往会过度依赖司法制度，为法律和法院设置一些远远超出其自身能力的目标。为了理解法律的应然和实然问题，我们必须同时考虑供给与需求两个方面，必须明确法院为权利提供司法保护的能力及社会对这种司法保护的需求程度。”①这时，我们就“必须面对一个基本的悖论：最需要司法保护和法律赋予权利的，往往发生在那些最难以实施司法保护的情境当中”②。

因此，现代社会的司法民主运行机制的建构，必须进行研究视角的转换，将关注的焦点转向制度的“需求者”——诉讼当事人。这一视角转换要求我们至少应当从以下几个重要维度对司法主体机制加以完善。

一、司法主体的职业化建设

首先，司法官的职业化建设是推动司法民主之内在运行机制良性运转的人员保障。司法的权威性既来自司法权力的有限性，也来自司法职业的垄断性，更来自作为社会精英的司法官学养的深重与品格的高尚。由此看来，拥有一支通过正规途径接受系统法学教育、依据严格的考核选拔程序、仔细挑选、精心选择，并且能够在一个相对稳定的社会环境中长期执业的法律家队伍，乃是构筑现代司法的根本之所在。

其次，律师的职业化。律师制度的民主性基础在于：由于现代诉讼程序以复杂而具有高度专门化的方式处理案件，为了保证这种程序得以顺利而效率化地进行，更为了弥补当事人在信息上的欠缺和不对称，熟悉法律并有实务经验的律师参与就成为必要。虽然律师制度在中国的植入十分

① ［美］尼尔·K. 考默萨：《法律的限度——法治、权利的供给与需求》，申卫星、王琦译，商务印书馆2007年版，第2页。

② ［美］尼尔·K. 考默萨：《法律的限度——法治、权利的供给与需求》，申卫星、王琦译，商务印书馆2007年版，第187页。

艰难，但其对于司法民主化建设的作用却是不容小觑的。尤其在现代社会，律师在司法过程中的角色、地位与功能更是应当受到关注。在现代社会中，司法过程是复杂的技术机制，它只为那些知晓其运作秘密的人提供正义。而为确保实际司法过程中当事人的自由和平等，在程序的每个阶段，双方都必须由精通法律运作技术的律师为其辩护和提供必要的法律服务。律师凭借其智力和司法运作方面的专业知识，才能够在当事人之间确立真正的平等。因此，当代中国的司法民主化建设不仅应当以法官角色、地位及其功能为核心进行制度建构，更应当重视对律师以及当事人等其他多元的司法主体的角色、地位和功能的制度建构，尤其重视律师在司法活动中的民主功能的发挥。

再次，法律援助制度的建立与完善。“一种真正现代的司法裁判制度的一项基本特征，必须是司法有效地而不仅仅是在理论上对所有人的可接近性（accessibility）”。[①] 换言之，诉讼当事人是否拥有就其法律争议获得司法裁决或司法救济的平等的权利，这是司法是否真正具有民主性的重要指标。因此，法律援助制度的设立与完善对于司法民主运行机制的建构而言是不可或缺的重要维度。

法律援助制度的目标在于，在特定条件下，使穷人有权获得适当的法律帮助，除非案件胜诉并能够从对方当事人处获取收益，否则，为当事人提供的这种法律帮助必须是免费的。改革开放以来，中国的法律援助制度得到了很大程度的重视和发展。但是，现行的法律援助制度仍存在诸多的缺陷：一是这种法律帮助的提供未能制度化和官方化，它仍主要依赖于法律职业者对弱者的牺牲和同情，甚至依赖于律师的良心。二是这种法律帮助的提供未能法律化和规范化，由于这种法律服务是免费的，因而，被任命的律师往往是刚刚出道或经验不足的年轻律师，很难保证他们所提供的是优质的法律服务。这样一来，仅有律师制度也无法消除贫富的差异。三是这种法律帮助的提供仍然渠道不畅、资源不足。由于我国司法资源的稀缺现状，决定了能够获得必要的法律援助的“穷人”比例仍是微乎其微，很多需要帮助的当事人仍无法通过合法途径得到应有的帮助，而能够提供法律帮助的法律职业者在数量和质量上也远远不能满足现实需求。

因此，法律援助制度的深化与完善仍任重道远。其发展方向应集中在如下几个方面：一方面，为穷人提供法律援助以使他们摆脱不利地位的理

---

① ［意］莫诺·卡佩莱蒂：《比较法视野中的司法程序》，徐昕、王奕译，清华大学出版社 2005 年版，第 303 页。

想方式就是允许他们选择自己的律师，后者的报酬不由委托人支付，而由国家承担，或者由律师协会承担，资金来源于为此目的而设立的专项基金；另一方面，应当赋予符合法律援助条件的当事人可以自由地选择自己的律师的权利。只有拥有同样的选择权，才能保证司法过程中的当事人之间实现事实上的平等。

二、对诉讼当事人权利与责任的规制

首先，对诉讼当事人合法权益的更为充分的关怀与保障，即从诉讼当事人的角度（被司法者）透视司法改革及司法制度的完善。无论是在个案的司法审判过程中，还是在司法制度的整体运行层面，诉讼当事人或者潜在的诉讼参与人都是最基本的构成要素。因为，法官的知识、技能及其对司法的运用，必须与诉讼当事人的预期和行为方式相契合；司法的公正与效率、司法的绩效也要求审判者与诉讼当事人的知识契合。① 因此，现代司法的民主化必须以它所面对的诉讼人为中心进行原则设计，不再仅仅视诉讼人为司法制度的消极被动的接收者，而是将之视为直接影响和塑造这一制度并创造制度绩效的行动者。

其次，诉讼人（被司法者）也必须被纳入司法教育与规训机制。当代中国社会急剧的司法变革，使得中国当代的司法制度实践应当重视审判者与诉讼人之间在规则、知识和预期上的磨合。这是司法现代化进程中一个无法回避的问题。然而，人们关注的焦点往往集中于对法官素质的提升以及对司法程序、司法体制的完善，却很少有人真正提出对诉讼人的司法知识和司法素质进行规范和约束。虽然“普法”在一定程度上也被经常提及，但普法只是传播法律常识，而不是接受司法规训。长期以来，司法体制改革的责任几乎完全加在了审判者身上，而诉讼人的权利与责任几乎完全被忽视了。而如果不能够认真对待中国司法实践中实际上普遍存在的各类诉讼人（包括律师）的不规范、违法甚至是犯罪问题，司法体制改革的绩效不仅收效甚微，甚至会出现负值。

总之，对于司法主体方面的机制建构，必须进行研究视角的转换，拒绝从一种静态的、片面的角度理解司法的民主化与现代化，也不再将研究焦点集中在审判者或是抽象的司法理论之上，而是应强调以动态的视角审视

① 例如，很多司法制度的设计初衷都不错，但其实践命运几乎完全取决于法庭上站立的诉讼人是谁；书面上的制度可以单方用文字规定，但运行中的司法制度却一定是审判者和诉讼当事人在互动与较量的过程中共同构成的。

诉讼者和审判者之间的互动和契合。而如果司法民主化改革能够真正回应诉讼人的真实需求,并在此基础上进行制度累积与制度创新,那么,许多引发制度变迁的利益冲突与价值分歧,尤其是审判者与诉讼者之间的诸多相互冲突的“需求”都会受到应有的关注和重视。

第三节　司法“接近正义”之实践逻辑的转换

当下“接近正义”改革所遭遇的现实困境表明,现代司法,尤其是转型时期的中国司法所面临的挑战,其背后往往暗含着“实质合理性”与“形式合理性”的冲突、制度“供给者”与“需求者”的立场之争,以及权利本位抑或社会本位之争基础上的“维权”与“维稳”之争等更为深层的价值分歧和冲突。这早已超出了传统的形式主义司法和实质正义司法的简单对抗。以追求合乎法律之内的正义为目的的形式主义司法观,因其机械和僵化,无法回应在多元异质社会中的复杂多变的正义需求,始终受到学者的质疑。正如美国学者昂格尔指出,“公平愈是屈从于规则的逻辑,官方法律与老百姓的正义感之间的差距也就愈大。从而,在老百姓的眼中,法律就会渐渐地失去自身的可理解性和合法性。他们认为,法律或是权贵们运用的魔术箱,或是随意地落在正人君子和邪恶小人身上的一系列霹雷而已”①。而实质主义的司法观,则难以避免法官将法律之外的因素(政治逻辑、道德伦理逻辑甚至文化传统因素等)引入对法律规则进行解释和适用过程中,因而就有可能做出违背立法者根本意图的司法判断。既无法防止司法的恣意和专断,也无法克服司法的软弱,从而从根本上动摇司法的权威性和公信力。为了克服传统司法观的局限,现代民主理论演进过程中形成的协商民主(deliberative democracy)理论,已深刻影响着司法观念的内核,形成了对司法观的“协商性”改造,从而引领司法逐渐走向一种合作、互利、互惠的新实践逻辑。

一、以“新程序主义”弥合形式主义与实质主义司法的断裂

传统的司法程序运行机制遵循的是一种“对抗式”的程序模式。它是以防止司法权的滥用为出发点,程序设计围绕如何保障当事人的正当权利而展开,因而当事人双方以及司法机关之间往往是通过相互制衡、对抗以

---

① [美]M·昂格尔:《现代社会中的法律》,吴玉章、周汉华译,译林出版社 2001 年版,第 198 页。

及利益对峙的方式来解决争端，这种模式又被称为“对抗式司法”(confronted justice)，其最为典型的体现就是刑事诉讼程序中的抗辩制度。这种对抗式的司法治理模式由于崇尚普适性与形式合法性，而且要求完全受制于法律规定的架构，因而更注重司法裁判过程的正当性，却很少关注案件所产生的现实社会原因以及案件处理结果的可接受性及社会满意度等其他因素。因此，其运行模式也必然围绕如何充分地保障司法裁决权的运作而设计。

然而，这种建基于理性主义和程序正义理念之上的传统司法模式在其现实运行中并未获得其所期待的解释力和实效。因此，务实的司法实践总是拥有一套自发形成的独特逻辑。合作式(协商性)司法程序模式(co-operative justice)①就是这种实践逻辑发展的产物。这种独特的逻辑体系并不以权力与权利的简单对抗为前提，也不以追求合乎法律规范的司法裁决为目的，而是以互利、合作为出发点，以意思自治为核心和主线，以协商与对话为处理争端的方式，以案件的妥善处理为目标而展开。合作式的司法程序模式注重司法主体之间的平等对话，强调对话方式的正当与理性、利害关系主体自我权利的明知及其意志的自由等。虽然这种司法治理模式最初只是作为一种例外和补充，但由于它更加注重的是一种“互惠性的正义”或“妥协的正义”，而不是一种纯粹理想状态的“规则下的正义”或“虚拟的正义”，更加追求案件的妥善解决而不是僵化的规则之治，并积极吸纳新的社会公正的标准，从而使司法裁决具有较高的社会价值兼容力。尽管这种合作式(协商性)司法模式因在一定程度上背离了传统程序正义理论的框架而备受诟病②，但是，却因其高效、便捷的解纷机制而备受司法实践部门和当事人的偏好，成为司法民主运行机制的发展新趋向。

“合作式”司法程序模式将协商、对话、参与等元素逐渐渗入司法裁判领域，力求使司法突破传统的权利与权力之间的对抗模式以及利益对峙模式，走向一种合作、互利、互惠的利益衡量的发展模式。因而，其在制度设计上也应当在传统的陪审制度、合议庭制度、公开审判制度等程序民主架

① 关于协商模式的系统介评，可参见马明亮：《协商性司法——一种新程序主义理念》，法律出版社2007年版。

② 在这种新型的司法模式中，大量案件突破了司法程序的刚性规定，甚至未经审判而通过其他庭外程序被处理，这就使得正当程序不复存在。参见 George F. Cole, The American System of Criminal Justice(third edition), Wadsworth, Inc., 1983, pp. 116. 还有学者认为，作为协商模式重要组成部分的辩诉交易则规避了正当程序的刚性标准。参见 Roland Acevedo, Is a Ban on Plea Bargaining an Ethical Abuse of Discretion? A Bronx County, New York Case Study, in Criminal Courts in the 21th Century, compiled by Lisa Stolzenberg, etc. Prectice Hall, 1998, pp. 88.

构基础之上，进行适当的制度创新。

近些年来我国在“协商性司法”的制度创新与发展上进行的大胆尝试无疑较有成效地推动了司法民主化的发展进程。在以纠纷的妥善解决为宗旨的合作式司法模式中，传统的程序民主要素常常会遇到解释上和执行上的困难。因为，程序正义理论本身有其功能边界，既定法律程序所产生的结果未必符合社会意义的评价标准。因此，“协商性司法的核心价值在于通过控辩双方的对话、协商，在合意的基础上谋求控、辩、审三方都乐于接受的司法结果。……在维持基本法制底线的框架内，该司法体系尽可能让不同利益诉求的控辩双方在诉讼过程中拥有更多的发言权，相互之间减少不必要的对抗而增加更多的对话与合作机会，力争把多元化的价值目标都吸纳到程序之中”①。例如，污点证人作证豁免制度、暂缓起诉、附条件不起诉以及中国式的辩诉交易、以被告人认罪为前提的简易程序、协议式审判模式、暂缓判决制度、附带民事诉讼前置的协商模式以及其他的协商审判模式等等。而且，为了避免对抗性举证和质证过程异化为一种财富支撑技术、技术决定真理的富人游戏情形的出现，也为了将程序过程转化为一种促进当事人之间相互合作和理性对话的制度机制，法官可以通过案件管理（manage cases）、控制程序过程等方式，逐步有效地将对抗性策略行为向协商性对话行为进行疏通和引导。②

然而，强调合作式司法并非是否定或忽视程序民主的价值。我们必须看到，中国法律传统中根深蒂固的恰恰是对程序正义的漠视和轻视。换言之，如果说西方社会对合作式司法模式的重视是为弥补对抗式司法模式所依据程序正义理念之弊端的话，我们今天提出发展合作式司法模式，决不能以牺牲程序正义为代价。

我们必须铭记，抛开法治原则和法律程序，即便可以收到短期的效果和暂时的稳定，却会埋下长远的祸根，是得不偿失的。因此，究竟如何化解对抗式与合作式这两种模式之间的对立与冲突，更进一步则是程序正义与实质正义之间的矛盾则成为当代中国司法民主化进程中的一个永恒的开放式难题。

---

① 马明亮：《正义的协商：协商性司法在中国的兴起》，《中外法学》2004 年第 1 期，第 3—11 页。

② 韩德明：《司法的现代性及其超越》，南京师范大学 2007 年博士论文，第 165 页。

首先，司法的“协商性”坚持一种“新程序主义①”的逻辑立场，以弥合形式主义司法与实质主义司法之间的断裂。这种基于新程序主义的司法观强调，司法的功能更多在于建立一个能够通过理性对话来实现纠纷解决中各方利益间的衡平与合作的平台。根据这一逻辑，司法“怎样做出裁决”的问题，就转换为“如何使得各方共同承认做出这样的裁决”。换言之，这种“新程序主义”与传统的程序主义的不同之处在于，传统的程序主义重视的是当事人与法官之间纵向的相互作用关系，而新程序主义所强调的程序正义，更加重视的是当事人之间的横向沟通、协商的相互作用关系，“将当事人之间所进行的水平方向的信息交换、商讨作为程序结构的重点内容加以强调，充分体现当事人作为程序中的主体的原则。因为，只有在这样的理念支配下，当事人才会获得不受‘意志强迫’的对话保障，才能够就案件的相关信息进行充分的交换和讨论”②。

其次，基于“新程序主义”立场的“协商性”的司法，其理论追求在于，通过双方之间的平等对话、商谈和妥协，旨在实现一种“互惠性”(mutual benefit)正义。正是在这一意义上，司法正义的实现与否，关键要看司法主体之间是否能够平等对话，对话方式是否正当与理性，利害关系主体是否明知自我权利，他们的意志是否自由等等。与此相应，司法程序本身的妥当性问题，各方当事人对裁判结果的满足度，司法程序结果的执行力，对违背的威慑效果以及异议的容纳和适当处理，都将成为司法程序设计改进的核心要素。③

简言之，协商性的司法治理模式，在坚持程序正义立场的同时，将司法正当性的基础，从程序正义与实质正义间的纷争，转向了一种新的“互惠性”正义。这表明，它不再拘泥于对一种纯粹理想状态的“规则下的正义”或“虚拟的正义”的追求，而是更加注重的是当事人所追求的，在各方当事人平等协商基础上通过互相妥协而实现的一种“合意正义”或“妥协正义”；更加注重通过当事人双方之间的对话、商谈来促成纷争的妥善解决，

---

① 学者季卫东指出，新程序主义与传统的程序公正理念最重要的不同在于，传统的程序正义往往拘泥于对形式和过程上的控制，而新程序主义是对形式理性和实质理性的反思理性。它更加强调程序价值的社会化，即程序的意义不仅仅是为了排除偶然性或主观性因素的干扰而加以程序性规制的形式合理性，更应当是在多元异质社会结构中通过附加了内在价值的程序来重建共识。参见季卫东：《法制重构的新程序主义进路——怎样在价值冲突中实现共和》，清华大学法学院2011年“中国法学创新讲坛”第4期主题报告。最后访问：http://www.21ccom.net/articles/zgyj/xzmj/article_2010112825335_4.html.

② 唐力：《协商性司法的理论基础》，《现代法学》2008年第6期，第112—120页。

③ 杨力：《中国法院职权优化配置研究》，《东方法学》2013年第4期，第95—110页。

而不是僵化的规则之治或模糊而恣意的道德之治;更加注重积极吸纳新时代的社会利益衡量标准,使司法裁决具有较高的社会价值兼容力和认同度,从而更有利于司法公信力危机的化解。

二、以“司法克制”为原则框定司法权能的边界和限度

“协商性”的司法在坚持新程序主义立场的基础上,还必须以“司法克制”①(judicial restraint)为原则来框定司法权能的边界和限度。司法权能的边界和限度问题,在宏观层面上通常是指国家权力结构的问题,即司法权与立法权、行政权等国家权力之间的权界划分问题。在微观层面上,则主要指在司法权运作过程中,司法权行使的边界和限度的问题。对此,西方社会大致经历了从极端“司法克制主义”到“司法能动主义”(judicial activism)的发展过程。

“司法克制主义”是基于西方近代的自由主义传统所确立的权力制衡理念和程序正义立场,强调在案件的处理中,法院和法官应当保持适度的消极和中立,不能直接或间接地创制法律,并应与案件所涉及的社会及政治因素保持适当距离。在处理社会事务尤其是政治事务上,司法应当严格恪守自己的界域,不主动关切或参与这些事务。而最初引发人们关注司法权边界问题并引出“司法能动主义”的则是首创于马伯利 vs. 麦迪逊案②的美国的司法审查制度,强调“法官应该审判案件而不是回避案件,并且要广泛地利用他们的权力,尤其是通过扩大平等和个人自由的手段去促进公平——即保护人的尊严”③。其基本宗旨是为了平衡司法与政治、社会生活的融合,实现司法对社会现实变迁的回应,以期在促进实质正义、实现个案正义、增强法律实效性、实现法律效果与社会效果的统一乃至推动立法发展等方面发挥司法所应有的重要功能。

事实上,司法克制与司法能动之间并非是一种对抗关系,而是一种补充关系。二者是基于司法本身的特性和要求而形成的司法的两个重要面向。即便是激进的司法能动主义者,也主张对司法权和法官自由裁量权应当进行严格限制,司法能动必须在司法克制原则的约束下才具有正当性。

---

① See Webster ' s New WorldR Law Dictionary, by Susan Ellis Wild, Legal Editor, CopyrightR2006, by Wiley, Hoboken, NJ; Published simultaneously in Canada.

② “马伯里诉麦迪逊案”(Marbury v. Madison)是美国宪法中最著名的案例之一,于 1803 年由首席大法官马歇尔主笔,检索码是 5 U.S. 137 (1803),此案例确定了美国宪法中的司法审查先例。

③ [美]克里斯托弗·沃尔夫:《司法能动主义:自由的保障还是安全的威胁》,黄金荣译,中国政法大学出版社 2004 年版,第 3 页。

尽管有时候为了纠纷的解决，法院必须阐释和适用一般性的命题。但是，其基本要求则是恪守司法裁判的“窄”和“浅”原则，即法官应当将注意力集中在对解决特定争议确实有必要的事情上，应当尽量避免宽泛规则和抽象理论。桑斯坦将此表述为“司法最低限度主义”①。

中国语境中的司法权能的边界和限度问题，虽然与西方世界存在国家和社会结构的不同以及司法体制的不同，但基于现代司法的基本制度共性，同样存在如何界定司法权与立法权、行政权等其他国家权力之间的权界划分问题；也存在司法权能的范围和限度问题，以及法官如何在司法能力范围内进行司法活动的问题。因此，司法克制原则以及司法克制与司法能动之间的关系的理论，对于分析中国社会司法权的边界和限度的问题具有重要的参照意义。具体而言，以“司法克制”为原则框定中国司法权能的边界和限度，至少应当从几个方面加以规制。

首先，以“司法克制”为原则严守司法权运作的权界。这意味着，不仅在立法层面上要清晰界定司法权的边界和限度，使得司法权不能任意僭越立法权和行政权等其他国家权力的领域，更为重要的是，在司法的程序设计中，也应当将法官的权界加以清晰界定，法官在司法裁判过程中，也绝不能任意引入道德、伦理、政策等逻辑作为直接依据，突破法律和规则的界限和限度。法官只能是一个裁判者而非立法者，法官肩负的使命应当界定为具体案件中具体正义的实现。

其次，以“司法克制”为原则，科学合理配置司法资源。“接近正义”改革的重心应当放在司法资源的合理配置上，即如何确保将优质司法资源配置到最需要司法加以保护的领域。这意味着，我们至少面临两个极为重要的课题。一是“案件的可裁判性”问题，即哪些争议和纠纷是能够以及最需要通过司法裁判的方式加以解决的。司法资源的稀缺性决定了司法所能解决的纠纷的范围是有限的，因此，优质的司法资源究竟应当介入哪些领域，这一问题必须加以科学合理的界定。否则，在“司法万能”的幻觉下司法大规模介入社会纠纷，不仅不能获得正义产出的增量，反而会加剧司法资源的浪费，甚至引发“诉讼爆炸”，进一步削弱司法权威。二是要清晰界定司法与其他替代性纠纷解决机制的范围和边界问题。不同的权利救济方式对于权利救济的效果和程度是不同的，但无论哪一种解纷机制，都同样需要耗费公共资源。那么，如果对于何种权利应当以何种方式得到何

① [美]凯斯·R. 桑斯坦：《就事论事：美国最高法院的司法最低限度主义》，泮伟江译，北京大学出版社2004年版，第21页。

种保护的问题不能给予科学合理的规制，就难免会引发不同群体、不同案件以及不同解纷机制之间对于公共资源的竞争和占有，从而会激化社会矛盾冲突，更加剧社会中弱势群体的不平等境遇。

再次，要科学界定司法机能的限度，即明确司法应当以及能够在何种程度上发挥其社会控制功能。这意味着，我们既要防止在司法万能主义影响下，过度强调司法的主动性、亲民性和简便化，从而营造出“司法万能”的假象，误导民众对司法的过度苛求，进而引发司法权威和公信力的危机；同时，也要防止因“司法万能”迷信破灭后而走向另一极端——选择性司法，即对于棘手、敏感、复杂的“疑难案件”采取保守退缩态度，拒绝受理或者有条件受理，或通过提高起诉门槛而将一些案件拒之门外等。

总之，“接近正义”改革实践逻辑的“协商性”转向，是在坚持“新程序主义”的立场上，弥合传统的形式主义司法和实质主义司法之间的断裂，强调对双方当事人平等权利、民主权利的保护，在有效阻止司法专断和恣意的同时，更加注重通过程序性共识的达成来积极吸纳新时代的社会利益衡量标准，使司法裁决具有较高的社会价值兼容力和认同度，从而更有利于司法公信力危机的化解。此外，以“司法克制”原则框定司法权能的边界和限度，则是解决我国“接近正义”改革实践中诸多问题的突破口。这不仅有助于准确把握司法介入社会事务的范围和程度，为司法和法官划定权力运作的边界和限度，还有助于引导社会和民众对于司法功能和限度形成一种理性的认识和适度的宽容，从而提升民众对司法裁决的认同度，进而树立司法的权威和公信力。

第四节 “接近正义”与“法律赋权”之改革重心的转换

“接近正义”(Access to Justice)与“法律赋权”(Legal Empowerment)的理念及其改革战略之重大意义早已形成共识。这两项改革都将重心落在有针对性地解决“穷人”和被边缘化群体的权利保障问题。但二者的侧重仍有不同。“接近正义”改革旨在排除贫困以及弱势群体诉诸司法解决纠纷的障碍，重点是提升“穷人”和被边缘化群体诉诸法律和法律制度的机会，但同时，这实际上忽视了这一群体先天缺乏利用法律来保护自己和享受司法资源的能力和知识、技能等。“法律赋权”改革的努力则侧重于关注导致这一群体缺乏相应的权利、机会和能力，并阻碍这些人运用法律和司法工具来掌控他们的生活、改善他们的生计的根本原因，并努力帮助他们改善这种境况。①

一、影响司法资源分配的实质性因素分析

司法应当是以"实现结果公正"为目标的"矫正之正义",其前提则是以"利益平衡"为目标的"分配之正义"②。这就意味着,司法"接近正义"改革的着力点应当落在司法资源的平等分配上。那么,如何实现平等分配呢?

首先,要切实改善"弱势群体"对司法资源的平等享有的境况,我们首先要明确的是,哪些资源属于应当进行平等分配的"资源"。而遗憾的是,至今这仍是一个没有被清晰界定的模糊概念。也正因为我们一直以来未能准确界定这一概念的内涵和外延,才导致司法"接近正义"改革在重心选择上出现偏差。

"法律资源",应当是指"能够对主体产生利己效果的一切法律规范、法律程序以及法律活动。法律资源的分享状态,既体现社会成员的实际利益及欲求受到法律承认与保护的程度,也包括这些利益与欲求通过法律手段实现的可能"③。学者顾培东的这一定义揭示出,在实践层面,应当被平等分配的"法律资源"至少应当包括三种类型,即立法资源、执法资源以及司法资源。如果允许各种强势集团利用自己特有的条件与优势,争夺立法上的利己保护,力图巩固并扩张其特殊利益,就是立法资源的分配不平等;利用有限的执法力量及相关执法资源对有产阶层、富裕群体做倾斜性保护,就是执法资源的分配不公;而司法资源的分配不公,则不仅表现为进入司法的门槛过高,需要主体具备一定的财力与智力条件等,更为重要的是,在诉讼实践中,主体的社会身份、地位、人脉资源等等诸多隐性的社会资源,往往会在诉讼中形成更大的影响力,从而使形式上平等的诉讼程序常常产生出不平等的诉讼结果。④

由此可见,造成"弱势群体"不能平等享有法律资源的因素是多元复杂的。其复杂程度远远超出了"接近正义"传统改革路径所能涵盖的

① I. S. van de Meene and B. van Rooij. Access to Justice and Legal Empowerment : Making the Poor Central in Legal Development Co-operation. Leiden University Press, 2008, pp. 12.

② 胡烯:《矫正正义与侵权法的哲学基础再审视——一个德性理论的视角》,《法制与社会发展》2022 年第 3 期,第 167—186 页。

③ 顾培东:《中国法治进程中的法律资源分享问题》,《中国法学》2008 年第 3 期,第 141—149 页。

④ 顾培东:《中国法治进程中的法律资源分享问题》,《中国法学》2008 年第 3 期,第 141—149 页。

范围。

1. 显性因素

以司法规则、司法技术、司法成本、司法程序为载体。一直以来，我们致力于改善由于司法门槛过高，或缺乏必要的财力与智力等因素造成的司法资源利用的不平等，殊不知这些只是造成“不平等”的诸多因素中很小的一部分，只是由于它们是“显性的”，易于被发现和关注而已。

2. 隐性因素

政治权力、物质财富、社会地位、社会关系以及其他能够影响立法、执法以及社会资源分配的因素。在更深程度上真正影响和趋导着法律资源的配置的，往往是立法资源、执法资源的分配不公，政治权力、物质财富、社会地位、社会关系的不同，以及其他诸多“隐性因素”造成的社会资源占有的不平等等。这些因素往往由于其“隐蔽性”而难以被发现，也由于其“隐蔽性”和“复杂性”而更难以被纠正。

3. 轻率诉讼、滥讼与过度诉讼对司法资源的消耗

在我国长期以来一直存在两个极端的诉讼心理，一端是“厌讼”传统，另一端则是“好讼”的追求。①例如，足球迷起诉裁判；美女选手起诉竞争对手；母亲们要求法庭解决他们 3 岁孩子在操场推搡打斗造成的伤害；父亲们对他们 15 岁的孩子在高中运动队中未能担任主力而感到不满愤而起诉，等等。关于“轻率诉讼”的现象，以及关于如何界定和控制争议，绝不是一个简单现象。哪些诉讼属于被过于轻率的提起的，即构成“滥讼”的法律要件如何，都需要严格区分和界定，甚至需要更为精致、细腻的法律解释。

仅仅因为服务员把热汤洒在了顾客身上，受害者便能够从一家餐馆得到几千元甚至上万元的赔偿，这是否公平，又是否值得？初看起来这似乎是一个荒谬的八卦闲谈。但当我们仔细考察案件的详细情况，这个问题就不再是一个简单的笑谈了。此案中，原告是一名 79 岁的妇女，因在餐馆中就餐时被 180℃ 热汤严重烫伤。她在医院住院治疗了 8 天，且需要做皮肤移植。由于她的医疗费实在远超出了她的承受能力，她才不得已提起诉

---

① 本文只是在宽泛意义上使用“厌讼”这一概念，仅指向普通民众的诉讼心理。学者尤陈俊指出，20 世纪 80 年代后期以来形成的将“无讼”“厌讼”“贱讼”“耻讼”等视为中国传统诉讼文化之特质的“理想类型”概括，近十余年来受到法律社会史领域研究结论的质疑与颠覆。研究者必须清醒注意到“法律意识”“权利意识”等概念所附随的“西学”知识背景对此类议题之讨论的微妙影响，从而在研究中国传统法律文化时对此类概念谨慎使用。参见尤陈俊：《中题西作：反思中国传统诉讼文化研究的思维框架及其概念使用》，《现代法学》2019 年第 1 期，第 34—44 页。

讼。所以,这类案件显然并不能归于对司法资源的消耗。

无论如何,诉讼率的高低显然并不能成为“滥讼”的衡量标准。在近年来的民事案件数量的增长中,无争议的离婚案件占了很大一部分。这在一定程度上反映的是诉讼率的增加,并不是对婚姻满意度的期望增加和对家庭暴力的容忍度的降低。这类案件当然也不构成对司法资源的重大消耗。企业之间的纠纷往往是争议标的最大以及诉讼率增长最快的民事诉讼类别。而引发批评最多的侵权案件,如人身损害赔偿诉讼和产品责任侵权案件的索赔,则正在下降。随着《产品责任法》的出台,相应的有关产品安全类案件在逐年降低;随着替代性纠纷解决机制发展,以及一系列使诉讼不再那么有利可图的侵权责任制度的改革,都在遏制“滥讼”中发挥了重要作用。

二、改革重心从“显性”因素转向“隐性”因素

基于对影响“接近正义”的“实质性因素”的关注,我们有必要进一步探究“隐性”因素进入司法领域的路径和方式;在此基础上,规范其对司法资源平等分配的影响。规范这些“隐性因素”,主要应从如下几个方面入手:

一是合理界定政治权力与司法权力之间的关系;

二是改善法律资源的配置与分享格局;

三是减少权力机构对法律资源的掌控;

四是突出法律资源的“公共产品”属性,提升社会成员运用法律资源的能力。

从根本上而言,之所以强调对“隐性因素”的分析,一方面,由于它关涉的是司法权自身的合法性问题,即司法权之行使何以是正当的,以及如何保证其行使合法、公正和有效的问题;另一方面,它关涉的是司法权作为公共权力之一种,它如何承担其民主责任的问题。

因此,“接近正义”与“法律赋权”最终改革的成败,很大程度上离不开对上述四个方面的着力。换言之,就是要进一步加强和完善司法权行使的外部环境,处理好司法权与其他公共权力之间的关系,最终目标在于真正消除司法领域中“强势群体”与“弱势群体”之间的不平等。由于上述这四个方面已经超出了“法学研究”的题域,因而本文仅以提纲方式加以罗列和呈现。

三、弥合“正式”与“非正式”的多元化解纷机制

当今的中国社会是一个利益格局更加多元的社会，这对于司法提出了更高的要求，在这种情况下我们对于司法民主的理解也必须进一步地提升。然而，权利是有成本的，因而司法也是有限的，不仅司法的资源是有限的，而且司法的解纷能力也是有限的。司法永远不可能清除社会的所有污点。很多时候，拿起昂贵而笨重的法律武器来保护自己的合法权益并非总是明智之举，而为了节省公共资源的投入，国家就要被迫限定法律控制的范围。这就为司法救济之外的其他非司法性(或准司法性)的权利救济与解纷机制提供了发展空间，这就是司法的附生机制。

因此，司法不再是履行社会纠纷解决和权利救济职能的唯一机构，大量的社会中间机构、行业协会、社区自治机关需要发挥更大的作用。于是，诸如协商、调解、和解、仲裁等等众多新型的解纷与权利救济机制应运而生。这些新的解纷模式的出现是司法程序民主参与的制度创新：首先，使当事人真正享有对实体权利的决定权，以及对程序的选择权。无论是民事诉讼中的当事人及利害关系人还是刑事诉讼中的被告人与被害人，都能够基于其地位、利益、责任与权利等因素的衡量而选择对自己有利的纠纷解决方式。而且，司法机关在法律规定的范围内尊重当事人之间协议的内容及结果，从而不仅使得当事人具有了自主解决纠纷的权利，更使得当事人与司法机关处于相对平等的地位。其次，诉讼外调解与和解的存在，还意味着司法机关将纠纷解决权向社会的让渡，意味着社会民主自治程度的提高以及民主自治能力的加强。再次，以司法权能“分化”为基础而形成的司法机关相互制约，是司法民主在当今社会的主要表现形式。目前，尽管各国对司法权能“分化”的做法有所不同，但也有一些共同性特征：一是民间仲裁机构的出现以仲裁裁决的终局效力，打破了由国家司法机关“垄断”国家司法权的局面；二是国家司法权由传统的审判权分解为侦察权、公诉权和现代审判权。这种分化在附带地提高司法效率的同时，其主要功能是在司法权的领域内形成了一种相互监督与制约的机制，克服了早期社会中的司法独裁与专制。

第九章 “接近正义”之“司法制度链”构建

> 我以自己作为法官的经验证实,为刑事案件被告人提供的法律援助质量通常很差。但是如果我们足够有头脑,我们一定能够认识到,这可能并不是一件完全的坏事。因为,为贫穷的刑事被告人提供辩护的援助律师,绝对有能力将判决无罪的可能性降到极低的水平。但凡他们对此做稍多的努力,要么将有许多有罪的人被无罪释放,要么社会将不得不投入更多的资源来起诉更多犯罪案件。所以说,目前这个近乎“裸奔”的为贫困的犯罪嫌疑人提供的制度很可能是最佳的。①
>
> ——[美]理查德·波斯纳

“接近正义”的有效运行从根本上而言,既关涉司法权自身的合法性问题,更关涉其所承担的民主责任的问题。现代司法的核心理念是人本、文明、理性和公正,而这些理念的落实必须依托于多方参与、平权对等和机会均占的交涉性安排,司法官员独立持中的职业操守与不偏不倚、居中裁判的角色定位,周全、精致、充分透彻的司法程序设计,合理、有效的司法责任与监督机制,以及基于公共性关怀而促生的法律援助制度和多元化替代性解纷机制等等的良性运转。

概言之,“接近正义”改革,应从“接近正义”的根本性问题入手,即厘清究竟应当接近“谁”之正义?“何种”正义?应由“谁”来承担责任?以及应以何种“形式”实现?因此,重构当代司法“接近正义”的“制度链”,本文尝试从以下四个方面着重展开:

一是加强对中低收入群体法律需求的关照并将之法律化;

二是对法律援助制度进行结构性调整以侧重其“实效性”;

三是律师职业伦理及律师慈善“公益”服务的结构改造;

四是规范司法问责与监督机制。

---

① Richard Posner, Economic Analysis of Law, New York: Aspen Law & Business, 5th ed. 1998. pp. 513-514.

第一节 对中低收入群体法律需求的关照

一句著名的希伯来谚语:“当被告最富有时,法庭是最仁慈的。”这一古谚语在今天甚至在任何一个时代都仍然是适用的。贫与富的差距及其背后的阶级或阶层的差异,同样是现代民主社会的司法应当极力避免且努力消除的。因此,习近平总书记在党的十九大报告中提出,要全面落实司法责任制,努力让人民群众在每一个司法案件中感受到公平正义。

但是,“金钱在法律、立法和司法选择过程中的作用往往使法律偏离可预测的方向”①。当一个人连基本生命安全和生存必需都得不到满足时,他是不会也不可能去求助于法律的。数十年来对法律上的不平等及其司法的民主性状况的考察表明,低收入人群中约五分之四的法律需求无法得到满足。② 这就是说,最需要法律援助的贫困和社会弱势群体,往往是最不可能获得有效法律援助的。可见,“接近正义”对于我国大多数低收入群体而言,至少目前还只是一个美好愿景,这是对我国司法之“民主性”现状的事实性描述。

一、转向对“未得到满足的法律需求”的考察

意大利著名法学家卡佩莱蒂(Cappeletti)和加思(Garth)的一句经典名言:“没有相应的运行机制(mechanisms)来保障权利的实现和有效救济,那么拥有权利是毫无意义的。”③因此,民众是否能有效诉诸司法以实现其接近正义的目的,成为各个国家司法改革的重大项目。我们必须保障每一个人都能够平等地“接近正义”,尽可能地为人们提供具有可行性的司法手段,并努力排除人民在寻求解决“可由法院审理的”问题时所面临的一切障碍。

不仅如此,“接近正义”之机会不平等的问题,并非仅限于贫困或者低收入群体。社会中还有大量的被边缘化群体,他们同样面临着被排除在法

---

① Deborah. L. Rhode. Access to Justice [M]. New York: Oxford University Press, 2004, pp. 5.

② Virtual Network for the Development of Indicators on Peaceful, Just and Inclusive Societies for Goal 16 (2015), The Indicators We Want, Federal Ministry for Economic Development and Development, Berlin and United Nations Development Programme. World Justice Project (2018), World Justice Project Rule of Law Index 2017, World Justice Project, Washington, DC.

③ E. g. M. Cappelletti and B. Garth, ‘Access to Justice: The Worldwide Movement to Make Rights More Effective - A General Report’ in M. Cappelletti and B. Garth (eds.), Access to Justice - A World Survey (Alphen aan den Rijn: Sijthoff and Noordhoff, 1978), pp. 185.

律/司法程序之外的状况。"接近正义"改革以法律援助为基石制度,往往更多惠及贫困、弱势群体,旨在帮助他们获得更多对司法资源享有的权利。然而,那些处于经济贫困线边缘的个人,在面临权利或利益被剥夺时,同样会面临着无法接近正义的尴尬境地。这就是说,"穷人/低收入群体"的界定标准本身就是一个法律拟定的概念,而很多不符合国家拟定标准的人,与低收入群体一样,都被排除在法律和司法领域外,同样没有其他任何途径来保障自己的基本权益。例如,当涉及"囚犯"这样一个特殊群体时,就很难得到恰当的法律帮助。囚犯通常是最不受同情且最易被忽视的一个群体,他们经常性地面临着被严重虐待、性攻击或医疗服务不足的境况。2009年发生在云南的著名的"躲猫猫"案①就足以说明问题的严重性。在没有法律规制的情况下,警察和狱政管理人员根本得不到有效监管以防止其权力滥用。而律师们显然也并不愿意处理涉及监狱的案件。同样的情况还涉及被称为"蚁族群体"的社会底层,他们得到法律援助或者律师帮助的可能性也几乎为零。

这些被边缘化的群体的民主权利当然是不容忽视的,因此,为了满足这些不同群体的法律需求,各级政府必须制定合理而适度的政府补贴法律援助的具体方案。问题的关键在于,仅靠政府公权力资源的投入绝不足以满足所有群体的法律需求任务。那么,如何用更为科学可行的方法筛选和提炼出最紧迫和最重要的法律需求,就成为"接近正义"改革推进过程中的前提性研究课题。

1. 对"法律需求"的深度调查

法律需求是否得到适当满足,应当是"接近正义"改革是否有效的重要衡量标准。"法律需求调查"(Legal Needs Survey),是从"需求者"的角度出发("自下而上"的角度),而非从"资源供给者"的视角("自上而下"的观点)来考察"接近正义"之必要性与可行性的问题的重大项目。它试图设计出对所需调研问题的尽可能全面的研究对象,并在此范围内,筛选出所有需要提供法律援助的群体,并筛选出所有可供法律援助支配的司法资源。在此基础上,尽可能全面地提供一个有针对性的分析。不仅如此,

① 2009年1月29日,云南省24岁的青年李乔明因盗伐林木被刑拘并关押;11天后,李乔明因重伤入院;2月13日,医院称李重度颅脑损伤身亡。"躲猫猫"事件有了初步结果,8月14日,云南省昆明市嵩明县人民法院做出一审宣判,原晋宁县看守所民警李东明犯玩忽职守罪,判处有期徒刑1年6个月,缓刑2年;苏绍录犯虐待被监管人罪,判处有期徒刑1年。也就是同日,昆明市中级人民法院对"躲猫猫"案件中,在看守所内故意伤害致李乔明死亡的张厚华、张涛、普华永三名被告人,分别判处无期徒刑和有期徒刑。详情参见百度百科。最后访问:2021年10月17日星期日 https://baike. so. com/doc/7732805-8006900. html.

它还要对“接近正义”实践中常见的阻碍和陷阱、关键的经验和教训以及有效实施法律需求调查的做法加以梳理。

自1990年以来,随着法律援助改革的推动,很多学者和研究机构开始对民众的法律需求进行实证研究,主要是通过实施大规模调查进行。其重心是了解不同群体面临的法律问题的性质、相关问题和需求的模式、广泛存在的解纷类型和诉诸司法的主要途径,以及未解决的法律问题的不利影响。随着时间的推移,在一系列国家、法域和法律传统中开展了法律需求调查,揭示了共同的模式和动态。他们提供大量的证据基础,以承认和具体解决人民的法律和司法需求,包括边缘化群体,作为实现社会经济包容的中心战略,这些调查数据大大有助于我们理解法律需求问题的普遍性,以及未决法律问题的短期和长期负面后果。

特别值得注意的是,长期以来学者们认同的观点是,生活在不利环境中的人似乎特别容易出现法律问题。世界经合组织成员国开展的法律需求调查则表明,法律需求问题的存在远不是随机分布在人口中的。有越来越多的证据表明,弱势群体通常更容易受到法律纠纷问题的影响,这是由于,当这个群体处于可能引起法律纠纷和社会问题的情境中时,他们避免或减轻问题的处理能力更低。

然而,这一项目的难点在于,未得到满足的法律需求的范围很难精确地加以量化。比如,一国究竟有多大比例的“中低收入者”的法律需求未能得到满足,这一数据很难获取。因为,大多数没有进入司法渠道加以解决的案件是很难被发现的。即使动用国家层面的公共资源,调查也很难取得令人信服的结果。在一项颇有代表性的研究中,获得的统计数据显示,某省近四分之三的中低收入者在面临法律问题时不选择寻求律师帮助。尽管如此,这些研究仍然低估了所有无律师代理的当事人的权益,因为大多数的调查结果在很大程度上依赖于主观的判断和预测,并没有足够可信的数据来评估和衡量人们所真正关切的问题。

通常情况下,民众不求助于法律/司法来解决问题的原因,一方面是因为他们认识到,有些问题似乎并没有严重到需要进入司法领域解决;另一方面,还因为他们知道,进入司法渠道解决问题超出了他们自己的能力。在接受调查的民众中,大约有三分之二的人认为,向法庭提起诉讼是昂贵的,是一般人负担不起的,也是不划算的。例如,对于一些简单的邻里纠纷、遗产分割案、无财产争议的离婚案件、小标的的侵权纠纷或工伤事故、消费者权益纠纷、房屋租赁等纠纷而言,司法是一种“奢侈品”,而非“必需品”。

然而,一个值得注意的现象是,许多人对他们在无律师帮助情况下而维权的最终结果通常是感到不满的。一项粗略的调研显示,中等收入者中,对不寻求律师帮助而通过自己解决的法律问题,其满意度为50%;而低收入者中,选择无律师帮助的,其满意度只有30%。相比之下,在那些求助于律师或通过司法途径解决纠纷的人当中,即使他们中的许多人对律师或法院的表现并没有给予较高的评价,满意度也达到了60%以上。可见,即使对其律师代理的许多方面并不满意,但对于有律师介入的法律问题的处理结果的满意度,仍然要高于无律师帮助的情况。在有律师帮助的情况下解决问题的人中,有大约1/3的人对其律师代理并不满意,而导致其不满意的方面主要包括:不能及时有效解决问题、不能充分告知义务、并非真正关切其利益以及不能尽职尽责等,也就是说,是由于律师在代理过程中确实表现不佳造成的。

下述案例就充分显示了有律师介入提供帮助的必要性和重要性。在这起当事人试图变更未成年子女监护权的案件中,当事人选择了不寻求律师帮助。庭审过程中,一位不耐烦的审判员在听取了未成年人的父母各方的辩论后,向这对关系本就十分冷淡疏远的父母提出了一些无用而陈词滥调的说教。然后他告诉这位父亲,他缺乏一份关键的第三方证据来证明其变更监护权有充分理由。而当这位父亲询问应当如何准备这些证据材料时,法官则厉声喝道:“我又不是你的秘书!”随后,他用很敷衍的一句“我只能做这么多”,就把这对父母请出了法庭。

2. 使法律服务成为“必需品”而非“奢侈品”

今日世界之法律,可以说是型构并渗透到了每一个公民和企业的日常生活中。人从出生到死亡,无论贫富、贵贱,法律规定着人们生活的几乎所有方面,包括生命、健康、财产、就业、教育、住房和创业等。所有社会部门的正常运作都取决于健全的法律体系和司法架构。这意味着法律问题是如此普遍,以至于几乎所有人都是“法律帝国”的臣民。因而,对法律和司法的需求在所有人的一生中都是必不可少的,无论你愿不愿意和承不承认,它都无时无刻地环绕在你的身边。

“接近正义”改革应当使法律和司法成为人们生活的“必需品”,而不是“奢侈品”。当我们抛弃那种将法律视为一种罕见和昂贵的“奢侈品”的观念时,很多曾经“不是问题的问题”就有可能成为一种不得不加以关注的“不公正”问题。换言之,法律应当进入每个人的日常生活,每时每刻都被每个人经历和适用着。而且,它与全球的包容性增长和个人及社区的福祉也有着不可分割的关系。这一观点对我们理解接下来的“接近正义”改革转向具有重要意义。因此,“接近正义”改革应当向侧重于对民众日常法律需求的关注转变。

首先,缺乏对社会中最为弱势群体之法律需求的平等关怀,无形中会使他们成为司法系统中最具危险性的不安定因素。这一群体的“法律需求”关涉的往往是最具根本性影响的法律纠纷,既可能造成轻微的利益受损,也可能引发个人的生存困境。而且,未得到合理解决的民事法律纠纷,造成的混乱是严重且不可预测的,可能给个人和家庭乃至整个社会造成持续性影响。虽然每个人都有其不同的民事法律需求,不同的年龄、地区、健康状况、个人收入和教育水平都可能影响其法律需求的具体内容,但最贫穷和最弱势群体的需求往往更加频繁、复杂且相互关联。尤其需要重视的是,不能得到公正解决的法律纠纷对个人的经历而言,还有形成“恶性循环”的可能,即他日后遭遇更多麻烦的概率和程度会因此而增加,这对于低收入者和弱势群体成员犹如“雪上加霜”。由于他们对司法制度更缺乏了解,或认为司法制度只是“富人”独享的“奢侈品”,这种对于司法抱持的复杂性心理本身,就是“接近正义”的重要障碍。正是这些障碍的存在,使得很多本来可经由法院审理解决的纠纷,却转向在法律和司法系统之外寻求解决,且常常是以非正常方式解决。

其次,“有”法律需求与“获得”法律援助的可能性之间,并没有直接的和必然的联系。虽然我们能够获取的数据有限,但无法获得必要的法律和司法服务,往往对低收入者及其他弱势群体(如残疾人、精神病患者、单亲家庭、失业者等等)产生的影响更大。在追求司法公正的问题上,不仅仅因为他们在金钱和经济方面有障碍,还有更多的因素诸如社会阶级结构、司法体制和个人能力因素等,都会影响到他们“接近正义”的机会。而法律问题与其他性质的社会问题(包括政治、经济和健康等问题)之间具有十分复杂的内在关联性。不同性质的社会矛盾间是相互影响的,它们之间会产生相互促进或者相互牵制的关联。例如,社会问题可能导致法律诉讼,而法律问题,如家庭暴力、家庭/关系破裂、交通事故、住房、就业和歧视造成的伤害等,则可能导致社会问题的加剧,甚至爆发激烈的冲突直至引起整个社会的崩溃。同样,医疗问题可能导致一系列经济、社会和法律问题。尽管如此,仍有太多人不承认他们所遭遇的问题具有法律属性,也不懂得把法律问题与他们面临的其他性质的问题区分开来。这就导致许多人遇到问题后,不去主动寻求法律帮助或司法救济,不是因为他们并不知道法律援助服务的存在,或者不知如何获得这类服务,而是因为“法律帮助”对他们而言并不是最为有效和必要的选择。相反,他们认为,即使选择了法律和司法，也无法确保他们真正获得有效帮助。

在世界经合组织发起的一项调研中①，对其成员国及伙伴国家中发生的法律纠纷的处理结果进行了统计，结果大致分为三种情况：第一种情况是，有大约35%～41%的案件是没有得到解决的；第二种情况是，即使案件所涉问题得到了解决，也有大约1/3的案件被认为其结果是不公正的；第三种情况是，大约有1/4的案件，由于整个案件审理过程耗时很长且成本投入过大，而使得公正结果的获得已经不那么有价值了。可见，仅了解相应群体的"法律需求"是远远不够的，真正调查他们对法律和司法的实际感受，考察决定其"满意度"的深层根源，对于我们评估"接近正义"的实现程度和"实效"是绝对必要且极为关键的。

二、满足中低收入群体法律需求的新战略

迄今为止，关于减少总体不平等现象的研究表明，帮助人们及时获得法律和司法服务，以帮助其摆脱法律困境，满足其法律需求，对于各个领域而言均产生了积极影响。这不仅可以扩大一系列公共政策领域的部门利益，直接或间接影响经济增长，相应的法律和司法干预措施形成一个完整的"司法制度链"，还能够动态地促进包容性增长和可持续发展，并有助于减少社会总体不平等。就像许多复杂的社会政策一样，满足人们的法律需求与包容性增长日益系统化之间有着密不可分的联系，尽管不一定是因果关系。

概言之，满足中低收入群体法律需求的新战略规划，需要从三个基本的战略方向展开：

> 第一组战略，旨在从根源上减少民众对法律援助的依赖性；
>
> 第二组战略，旨在降低司法成本并提高法律服务的质量和效力；
>
> 第三组战略，旨在从根本上提高个人运用法律解决争端的能力。

1. 从根源上减少民众对法律援助的依赖性

"接近正义"改革新战略的一个基本理念是：明确民众的"法律需求"

---

① Source：OECD-OSJI（2016[18]），Understanding Effective Access to Justice，Summary of Proceedings，Technical Workshop，3-4 November，2016.

所需求的是更多的“正义”，而非更多的“律师”。大多数人在遭遇纠纷而考虑诉诸司法时，他们头脑中闪现出的主要印象是法律太多，而非太少。法律体系太过庞杂，法律程序太过精细，非法律职业群体根本无从应对。因而，传统的“接近正义”改革从简化程序、加强法律援助等角度来强化司法的民主性，殊不知其结果和效果不仅没能改善这些群体的“正义”状况，反而增加了一些新的障碍。比如因法律援助而增加可能会导致民众对“律师”的依赖反倒更大，可律师服务的质量不可控，又造成了新的对“接近正义”的阻碍。因而，“正义”不等于“律师”，就是要求我们要真正站在法律需求者的视角，思考如何尽可能减少这些群体对于专业性律师的依赖。

“接近正义”改革的传统理念认为，主要问题是律师救助不足，因而，解决办法是使律师提供的服务更广泛和更全面，也就是使律师服务更容易获得且负担得起。这种办法包括减少对律师间的竞争性广告营销策略的限制，激励律师提供更具有成本效益的援助服务。对此，专家们的共识是，确保更充分、有效的法律援助制度的唯一途径是，将主要经费投入的责任转移到各省、市和地区级政府，并由各级司法行政管理部门对律师的任命、业绩考核评估和援助服务质量给予专门的管理和控制。这种权力分配模式的目的是减少资源分配差异、提高援助质量和使律师免受个别法官和地方政府部门的压力。

从“自上而下”的管理者角度来看，这种方法有明显的优势。但从“自下而上”的法律需求者的角度来看，这样的制度框架对问题的诊断存在片面性，极有可能导致“事倍功半”的效果。因为，人们想要的是更多的“正义”，而不是更多的“律师”。他们想要的是一种更为便捷、简单和可负担得起的争端解决方法，而非更为复杂、精密和专业化的法律，这种法律只会导致他们不得不更依赖于职业律师的帮助。

从根源上减少民众对法律援助依赖性的措施有以下几个方面：

其一，最具成本效益的战略新方向是，个人可以追求以“自助”方式获得自我权利救济，即努力使民众拥有将法律掌握在自己手中的能力。具体而言，就是为公民个人提供方便查询且全面准确的信息、咨询、政策文件信息，以及寻找援助和争端解决的具体程序和渠道。例如，大多数政府部门和法律服务机构都开发了在线的官方信息平台，如中国裁判文书网、中国庭审公开网、中国法律服务网(12348)等，此类的网站可以随时为民众免费提供法律信息和其他法律材料资源。

其二，还需要进一步改进法律援助以及公共法律服务的准入渠道，以确保有需求的人都能够最及时、有效、平等地利用司法这一公权力资源。

为此,法律援助机构必须努力加强与其他社会服务提供者的协调与协作创新的联动。实践中,这方面的努力已经在各级政府及司法系统内顺利进行。在“接近正义”的理念支持下,各地区法律服务机构已经开始将法律服务提供者协调成一个统一的系统。然而,仍需要做出更多努力的是,以惠及所有低收入群体以及社会边缘化群体,并为有特殊需求的群体提供专门性服务,包括老年人、残疾人、基层乡村民众、流动人口和无家可归群体等。集中接收偏远地区、农村地区的流动人口需求和多种语言(包括方言、外语等)的电话热线也是必要的创新举措。更多新技术的开发和引入,也能够向法律需求者提供更多在线便捷法律援助,同时为律师、志愿者等法律服务供给者提供更多的资源和培训。

其三,鼓励“曾经的被援助者”帮助有类似法律需求的社区成员。“接近正义”改革的另一个值得尝试的战略方向是,鼓励和要求曾接受过法律服务或者法律援助的当事人,在问题解决后能够继续履行一些志愿性工作,以此来赢得将来享受法律援助服务的优先权。为此,法律服务办公室还需要制定更有效的方法,增强当事人自身的权利保障意识,加强基层社区法律服务与其他各部门的联动。应更加重视与基层组织合作,提供有关法律权利的信息,建立中介性网络平台,并确定案件数量优先事项。例如,陕西省司法厅通过统筹和协调,由法律援助接受者自愿承担诸如协助社区法律宣传或社区法律事务统计工作等力所能及的任务,尽可能地帮助有类似法律需求的社区成员,包括流动人口、农民工和家庭暴力受害者等。

其四,法律援助项目还可以扩大对其他志愿者的引入与吸纳机制,如退休司法人员、法学院学生以及愿意提供无偿援助的律师。然而,要有效利用这类志愿人员,就需要额外的培训、监督管理和后备支持,而这反过来又可能需要额外的经费投入。这些本应由政府承担的项目,目前仍有很大的经费缺口,需要由私人律师事务所参与。然而,这一投入仍远远满足不了需求,仍需要提供更多的支持,以满足更多基层社区法律服务所需规模的志愿人员参与。因此,法学院、律师协会、地方政府乃至私人捐助者,都必须被调动起来一同参与到这项工作中。

其五,法律援助方案还需要与其他社会服务提供者建立更多的协作关系。由于许多当事人的法律需求面临跨越职业界限的问题,需要多领域专业人员协作采取综合办法解决。较为成功的合作模式已经有了试点。例如,在基层社区设立“一站式”法律服务中心,这是一个以社区为基础的“一站式”社区服务中心,为社区中的贫困居民提供食物、衣服、医疗、法律和社会工作援助。志愿者包括法学院学生、法学教授、儿科医生、心理健康专业人员、儿童发展专家和教育专家等，他们都基于关注遭受虐待和忽视风险的儿童、遭受家庭暴力的受害人，并愿意为其提供全面援助而被鼓励和要求加入志愿者队伍。在“一站式”服务无法施行的地区，法律援助机构还可以与其他服务提供者更密切地合作。例如，依靠志愿律师与各种社区组织合作，建立专门的“一站式”妇女问题法律诊所，该诊所提供一系列法律、医疗、职业和家政服务等。

法律服务项目需要更多的评估、研究和培训支持。由于缺乏明确和客观的标准，方案评估受到阻碍，关于法律需求者的满意度、援助质量及其对所服务个人和社区的影响的数据不足。此外，有关“接近正义”改革制度链的实证研究则既耗时又耗资，在政府资金投入不断紧缩的情况下，许多方案不愿意进一步深入采集包含必要信息的数据。然而，从长远来看，这些信息对于确保最具成本效益使用司法资源至关重要。例如，最近对“12348”法律服务热线进行的一次全面评估表明，这些热线在协助某些群体方面存在不足之处，例如教育水平低的咨询者，以及情况特殊的咨询者在听取咨询意见方面存在特殊障碍。缺乏儿童保育以及害怕配偶或前配偶报复也是常见的例子。其他研究发现，个人使用专业法律咨询服务和其他简短咨询服务的能力也有类似的局限性。对援助这些群体的改革举措进行进一步评估应是社区法律服务中心建设的优先事项。

2. 降低司法成本并提高法律服务的质量

越来越多的研究表明，“未得到满足的法律需求”不仅对个人权利的实现与保障带来不利后果，对于社区乃至整个社会也会造成诸多不利的影响。正如世界经合组织圆桌会议的一项研究中所强调的，当与民生息息相关的婚姻家事、商事纠纷、劳动就业、歧视、住房等问题不能通过法律途径加以解决，它们就可能导致法律以及整个社会的良性运转出现问题，而且会进一步增加社会治理的成本。这些成本包含公民的医疗保障、低收入群体的社会保障、残疾人保障计划、就业保险和其他服务保障等。这些成本投入的不足，无疑会导致一系列不利后果的加剧，包括失业、工作缺勤增加、公共卫生及医疗状况出现恶化以及其他的不利社会后果，这反过来又给医疗保健、福利制度和公共预算带来更大的压力。①

由于法律和司法问题往往涉及与人们生活息息相关的各个领域（包括

① Access to civil justice is detailed as a “possible additional indicator to address” in Annex V of the Report of the Inter-agency and Expert Group on Sustainable Development Goal Indicators, 7-10 March 2017. https://unstats.un.org/sdgs/files/meetings/iaeg-sdgs-meeting-06/20170607_updated%20version-overview%20of%20standards%20of%20data%20disaggregation.pdf.

可由法院审理的问题和其他社会问题），因而不同领域的专家和学者们分别指出：人们所遭遇的法律问题对于其他领域也会造成十分不利影响，包括由疾病、酗酒或吸毒等问题造成的不良后果，家庭暴力和其他对个人生活乃至个人安全和保障造成的威胁等问题。法律领域的遗留问题数量越多，引发疾病乃至死亡的可能性就越大，不利的社会后果就越严重。这就提示我们，只有清醒地认识到这些公共成本投入的必要性，进而采取有效措施控制和降低成本，方能集中有限的资源保障法律援助和法律服务的质量和效果。以下分析将揭示出我们需要关注的各种直接和间接成本，尤其是间接成本的存在，将是对“接近正义”改革产生潜在的却更大的影响。

首先，成本——既包括直接成本，也包括间接成本。直接成本是指使法律需求涉及的纠纷和争端得不到解决而产生的实际货币支出（包括个人、企业和金融机构以及国家的）。直接成本的范围从医疗保险支出到相关法律服务，如医生和心理健康专业人员服务或工伤、失业保险赔偿法律援助等。“间接成本”则包括由于有偿工作和家务劳动的生产力损失而产生的各种费用或失去机会。未满足的法律需求所可能产生的间接成本主要包含以下几个方面：

（1）个人能力与贡献成本。一方面，法律需求未得到满足，可能导致当事人由于受伤或其他原因而失去正常劳动的能力，还可能面临更大的风险，如慢性疾病、睡眠障碍、基本生理功能丧失甚至残疾等，从而丧失生存能力而成为整个社会的负担；另一方面，未得到满足的法律需求还会使得个人可能产生的预期社会贡献价值明显受到减损，也就是说，那些遭遇法律困境的人如果能够得到适当的法律帮助，使他们能够达到他们的生活预期，他们本来会对社会做出更大的贡献。

（2）经济成本。未得到满足的法律需求可能产生重大的负面社会后果，进而可能产生不利的经济影响，包括对劳动力市场的影响、消费水平和生活水平的变化、额外的医疗健康投入和社会护理费用的增加，甚至会导致失去家庭及生产能力。同时，法律需求无法得到满足，还可能会减少其获得经济增长的机会，加剧贫困陷阱，损害整个人类的生产潜力，所有这些都可能影响社会经济总量的增长。如果任由其发展，还会引发对社会底层的歧视、非法解雇等，进而造成社会整体的不稳定、骚乱、暴乱等更为严重的问题。

（3）心理健康成本。当未满足的法律需求造成的精神压力及情绪压力增加，对人的心理健康产生影响时，社会的心理健康成本就会产生。这些费用可以在个人、家庭、社区乃至政府层面得到显现。例如，一项研究表明，经历了一场失败的、不公正的诉讼，如与就业有关的，包括人身伤害、性骚扰和无故被解雇、或与分居和离婚有关的问题等，都会大大降低人们的安全感和稳定感。有强有力的证据表明，精神疾病或心理疾病对其他生活领域的影响以及对整个社会的影响是直接和明显的。必须指出，弱势群体更有可能陷入由于未满足的法律需求而经历极端压力或情绪崩溃问题。

(4)医疗与公共健康成本。与未满足的法律需求相关的重要医疗成本也不容忽视。例如，由于法律需求未得到满足而陷入身体健康困境的受访者中，超过三成的人对医生或医疗设施的需求大大增加了。特别是与职业有关的问题，如职业病、工伤及其他安全生产问题，以及公共场所的性骚扰、婚姻家庭问题、交通事故及人身伤害问题等，都直接影响人们的身体健康，并导致额外的医疗费用支出。更重要的是，弱势群体尤其是老年人，似乎更有可能经历健康或社会生活方面引发的法律问题。

(5)其他社会成本。比如，如果父母曾有过司法不公的遭遇，则必然会影响到他们的子女。这些问题大多与家庭或学校的行为有关(尽管程度较低)。此外，未得到满足的法律需求的其他间接和潜在的成本，还包括家庭暴力、与住房有关的费用和当失去家园时生活在贫困中的这些群体，以及无法获得法律和司法服务的情况下被迫放弃教育的问题。

其次，效益——既包括直接效益，也包括间接效益。除了探究成本问题，还需要探索满足中低收入群体法律需求所可能产生的效益，即在特定情况下满足特定法律需求所产生的一些可衡量的直接或间接效益。

满足中低收入群体的法律需求，为其提供合理有效的法律和司法服务，可能产生如下几个方面的“效益”，大致包括普法宣传的效益、公共法律教育的效益、法律援助的实效、个人权益保障和救济的效益以及多元化替代争端解决机制、社区法律服务倡议、提供司法和其他综合服务方法所提供的综合服务的效益等等。这些效益涉及影响社会公共政策领域，因而会产生经济上的可持续性增长、社会凝聚力的增强以及更广泛的人民福祉等。

具体而言，满足中低收入群体的法律需求，“直接效益”体现为如下几个类型：

(1)自我权益保障能力的增强。法律援助以及法律服务的专业性干预，可以提高一个人自我权益保障的能力。例如，在权利受到侵害时的自我保护意识和运用法律及司法手段的能力，以及改善个人或家庭人身和财产安全的法律意识和能力等。

(2)减少家庭暴力。越来越多的证据表明,向家庭暴力受害者提供法律服务可以减少家庭暴力的发生率和相关费用。家暴的受害者是否有能力成功地获得对虐待方的限制令,对于防止今后发生暴力事件和相关的暴力事件而言非常重要,这无疑会降低社会整体的治理成本。值得注意的是,美国学者的一项研究发现,当受害者曾经得到过法律上的支持,尤其是在具体个案中成功胜诉时,这种能力可以从55%增加到69%①。类似地,一个对我国某省法律援助服务的影响进行调查发现,提供法律服务能够显著地改善家庭中的女性受害者的经济自给自足、安全和心理健康及反抗暴力的能力。

(3)获得医疗保健和法律支持。与健康有关的法律需求,即与健康保险、家庭和社区医疗护理、与私人有关的医疗保险、长期医疗设施、护理质量、破坏医疗保健和医疗环境中的暴力问题等,是事关民生的重大社会问题,在一定程度上占据一国正义衡量指标体系中的显著的地位。而处境不利的社会群体,特别是社会经济地位和能力较弱的人群,在健康问题上也往往会遭遇更多的困难。这些法律需求往往与其他复杂需求结合在一起,致使他们陷入极度贫困境地,从而进入恶性循环。此外,医学领域的问题往往与各种法律问题结合最为紧密。例如,公共卫生安全和医疗危机可以触发影响个人及其家庭的就业、教育乃至生存危机,同时更会引发社会、国家乃至全球的生产、安全直至全面发展的问题。2020年的“新冠疫情”(COVID-19)已经证实了危机的发生,并且正在上演着更为严峻的困境和挑战。而通过有效的医疗/法律的联动机制提供法律援助,则可以产生一系列效益,总体上改善这一群体的福祉。一项有关医学与法律之间关系对于健康之影响的研究发现,向癌症患者提供法律服务可以减少其诸多社会压力,从而改善患者对医学治疗的依赖性。同样,根据2015年波士顿医疗中心的随机对照试验,将医疗—法律联动服务机制纳入对接受初级保健的健康新生儿家庭的干预。这项研究表明,被分配到干预组的低收入家庭使用预防性医疗保健的情况有所改善,并有更多的机会获得具体的医学和法律上的帮助和支持。②

---

① Source: Adapted from Attorney-General's Department of Australia (2009[20]), A Strategic Framework for Access to Justice in the Federal Civil Justice System, A Guide for Future Action, Access to Justice Taskforce.

② OECD (2019), Equal Access to Justice for Inclusive Growth: Putting People at the Centre, OECD Publishing, Paris. https://doi.org/10.1787/597f5b7f-en.

满足中低收入群体的法律需求,“间接效益”则体现为如下几个类型:

(1)支持未成年人福利和家庭福利。与家庭有关的纠纷占法律需求的很大比例。例如,在对陕西省的法律援助案件类型的调查显示,有关家庭纠纷的法律案件约占提供法律咨询和代理的案件的93%。未成年人和广大家庭,特别是低收入群体的未成年人和家庭,受到侵权的问题十分严重,并涉及诸多层面的限制与挑战。这些挑战可能涉及药物滥用、心理健康状况和家庭暴力,且这些因素往往同时发生,这可能导致未成年人被家庭抛弃、离家出走或成为引发社会治安困境之隐患的“问题少年”。而能够被安置在儿童福利机构中,则显然会成为有效的救济方案,虽然只是次优方案。确保对未成年人及困难家庭的支持,预防校园欺凌或其他有问题的行为在学校发生等,帮助家庭获得必要的公共福利,为他们提供法律文书服务,执行对未成年人的监护义务令,解释和教育关于法律和学校纪律政策法规,以帮助儿童留在学校,并在学校为有特殊需要的儿童的父母提供咨询,这既是法律援助以及“接近正义”改革不可推卸的责任,同时也可因此获得社会安全、教育等领域更大的福祉。

事实上,相关的研究已经开始收集关于法律援助方案对改善儿童福利的影响的证据。例如,一项研究考察专门的家庭治疗医药公司对于受吸毒成瘾影响的家庭的影响,研究发现,由司法介入的对吸毒成瘾的母亲的干预,取得了比其他非司法机构更好的效果。因为,母亲更有可能接受法庭的训诫,主动参加药物滥用治疗,并且更有可能完成整个疗程的治疗。而未得到司法干预的人群,则无法获得这样的动力和压力,也就很难收获相应的效益。满足中低收入群体的法律需求,不仅有助于对罪犯及刑满释放人员的监管、教育和安置,还可以减少和预防再犯罪的发生。世界许多国家都有相应的政策方案,以帮助不同的罪犯和刑满释放人员重新回归社会,恢复正常生活。这些方案包括,以政府救助的方式为刑满释放人员回归稳定生活提供短期以及长期的政策支持,并为其提供必要的经济上的帮助。针对预防和减少再犯罪,有效的干预措施则包括:为服刑及刑满释放人员提供教育和职业规划,为其提供药物滥用的治疗,建立性犯罪者治疗中心、心理健康治疗中心和未成年人罪犯认知行为矫正中心等。有的国家还建立了专门的心理健康法院,且实践证明,在专门的心理健康法院进行审判的案件当事人,同时也是精神障碍疾病的患者,其再次实施新的刑事犯罪和暴力犯罪的风险能够得到明显降低。

(2)满足中低收入群体的法律需求,还有利于提高法院审判的效率。对于通过援助律师协助的当事人,特别是在案件中处境不利的诉讼当事人,法律援助可以有效提高其胜诉率。有法律援助律师的协助,在对抗各方的庭审辩论中,居于弱势和不利地位的当事人的权益可以得到较为充分的程序性保障。这不仅提高了法院的审判效率,更可以提高审判的质量和满意度。而且,法律援助制度的存在有助于在早期阶段解决法律问题,并确保适当精简事项。此外,还增加了将案件从法院转移到替代性争端解决机制的可能性。例如,法律服务中心和法律诊所的设置,这些由法律援助提供的专业服务,会在一定程度上减少法院开庭审理的次数和法院工作人员的工作时间。例如,美国有学者调查发现,每投 1 美元于法律诊所,法院便可节省 4.35 美元。如果还考虑到未立案便已取消的情况,那么由法院审理的诉讼当事人的支出,每项节余可增加到 7.70 美元。①

(3)满足中低收入群体的法律需求,不仅有助于个人和地区直接经济收入的增长,对于当地经济的增长也会产生有利影响。研究表明,法律援助方案可以在一定程度上确保案件结果的有效和公正,这直接有助于当事人财产利益的增加,包括增加收入、损害赔偿、返还财物等导致的增加财产价值,政府福利、工作机会的增加、子女抚养费、教育费用等方面的增加等。此外,法律服务可能导致个人、中小企业和医疗保健及其他服务提供者的应承担经费得到及时返还,而这些偿还款可被投资于当地经济发展,用于购买更多的货物和服务,这些资金的接受者可以再次以同样的方式使用这些资金。对于低收入人群而言,此类效应的影响可能是更为重要的,因为他们更有可能把收入花在直接的商品和服务上,从而对地方经济产生更为直接的影响。

3. 提升个人运用法律解决争端的能力

无法获得法律和司法服务既是贫穷的结果,也是贫穷的原因。由于法律问题往往是与其他法律和非法律问题同时触发并会产生连锁反应,因而,中低收入群体以及被边缘化的群体在遭遇侵权或纠纷时,往往会意识不到自己需要更多法律的帮助,他们更倾向于转向非法律途径加以解决。然而,如果不能通过法律来解决问题,就会导致这一群体逐渐进入一个所谓的“衰退周期”,即其中一个问题不能解决导致另一个问题的难度升级,进而加剧贫困和社会经济上的不利。一位美国学者描绘的图表非常生动地体现了这一“恶性循环”状态。

① Wrbka, Stefan, ‘Collective actions: enhancing access to justice and reconciling multilayer interests? Cambridge University Press 2012, pp. 10.

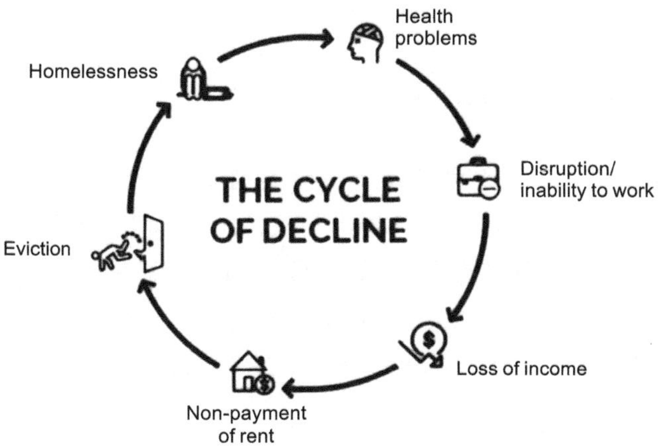

图 1 衰退周期图①

传统的对于法律问题的看法认为法律是一种罕见、与普通人有距离且又是难以驾驭的系统，与此相反，事实上法律问题无处不在，它与每一个人的日常生活息息相关，且往往是在挫败的境况中经历。这一观点对我们理解为什么“接近正义”至关重要，也会明白为什么它对于社会的可持续性增长以及个人和社区福祉的关系具有至关重要的影响。

“接近正义”是许多可持续性增长政策和方案的核心，不是因为它是结果或最终目标，而是因为它是促进发展的一个重要环节和组成部分，而它的实现反过来又能促进增长、繁荣以及个人和社区福祉。“接近正义”是不可避免地要与健康和正义、就业和正义、性别和正义、教育和正义等战略共同成为全球发展的重要主题。

第二节 法律援助的结构性调整

法律援助制度的“五个总体目标”：提供高质量的律师；确保符合条件的群体有充分的机会获得援助；最大限度地有效利用稀缺司法资源；尊重地方政府对项目优先事项的控制；确保服务对象的满意和支持。但在实现这些目标时，本来就资金不足的项目的核心问题是，需要满足哪些需求，服务水平如何，以及如何做出这些决定。要回答这些问题，我们首先应当

① Source：Adapted from Tyler，T. etal. （2011［31］），Poverty，Health and Law，Carolina Academic Press，Durham，North Carolina.

梳理清楚我国法律援助制度发展的历程、困境以及应当构建的重要制度举措。

一、我国法律援助制度发展历程

中华文明历史上很早就曾出现过具有法律援助特征的法律服务。据学者考证,春秋时期郑国讼师邓析"与民之有讼者约,大狱一衣,小狱襦袴",可以被视为我国历史上最早的以低廉的收费标准为下层百姓提供类似司法的服务。① 尽管这类行为还未转化成为一种制度化的法律援助机制,只是中华儒家浸染下的古代知识分子基于道义自发提供的一种原始的民间慈善行为。

另据考证,我国法律援助的制度化雏形最早出现于清末。② 清光绪三十二年(1906)四月初二,清末"睁眼看世界的第一法律人"——法学家和司法改革家沈家本先生曾在向光绪帝奏呈的《刑事民事诉讼法》时,不仅主张适用律师制度,并说"若遇重大案件,则国家拨予律师;贫民或由救助会派律师代伸权利,不取报酬"。文中所说"由国家拨予律师",是指有些国家实行的对可能判处一定刑罚以上的刑事案件,若被告没有聘请辩护人,由法院为之指派辩护人的制度;而其后所说由救助会派律师为贫民代伸权利,则显然是指许多国家实行的法律扶助制度,即由专门办理法律援助的民间机构安排律师,无偿为贫困者提供诉讼帮助。这两种建议显然都已经具有法律援助的制度内核。尽管沈家本这一有关法律援助制度的主张并未被当时的清廷所采纳,但西方的法律援助理念和制度模型却开始在中华法治文明中积淀下来,为日后的传播积累了素材。

最早出现法律援助内容的法规,则是直隶总督袁世凯于光绪三十三年(1907)二月主持制定的《天津府属试办审判厅章程》,该章程的第一百四十四条规定对诉讼中贫苦当事人实行减免诉讼费的制度。而中国近代第一个规定法律援助制度的全国性法规,则是光绪三十三年(1907)十一月颁布的《各级审判厅试办章程》。③ 这个法规是在清政府模仿西方世界法

① 邓析,被称为讼师祖师爷,与老子、孔子同时代,曾经做过郑国的大夫,思想家,"名辨之学"倡始人。他倡导从社会公共利益和弱势群体的诉求出发,以讼师的身份帮老百姓打官司或提供法律咨询。《吕氏春秋》中记载,邓析"与民之有讼者约,大狱一衣,小狱襦袴。民之献衣而学讼者不可胜数"。这就是说,邓析主张讼师的收费标准是:重大案子每件收一件外衣,小案子则收一件短衣或裤子。参见樊崇义:《中国法律援助制度的建构与展望》,《中国法律评论》2017 年第 6 期。

② 沈成宇、刘舸:《中国法律援助制度探源》,《兰台世界》2010 年第 24 期,第 62—63 页。

③ 沈成宇、刘舸:《中国法律援助制度探源》,《兰台世界》2010 年第 24 期,第 62—63 页。

律经验，全面建立司法和审判制度与机构，实行司法与行政分立后制定的。到了宣统二年(1910)十二月提出的《民事诉讼律草案》，虽然因清政府的败亡而未能正式颁行，但其中以“诉讼救助”为名设置的第二编第七章，正式对民事诉讼中的法律援助做了系统规定。

民国时期法律援助制度的发展进一步得到确立，尤以刑事诉讼中指定辩护制度的形成为标志。1912 年的两个重要法律规范，即湖南省都督府公布的《湖南辩护士暂行规则》和北京政府公布的《律师暂行章程》中都有了明确的规定，律师无正当理由“不得辞法院所命之职务”。而所谓法院对律师“所命之职务”，主要就是指刑事诉讼中的指定辩护。1914 年由司法部正式发布的《核准指定辩护人办法令》则第一次明确规定了指定辩护的实施细则和标准。不仅阐明了为什么要实施指定辩护的理由，也从制度上明确了刑事被告人获得指定辩护的基本标准和条件，以及担任指定辩护人的资格、资历和条件等问题。在此基础上，南京国民政府以《公设辩护人条例》和《律师公会平民法律扶助实施办法》为依据，草创了一套由国家主导的“公设辩护人”制度和律师公会主导的平民法律扶助制度相结合的“双轨制”法律援助和司法救助体系，成为构建整全的法律援助机制的一个颇富民主韵味的尝试，尽管囿于时局背景最终没能在实践中发挥应有的作用，而且也没有在制度层面形成全国性统一的法律援助制度，故仍属于我国法律援助制度的萌芽阶段。

民国时期有关民事案件当事人的司法救助和法律援助制度的规定，主要体现在 1913 年北京政府颁布的《民事诉讼费用征收规则》，其第十七条规定了声请诉讼救济的法律程序，还详细规定了暂予免除的法律诉讼费用在判决后的缴纳原则和程序，末尾甚至还列举了声请司法救助状的式样。1914 年 5 月由大理院发布的《大理院民事讼费则例》的第五章——“诉讼救助”(共八条)之中，分别规定了大理院受理的民事案件当事人声请诉讼救助的条件和方法、诉讼救助的效力、撤销诉讼救助的条件、程序及后果等，是当时实施的法规中关于诉讼救助最详细的规定，但仅适用于大理院办理的案件。1921 年，广东军政府颁布实施的《民事诉讼律》被视为是中国历史上第一部正式颁行的民事诉讼法，是在清末《民事诉讼律草案》的基础上修订而成，它保留了《草案》中关于诉讼救助的绝大部分内容。在南京政府建立后，1935 年颁布并于 1945 年修正的新《民事诉讼法》都有关于诉讼救助的专门规定。可见，民国时期的法律援助制度具有了明显的近代化法律发展的特征。[1]

中华人民共和国成立后,尽管1954年《宪法》中明确赋予了刑事被告人有获得辩护的权利,而《人民法院组织法》中也进一步明确了在人民法院认为有必要的时候,可以指定辩护人为被告人进行辩护。但这些宪法性权利的确立并不意味着新中国法律援助制度的确立。随着1956年国务院正式批准了司法部《关于建立律师工作的请示报告》并开始实行律师制度,以及相应的《律师收费暂行办法》等文件的出台,由援助律师免费或减费给予法律帮助的具体案件范围和标准的落实,才使得法律援助和司法救助等制度摆脱了缺乏“现实性确权”的状态。1979年7月我国颁布实施的第一部《刑事诉讼法》重新确立了辩护制度,并在第二十七条中明确了指定辩护制度的法定性以及指定辩护的具体范围。而且,1980年8月26日《律师暂行条例》得到通过。至此,新中国业已中断的律师以及法律援助制度的发展重新步入正轨。随后,司法部从全国抽调顶级的法律专家,其中就有著名法学家张思之等,由他们担任“四人帮”反革命集团被告人的辩护律师,这无疑标志着中国律师不仅再次登上历史舞台,更为法律援助制度的构建与完善揭示出新的发展路径。

1993年随着国务院批准《司法部关于深化律师工作改革的方案》,广州市司法局率先在正式文件中使用“法律援助”,并明确提出“建立法律援助制度”和“设立法律援助基金”,开启了在全国范围内探索法律援助实践的先例。[2] 1994年1月3日,时任司法部部长肖扬在一份有关律师工作的书面材料上,第一次正式提出建立中国特色法律援助制度的设想。[3] 于是,法律援助工作试点的序幕逐步在北京、广州、武汉等大中城市率先拉开,为法律援助在我国的全面推行积累了丰富的经验,也创造了良好的条件。

从1994年起全国多个城市纷纷开始了法律援助试点工作。1995年11月9日,我国第一个由政府批准设立的法律援助中心在广州隆重揭幕。广州市法律援助中心成立仅100天就处理了各类法律援助刑事、民事案件75件,产生了很好的社会效果。广州模式的特点是:“政府行为性”以及“双重职能性”,这就是说,法律援助中心既是司法行政管理机构,又是具体提供法律援助的执业机构。其模式运作体现为“四个统一”,即统一受

---

① 樊崇义:《中国法律援助制度的建构与展望》,《中国法律评论》2017年第6期。

② 樊崇义:《中国法律援助制度的建构与展望》,《中国法律评论》2017年第6期。

③ 樊崇义:《中国法律援助制度的建构与展望》,《中国法律评论》2017年第6期。

理申请、统一审查申请、统一指派律师、统一监督法律援助案件办理情况。这种模式体现了我国法律援助体制由律师慈善服务到政府法律援助的转变。

1996年3月17日，新修订的《刑事诉讼法》第三十四条规定：“公诉人出庭公诉的案件，被告人因经济困难或者其他原因没有委托辩护人的，人民法院可以指定承担法律援助义务的律师为其提供辩护。被告人是盲、聋、哑或者未成年人而没有委托辩护人的，人民法院应当指定承担法律援助义务的律师为其辩护。”这是新中国首次对刑事案件法律援助之基本框架以立法形式加以规定，从而正式开启了中国法律援助制度法治化的进程。同年5月15日审议通过的《中华人民共和国律师法》在第六章以独立一章详细规定了律师法律援助的内容，其中明确规定律师要为经济困难、无力支付法律服务费用的当事人提供法律帮助。

我国法律援助机构从无到有、从零星试点发展到省级法援机构的布局。四川省法律援助中心于1996年5月组建成立，成为全国首家省级法律援助机构。1996年12月28日，中央编制办公室批复同意成立全额拨款的司法部法律援助中心，至此，中国历史上第一个专门负责法律援助工作的国家级机构正式诞生。1997年5月26日，中国法律援助基金会成立暨司法部法律援助中心揭牌大会在人民大会堂举行，为中国特色法律援助制度的建立和发展奠定了良好的组织基础与经济基础。

从1997年年底到2001年4月，司法部先后与最高人民法院、最高人民检察院、公安部联合下发《关于刑事法律援助工作的联合通知》《关于民事法律援助工作若干问题的联合通知》《关于在检察机关的刑事诉讼活动中开展法律援助的联合通知》以及《关于在公安机关刑事诉讼活动中开展法律援助工作的联合通知》，相继解决了法律援助机构在办理法律援助案件过程中与法院、检察院和公安局的工作衔接问题，为法律援助律师更好地提供法律援助服务创造了便利条件。

2001年3月，九届全国人大四次会议通过的《国民经济和社会发展第十个五年计划纲要》第一次将法律援助制度写入国家的经济和社会总体发展规划之中，明确提出要“建立法律援助体系”，标志着我国法律援助事业一个新的发展阶段的开始。2003年8月，国务院颁布了《法律援助条例》，系统地规定了法律援助制度的宗旨、责任主体、机构设置、援助范围、申请审查程序、具体实施、法律责任等内容。《法律援助条例》作为我国第一部全国性的法律援助专门法规，明确了法律援助的一个全新定位是“公民权利、政府责任”，这无疑宣告我国法律援助正式脱离了个人自发和行业慈善的阶段，标志着我国法律援助制度在全国范围内的正式建成。

2012 年颁布的新《刑事诉讼法》同样是在第三十四条中，不仅将提供法律援助的诉讼阶段提前了，更进一步将法定的法律援助范围加以扩大，且正式确立了法律援助申请制度。2013 年 11 月 12 日，中国共产党第十八届三中全会明确强调要充分发挥律师在依法维护公民和法人合法权益方面的重要作用，进而将法律援助制度提升到国家人权司法保障制度和国家司法救助制度的高度。2014 年 10 月 23 日，中国共产党第十八届四中全会再次将法律援助制度作为国家整体法律服务体系的重要组成部分加以强调，明确指出要建设完备的法律服务体系，推进覆盖城乡居民的公共法律服务体系建设，完善法律援助制度，健全司法救助体系。

2015 年 4 月 1 日中共中央办公厅印发《党的十八届四中全会重要举措实施规划（2015—2020 年）》，明确将“制定推进律师积极开展法律援助工作的意见”作为一项改革任务。同年 6 月 29 日，中共中央办公厅及国务院办公厅共同印发了《关于完善法律援助制度的意见》，从顶层设计和总体规划的宏观视角，提出了法律援助工作持续发展的指导思想、基本原则、政策措施和核心要求，这一纲领性文件成为指导我国法律援助事业发展和完善的重要指针。

2017 年 2 月 27 日，司法部、财政部联合出台了《关于律师开展法律援助工作的意见》，再次强调要切实维护困难群众的合法权益，就必须发挥律师在法律援助工作中的主体作用。2017 年 3 月 1 日，国务院印发《“十三五”推进基本公共服务均等化规划》，明确规定应将法律援助工作作为基本社会服务的重要组成部分。

二、当前我国法律援助的困境与应对

1. 法律援助制度的实效性低

在我国大多数的被追诉人都是处在社会底层的贫困者，他们法律知识贫瘠，没有有效的刑事法律援助难以有效对抗强大的国家公权力机关。然而在我国法律援助模式仍处在政府责任社会承担的模式之下，法律援助案件的质量很难得到提升。

刑事法律援助律师经验不足。由于法律援助案件难度大、补助低，现实情况中有丰富的刑事辩护经验的律师一般不会主动接法律援助的案子。法律援助的主力军是一些刚刚踏入社会的新人律师。而需要法律援助的案件大多为可能被判处较重刑罚的案件，在案情本就较为复杂，事关当事人重要人身权利的情况下，办案经验本就不足的新人律师更难以胜任难度较高的刑事法律援助案件。

如前文所述，在我国法律援助经费有限而法律援助案件呈爆发性增长的情况下，我国选择向民事案件倾斜更多经费，这是极不合理的。由司法部颁布的数据可以得知，虽然我国律师资源总量看似较为丰富，但是法律援助律师占比极低。且大部分律师集中在东南部沿海地区和经济发达的一线城市。这种不合理的经费分配和律师资源地区分配的不合理，与我国现存爆炸性增长的刑事法律援助需求的错位，导致我国刑事辩护率极低，被追诉人的辩护权无法得到有效保障，难以在侦察、起诉、庭审程序中实现与代表国家公权力的控方的有效抗衡。

具体而言，造成我国法律援助质量不高状况的原因，主要可概括为如下几种情况：

(1)法援案件的受援标准不合理

截至 2020 年 12 月 1 日，我国虽然已经完成了脱贫攻坚任务，贫困县全部“摘帽”。以陕西省为例，按照贫困县退出标准所规定的贫困发生率低于 3%，也就是说，陕西省内最多还有 3%的贫困标准以下的贫困户。按照脱贫攻坚的任务要求，贫困户脱贫标准为“两不愁三保障”，按照最新的收入标准来算，贫困户退出的收入标准等于法律援助最低保障标准，也就是说贫困户脱贫后就不能享受法律援助服务。但在贫困县全部“摘帽”的背景下，仅有为数不多的贫困户还没有实现脱贫，如果按照现有的经济困难标准进行法律援助，实际上将部分经济确实困难的群众排除在法律援助的范围之外。

首先，以经济困难作为判断标准考虑并不全面。法律援助制度设立目的本质上是为了保护弱势群体的权益，应达到“应援尽援”的援助目的。许多弱势群体存在“欲诉而不能”的情况，实务中还存在着一个十分“尴尬”的群体，即经济上刚刚超过家庭经济困难认定标准，但实际上根本不能或者难以聘请律师维护自身的权利。例如，实践中陕西许多农村中青年群体外出务工，在城市当中因文化水平不高，多从事临时性工作，当事人对经济状况的证明只能返回家乡的乡镇机关盖“家庭经济困难表”的章，在遇到法律纠纷需要法律援助之时，尽管他们实际上满足法律援助的受援标准，但返乡盖章的时间、金钱成本往往使他们放弃法律援助。再比如，许多经济困难人群通过做街边、夜市的小生意等扭转了经济困难的情形，但这些家庭的抗风险能力极弱，一天不经营就一天无收入。当陷入突如其来的法律纠纷之时，参与法律纠纷就意味着短暂减少甚至丧失收入，虽然其自身经济已经超过法律援助申请线，但此时涉案小商贩却无法承受聘请律师的费用。也就是说，如果采用经济困难这一数据标准，在数据边缘线的“过线”群体实际上被排除在了法律援助的范围之外，从表面上看他们不满足经济困难的条件，但实际上在处分自身权利，保护合法利益之时已经处于“不能诉”的情况。

从实质公平上来看，这说明目前的法律援助标准并不能实现法律援助设立的目的——“应援尽援”。为进一步维护弱势群体利益，促进社会公平，随着法律援助制度的发展，受援主体应当尽可能多元化，不止限于因经济困难的公民，还应包括经济尚可但实际履行有困难的群众。

其次，就法律援助案件的受案标准来看，包含了刑事辩护案件、代理案件和其他类型的法律服务。就刑事辩护案件来说，目前刑事案件律师辩护全覆盖，不包括普通程序之外的特别审查核准程序和执行程序。特别是在死刑复核程序上，并没有做一个清晰的规定。根据《最高法关于适用刑诉法的解释》第四十二条的规定，对可能判处无期徒刑、死刑的没有委托辩护人的被告人，人民法院应当通知法律援助机构指派律师为其提供辩护，高级人民法院复核死刑案件，被告人没有委托辩护人的，应当提供法律援助机构指派律师为其提供辩护。但根据《中华人民共和国刑事诉讼法》第251条的规定，最高人民法院复核死刑案件，应当讯问被告人，辩护律师提出要求的，应当听取辩护律师的意见。既然《刑事诉讼法》的规定，辩护律师参与死刑复核程序即将成为一种制度化实践，那么最高人民法院复核死刑案件时，对于那些贫困的被告人是否应当指派法律援助律师为其提供辩护呢？

事实上在现代社会，为贫穷的被告人提供法律援助是程序公正的最基本要求。但刑诉法解释的规定仅仅规定了高院复核死刑案件时应当指派法律援助律师，这一点表述非常模糊，是只能高院复核还是高院以上的法院复核的死刑案件才能指派呢？况且我们都知道高院复核的死刑案件仅仅是死刑缓期执行，只有最高院才可以复核死刑立即执行案件，是高院复核还是最高院复核对当事人的差别很大。倘若法律不说清楚，就产生了一个最基本的制度公正问题：如果被告人没有聘请辩护律师怎么办？是听之任之，还是根据死刑案件属于强制辩护的案件范围而为其指定辩护呢？很显然，如果坚持最高院死刑复核程序不适用指定辩护的习惯性做法，那么，就变成了谁有钱请得起辩护律师，谁就有机会透过辩护律师的参与向最高人民法院陈述更具法律水准的意见。但法律的基本要求就是法律面前人人平等，在关乎人最重要的生命权上，对这样的问题更应该说清楚，以便于坚守并维持这种最基本的公正性。

再次,就执行案件来说,在刑事案件当中仅仅规定了辩护律师可以在执行过程中提出意见,但辩护律师究竟是指派还是自行聘请并没有法律进行详细规定,在法律援助规定中也缺少对进入执行阶段的受援人提供法律援助服务的规定。

最后,《陕西省法律援助经费管理办法》第八条、第九条经费发放管理中,规定了以下情况的补贴标准:办理刑事、行政、执行、民事、申诉、仲裁案件;办理无期徒刑、死刑或死刑复核法律援助案件;办理非诉讼、撤诉及终止法律援助案件;公证法律援助案件;司法鉴定法律援助案件;担任公共法律服务网络平台驻场人员在线解答咨询服务;为受援人代写各类法律文书。尽管就补贴标准来看,似乎法律援助的受案范围很大,但实际上,实体法上既缺少对相关机构指派或者当事人申请的法律援助律师参与相关案件的刚性规定,又缺少程序法的衔接,因而法律援助案件在实践中并不能很好地完成。

(2)法援案件的办案数量有限

附表3是对2018年和2019年这两个年份中陕西省年度律师办案情况的一个汇总表。将附表3中执业律师承办法律援助案件数量和附表1中陕西省司法厅年度办理法律援助案件数量进行对比,执业律师承办的法律援助案件数量虽然在逐渐增长,但仅占法律援助案件总数的50%。而且,律师办理的法律援助案件在年度办案总数当中所占比例也不高,小于10%。法律援助收入多为政府补贴,补贴金额和法律市场的收费相差较大,从律师收费总计、陕西省物价管理部门发布的《律师收费标准》来看,法律援助案件的收费比最低收费还低,从收费上可以看出不能很好地调动律师的积极性。

附表3 2018—2019年度执业律师办案情况统计

	诉讼代理/件	非诉代理/件	法律援助/件	公益性法律事务/件	其他(仲裁、代书等)/件	办案总数/件	收费总计
2018年	96514	15674	16546	25892		154626	13.7亿
2019年	118635	14233	21568	30507	65339	228714	18.1亿

在律师办案并不积极的情况下,陕西省的法律人才还出现了总数少,分布差异大的情况,这样的情况进一步导致了法律援助办案数量少。

附表 4　2012—2019 年陕西省律师情况统计数据

	专职律师	兼职律师	公职律师	公司律师	法律援助律师	执业律师总数
2012 年上半年	4357 人	405 人				5088 人
2013 年上半年	5431 人	466 人				6030 人
2014 年	5914 人	489 人	25 人	14 人	125 人	6567 人
2015 年	6172 人	489 人	22 人	16 人	126 人	7172 人
2016 年上半年	6814 人	507 人	73 人	16 人	129 人	7539 人
2016 年下半年	7008 人	512 人	107 人	20 人	127 人	7774 人
2017 年	7890 人	507 人	199 人	35 人	126 人	8757 人
2018 年	9002 人	511 人	487 人	147 人	124 人	10271 人
2019 年	9784 人	517 人	754 人	268 人	123 人	11446 人

从附表 4 的数据来看,2014 年后陕西省对执业律师的分类更为精细,执业律师的人数也在不断增多,但相较于陕西省每年通过国家统一法律职业资格考试(司法考试)的人数来说,每年新增执业律师数量还是比较少。其中法律援助律师的数量一直维持较低水平,且 2019 年和 2014 年相比人数还出现了减少。

首先是人才集中在省会城市,仅在省直单位和西安的执业律师占据了陕西省执业律师的 70.1%,这体现出法律服务的资源分配不均衡。

其次,从政府发布的数据来看,2018 年以来,执业律师本科以上占比达到 87%,2019 年还在继续提高;相对比而言基层法律工作服务者的数量、学历水平都不占优势,但这部分法律服务人员却分散在陕西省省会城市以外的辖区内,为弱势群体提供帮助。而这部分人群的相关数据是缺失的。

再次,陕西省的执业律师的中坚力量还是 30 岁(含)至 49 岁的律师,占 60.1%;30 岁以下的青年律师占比 17.4%。目前来说这样的年龄结构是可以满足当下的法律服务,有着充分执业经验的律师可以为经济发展提供更好的法律服务,但值得注意的是,青年律师的占比稍低。

附表 5 2016—2019 年陕西省法律人才学历水平统计数据

	博士	硕士研究生	本科（或本科及以上）	大专以上（或本科以下）	总数
2016 年上半年陕西省基层法律工作服务者			772 人	1610 人	2519 人
2017 年陕西省基层法律工作服务者			1208 人	968 人	2392 人
2018 年陕西省执业律师	1215 人	2215 人	5512 人	1329 人，本科以下占比 13%	10271 人
2019 年陕西省执业律师	1368 人	2595 人	6041 人	1442 人，本科以下占 12.6%	11446 人

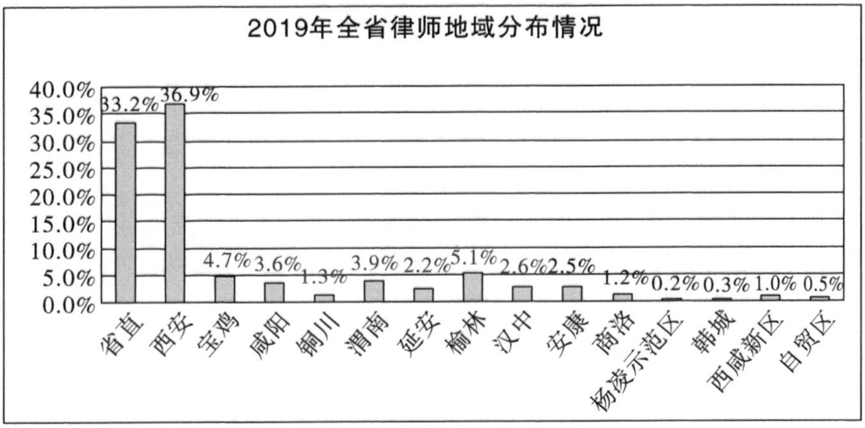

图 2 2019 年陕西省律师地域分布情况

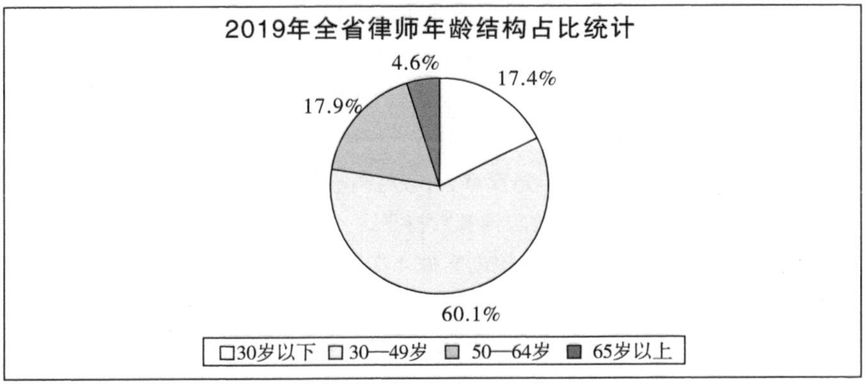

图 3 2019 年陕西省律师年龄结构占比统计

(3)法援案件的办案经费严重不足

附表6是2011年到2019年陕西省司法厅公布的部门决算当中关于法律援助经费支出的汇总。在部门决算当中,法律援助支出被列为一般性支出,占一般性支出的10%左右,拨款资金在2013年有了大幅增长外,其余年度保持在250万元左右,这些支出用在办案经费、宣传经费、12348热线经费等。

从2018年开始,根据中央“过紧日子”的思想,部门决算削减一般性支出,并且对支出的量化表予以公开。从公开的数据来看,法律援助项目从宣传活动、案卷评选抽查、回访受援人等角度对专项资金的使用进行考核。

附表6　2011—2019年度陕西省司法厅法律援助经费支出

	法律援助支出金额及用途
2011年	法律援助支出251万元,用于开展法律援助工作的支出,包括法律援助办案经费、法律援助三秦行经费、法律援助日大型宣传活动经费、开通12348法律援助热线经费等。
2012年	法律援助支出255万元,用于开展法律援助工作的支出,包括法律援助办案经费、法律援助志愿者走基层活动经费、法律援助日大型宣传活动经费、开通12348法律援助热线经费等。
2013年	法律援助支出325万元,用于开展法律援助工作的支出,包括法律援助办案经费、法律援助公益宣传广告、法律援助日大型活动经费、开通12348法律援助热线经费等。
2016年	法律援助年度拨款232.40万元,支出232.40万元,用于开展法律援助工作的支出。
2017年	法律援助183.68万元,主要用于开展法律援助工作的支出。
2018年	法律援助支出245.26万元,主要用于开展法律援助工作的支出。 2018年司法厅评选法律援助典型案例210件,开展12次法律援助宣传活动,评抽法律援助案卷1200件,法律援助覆盖率100%,电话回访受援人3480人,法律援助办案标准1200元。法律援助社会知晓率96%,法律援助服务人员能力有效提高;受援人满意率99%。
2019年	法律援助2019年年初预算260万,调整预算为240.63万元,支出决算240.63万元,决算数与预算数持平。 2019年全年办理法律援助案件4.2万件,法律服务体系建设“12345”陕西模式被司法部向全国推广。办理法律援助案件1100件,评选法律援助典型案例220件,开展12次法律援助宣传活动,评抽全省法律援助案卷1200件,法律援助覆盖率100%,电话回访受援人3390人,法律援助社会知晓率96%,受援人满意度98.6%。

从数据上看,法律援助的政府经费非常有限,但激增的案件数量使得在法律援助补贴上的投入越来越多。以2019年为例,260万元的补贴经费假设全部花在案件补贴上,分到118个法律援助机构当中,以每件案件补贴3000元的平均标准,也就是说每年每个法律援助机构只能办理7.3件法律援助案件。这样的假设固然过于理想化,但这样的假设可以充分反映法律援助的补贴在应对法律援助逐年激增的需求上是多么得杯水车薪。

通过以上表格、图表的整理,笔者认为这些数据在一定程度上反映出当前陕西省法律援助工作的现状,尽管相关法律规定了法律援助的受案范围,确定了受援人的标准;规定了法律援助的经费管理,确定了办案补贴的标准。但和实际案件大量增加的现状之间存在着不匹配的问题,也就是人少案多的问题在现有的制度基础上,如何完善法律援助制度上的漏洞,提高办案人员的积极性,激励社会力量的参与是急需解决的问题。

(4)法律援助监管较弱

律师协会本身是行业自治组织,律师职业的性质本身就较为独立,即便是律师事务所也是半自治组织,律师作为服务型人才,其案件质量往往关系到其收入,所以一般情况下政府不会对律师案件质量进行监管。但法律援助不同于普通案件承办,本身属于政府调控,维护社会公平的举措,需要对法律援助案件质量进行监管。但律师职业的特质首先就为其监管增加了难度。

其次,陕西省的监管标准近10年一直是实际办了多少案件、为群众挽回多少资金。这样的评定标准过于宽泛,且有失公平。采用此标准无法衡量行政案件、刑事案件这类难以用挽回资金多少来评定实际效果的案件。

最后,陕西省对法律援助的工作非常看重受援人的回访。从政府角度看这是以人为本的体现,但在法律行业来说,对普通群众来说胜诉才是胜利。实际上败诉也并非完全在于律师责任,败诉也并不一定没有维护到合法利益。由于法律援助对受援人是免费的法律服务,一旦败诉当事人很容易产生因为没付钱律师不尽心导致案件败诉的心理。看重受援人的回访固然是好事,但过于看重受援人的意见,并不能真正起到监管案件质量的效果。

2. 法援律师办案的积极性不高

质量是法律援助的生命线。提高服务质量,推进法律援助质量标准化建设,是新时代法律援助的核心工作,是人们美好幸福生活的必然要求,也是援助律师的职责所在。法律援助作为一种制度化的公益事业,是律师社会责任的重要体现。每一起法律援助案件,对于律师很普通,但对于当事人来说却至关重要。律师作为法律的践行者和传播者,理应秉承法律的正义观为弱势群体的合法权益做争取。因此,作为一名律师,特别是承担法律援助角色的律师,要有强烈的社会责任感,要把扶危救困,帮扶弱势群体,实现社会公平正义的追求放在首位。

绝大多数法律援助律师对待法律援助案件积极性不高。对待案件应付,对待当事人敷衍。刑事法律援助律师办案积极性不高,这是制约我国法律援助质量提升的关键问题。虽然立法上做了相应修改,但是司法实践中刑事辩护率低、法律援助资源匮乏、法律援助经费分配不合理、刑事法律援助质量参差不齐等严重问题仍然没有得到显著改善。待解决的问题是多方面的,但是依笔者所见其中最主要的问题是我国目前所采用的以"援助律师"为主的法律援助形式,不符合我国的国情和司法现状。私人律师逐利性的本质使得律师资源纷纷涌入东部发达地区,过低的案件补贴以及不完善的质量监督体系导致了私人律师办理的法律援助案件质量难以保障。然而关于私人律师的人员流动和管理监督并不是我国当前法律援助制度的主要症结所在,"法律面前人人平等"既是一句最基本的法谚,也是我国数年来司法改革所始终贯彻的目标。为贫弱者提供法律援助保证其辩护权的实现,早已被这个时代认定为政府所应当履行的责任,然而当前我国的援助律师模式依然是"政府责任,社会承担"。刑事法律援助责任的异位是我国当前法律援助模式陷入困境的主要原因,要解决上述我国刑事法律援助中存在的主要问题,就必须由国家切实承担其在刑事法律援助中的责任,解决政府责任流于形式这一根本问题。

造成这种现象的原因主要有以下几点:

其一,法律援助机构的专职法律援助律师,办理法律援助案件是其工作职责,办理法律援助案件的数量和质量不影响其收入,再加上某些地方法律援助案件数量严重超出了援助机构的处理能力,这样就很难保障其办理法律援助案件的质量。法律援助中心承担了法律援助接待咨询、受理、审查、指派法律援助案件、法律援助案件信息的录入及法律援助的指导、管理等工作,有限的人员只够忙于应付日常事务,对法律援助办案质量就缺乏足够的、有效的监督。到目前为止,根据所查资料可知,陕西省只有116个法律援助机构,560个法律援助工作人员。专业人才短缺十分严重。基于法律援助案件的特殊性,需要的是专业素质高、业务能力强的人才。而囿于有限的补贴和薪酬,优秀法律人才参与法律援助的积极性普遍不高。除此之外,对于有限的法律援助人才,亦未能形成合理的选拔机制、科学的培训机制和有效的激励机制,导致法律援助人才供给严重不足。法律援助人才短缺和积极性不足,影响了法律援助工作的专业化发展,导致办案质量难以取得理想效果。

其二,法律援助市场化不足,补贴太低。我国法律援助经费的主要来源是政府拨款。自法律援助制度建立以来,陕西省一直面临着经费短缺与巨大的法律援助需求之间的矛盾,经费短缺不仅限制了陕西省法律援助覆盖的广度,也影响了法律援助案件质量的深度。2019 年陕西省司法厅、陕西省财政厅联合下发了《陕西省法律援助经费管理办法》(修订版),根据相关规定提高了法律援助案件补贴标准。民事、刑事、行政援助案件补贴为每件 1000—3000 元,跨区域法律援助案件每件为 2000—4500 元,无期徒刑、死刑和死刑复核案件按照刑事法律援助案件补贴标准的 1.5 倍执行。与此同时,提高其他法律援助服务事项补贴标准。律师被法律援助机构指派从事值班工作的每人每天补贴 100—500 元;法律援助人员代写法律文书每件补贴 200—500 元。虽然较之前调高了案件补贴标准,但仍低于社会律师平均办案成本、滞后于市场经济的发展水平。这在很大程度上挫伤了法律援助工作人员的办案积极性,直接影响了办案质量。并且兼职法律援助律师的时间不是在开庭,就是在开拓案源,工作压力非常大。法律援助补贴微薄,很难调动律师全身心去投入。

3. 现有措施应对仍显乏力

以陕西省为例,针对法律援助制度长期以来的困境与问题,政府已启动多项改革方案,主要体现为如下几项具体措施:

其一,2008 年制定了为了保障经济困难和其他符合法定条件的公民获得必要的法律服务的《陕西省法律援助条例》。2019 年陕西省司法厅、陕西省财政厅联合下发了《陕西省法律援助经费管理办法》(修订版),修订后的经费管理办法严格规范了法律援助经费的使用,为推进全省法律援助工作规范、有序、健康发展奠定了基础,为困难群众获得免费的优质法律援助服务提供了有效保障。为深入推进法律援助工作,2020 年,陕西省司法厅先后制定出台了开展“法援惠民生、扶贫奔小康”工作方案、关于建立被欠薪农民工法律援助工作制度的意见等文件,为法律援助工作提供了有力的制度保障。

其二,建立“12348”法律援助专线电话值班制度,提高基层规范化管理水平。全省法律援助工作与公共法律服务热线、网络、实体三大平台实现无缝对接,大力推广“预约办”“线上办”“网上办”“掌上办”,组建法律援助出诊队,开设“绿色通道”,对残疾人、老年人以及行动不便的困难群众办理法律援助提供上门服务,群众足不出户也能享受到法律援助服务。

其三,目前陕西省困难群众申请法律援助共有三种途径可供选择,一是可以拨打 12348 法律服务热线电话;二是可以到案件受理所在地的法律援助中心去申请,或者到司法所设立的法律服务工作站以及社区、村组法律工作室去咨询法律援助申请事宜;三是可以通过网上申请。登录陕西法律服务网,或者陕西司法微信公众号,在法律援助服务栏中即可进行网上预约、咨询、申请。

其四,办案补贴与办案质量相挂钩。目前陕西省实行办案补贴与办案质量相挂钩的政策。法律援助机构可根据结案归档卷宗材料、受援人的满意度及办案效果综合评价,对优秀案件提高办案补贴 200 元至 500 元,原则上优秀案件比例不超过 10%;对质量明显较差的案件扣减办案补贴 200 元至 500 元。将办案补贴与办案质量相挂钩是一个非常有效的举措,但要注意政策运行中的公平公正公开。

三、系统规划"以需求者为中心"的法律援助服务

提供以人为中心的司法服务的主要挑战,是确保这些服务满足中低收入群体以及被边缘化群体的法律与司法需求,整合这些群体的法律服务体验,并将服务更有针对性地提供给最有需求的"正确"的当事人,在法律的"正确"领域,以及在"正确"场合和"正确"时间。要做到这一点,法律援助制度的设计和完善的前提基于如下三个问题的回答:

> 一是如何确定究竟谁是最有需求人以及何种需求的问题;
> 二是在构建制度以满足这些需求的服务方面,有哪些重要工作需要完成;
> 三是提供服务的场所和方式以及效果如何才能被恰当地评估。

1. 有针对性的法律需求调查

有针对性地开展法律需求调查,并通过法律援助机构进行数据收集,既有助于准确衡量法律需求,也有助于规划和评价以人为本的法律和司法服务。然而,即使将这两种信息收集方法结合起来,也可能无法全面了解真实的法律需求类型。

鉴于处境不利的群体往往不太可能进入正式的法律服务渠道,也无法对调查做出准确答复,甚至根本无法参与调查,这两种方法都可能遗漏一些特殊群体的真实法律需求。如孤寡老人、失独老人、无家可归者、患有精

神疾病或智力残疾的人群以及偏远地区的离群索居人群，往往都属于这一类。而这些弱势群体或居于不利地位的群体事实上有着更为强烈的法律需求，特别是面对复杂的法律问题时。因为他们获得法律和司法服务的能力受到严重限制。从包容性增长和可持续发展的角度来看，他们的法律需求往往是需要优先考虑的群体。

首先，针对特定群体或法律需求，采取相应补充或有针对性的法律需求研究来“填补”这些群体和问题的空白，以确保全面了解其法律需求。这也可以为我们了解社区的法律和司法需求提供更为深入的信息。例如，在澳大利亚，为了补充法律需求调查和行政数据分析，针对老年人、无家可归者、精神病患者、土著居民等进行有针对性的法律需求调查。这种补充性调查可以进行调整，以便深入调查这些群体在诉诸司法和诉诸法律方面遇到的各种障碍，而该信息系统可以设计成适合每个优先组面临的需求和问题类型。同样，在加拿大，这种补充性调查则侧重于对诸如受虐待妇女、家庭成员、土著居民及其获得法律信息的机会等。在新西兰，则包括针对智力残疾人群、土著居民的研究，在美国，则主要针对低收入者展开调查。①

其次，除了法律需求调查，其他类型的调查数据可以用来协助我们深化对“以人为中心”的司法接近正义制度链的构建。例如，通过调查一定数量的法律援助需求者、提供法律援助的执业律师等，不仅对法律需求者在提供法律援助方面遇到的问题进行诊断。包括提供必要服务面临的困难、薪酬、过长的等待时间，沟通不畅或产生误解等，还需考虑援助提供者——律师所面临的困难。例如，审查申请花费了律师太多的时间，而且程序过于官僚化等。所有这些问题都是从那些面临法律和司法需求的人的角度设计和提出的。必须指出的是，衡量需求和制定需求的方法、政策和服务也必须针对国家的每个具体人群及其所处的法律环境，特别要考虑到其家庭境况、社会阶层和所处社区环境等。

在开展有针对性的法律需求调查时，政策制定者和服务提供者需要回答的问题可能包括：

(1)民众对法律需求认知的普遍程度怎样？

(2)社区法律需求问题的类型/领域是什么？

(3)哪些群体中的个人更有可能经历哪种类型的法律/司法问题？

---

① Source：Adapted from Attorney-General's Department of Australia (2009[20]), A Strategic Framework for Access to Justice in the Federal Civil Justice System, A Guide for Future Action, Access to Justice Taskforce.

（4）当面临法律纠纷与争端时，不同群体的人们会做出怎样的反应和选择？

（5）对于寻求法律援助的人，他们通常会向谁寻求援助？他们是如何找到法律援助机构或其他法律服务途径？他们的动机是什么？

（6）为什么有些人宁愿不寻求法律援助或社区法律服务？人们如何解决或寻求解决他们的法律问题？

（7）有高度法律需求的地理区域通常分布在哪些地域？

（8）对于那些有法律需求的人所经历的生活以及其他方面的境况而言，缺失法律援助有怎样的不利后果？

（9）满足相应的法律需求的成本是什么，不满足法律需求的成本又是多少？

2. 绘制“法律需求地图”以更好评估援助效果

对“法律需求”进行评估，涉及要将法律服务与满足法律需求相匹配，其重点和难点是，衡量如何最有效地设计和规划相应的法律服务，并对其效果进行评估。这一措施应建立在有针对性的法律需求调查的基础上，即在确定和衡量法律需求、建立需求满足所需的法律服务制度链的基础上，评估所提供的法律和司法服务是否能充分满足这些需求。因而，评价的指标至少应包含以下几方面：一是这些需求是否得到满足；二是是否在所期望的范围和程度上提供了必要而恰当的法律服务；三是提供的法律服务是否是以适当的、或与之相适应的类型、方式和程序进行，即是否与法律需求相匹配。

满足法律需求的方式并不总是与传统的司法途径和正式的体制安排相匹配。人们的法律需求和体验应该是确定制度创新空间的起点，是为设计和提供法律和司法服务提供理由、指导和评价。人们可以利用各种方法来开发和规划“以人为中心”的法律和司法服务所需的信息。其中应包括：广泛的法律需求调查；量身定制的分析法律、司法和其他政府机构汇编的行政机构提供的数据；法律需求调查必需的方法论；地方政府掌握的数据和地方司法和人力部门以及其他利益攸关方（如工会组织）掌握的基层数据。关于为公众提供法律服务的行政管理部门提供的数据是否有用的一个关键因素是，其数据采集是否是在足够多的不同服务网点进行，是否具有分析样本之典型性和全面性，对于不同地域获得的数据，是否给予足够的跨区域和法域的协调统筹考量。

目前法律和司法行政管理部门提供的数据尚不能充分发挥其价值。应当加快为相关机构设计出数据采集和调查的基本规范和可行性方案，还应有相应的激励机制，督促其在需要时更为积极地获取具有战略重要性的数据信息。具体可供借鉴的方案构想如下：

其一，绘制一个不同地域的法律需求情况图，或绘制一个法律服务的动态需求进程图，标识出哪个阶段、哪个领域最需要援助，这样可以协助政府和法律服务提供者更好地进行规划并提供服务，以保障在他们最需求的领域和最适当的阶段，及时介入并进行法律援助和干预。从理论上讲，国家层面的法律需求调查应为绘制法律需求地图提供重要基础。然而，目前的困境在于，法律需求调查往往无法针对基层提供更为详细的需求分析，甚至无法具体到县级，更别提深入到乡镇、社区的特定群体。

其二，绘制法律需求地图的最具可行性的方案是通过官方发起法律需求调查，然后使用来自国家和各个省的统计数据作为分析依据，来评估真实的法律需求。利用法律和司法服务的行政部门的官方数据展开对比分析，对提供服务的水平与所规划的法律需求水平进行对比，进而揭示不同领域提供的法律服务是超额还是不足，这是至关重要的。

其三，绘制以社区为基础的司法服务机制运行状况的地图，包括社区成员对社区法律服务满意度的地图，以了解社区范围的法律需求以及特定人口的法律需求满足程度、效果满意度等问题。这些信息有助于更好地了解一个特定区域内的需求、现有服务满足这些需求的能力、以及查明现有法律服务与法律需求之间存在的差距和有效程度。

“法律需求地图”是一种真正“以人为中心”的新方法，不仅有利于真实准确地反映法律需求，并追踪聚焦于个人、家庭或中小企业，以帮助他们解决法律问题或提供最为必要的司法途径，最终达致“接近正义”的终极目的。总体而言，针对穷人和处境不利者的各种法律服务的类型应当以政府责任为重心和主导，应包括：法律援助、社区法律服务、专门针对特定群体（如妇女、未成年人、农民工等社会弱势群体等）的法律服务中心、由专业人士提供的无偿服务等。识别需求其实只是问题的第一步。提供有效的法律服务，确保人们能够有效地诉诸司法，使他们能够行使自己的权利，并充分参与经济和社会生活。

3. 构建“以人为中心”的法律服务制度链

“努力让人民群众在每一个司法案件中都能感受到公平正义”是 2013 年 1 月 3 日习近平同志对做好新形势下政法工作做出的批示。批示指出：政法机关在保障人民安居乐业、服务经济社会发展、维护国家安全和社会稳定中具有十分重要的作用。要坚持依法治国基本方略，以党和国家工作大局为重，以最广大人民利益为念，切实肩负起中国特色社会主义事业建设者、捍卫者的职责使命。要顺应人民群众对公共安全、司法公正、权益保障的新期待,全力推进平安中国、法治中国、过硬队伍建设。

构建“以人为中心”的法律和司法服务,以满足已确定、衡量和规划的法律需求。“法律需求地图”的绘制为我们提供了全面准确的信息,以帮助我们洞察法律和司法问题的日常属性和民生紧迫性,更为重要的是,认清不满足这些法律需求的潜在严重后果。在这一理念的驱动下创造一个新的叙事逻辑,这就涉及司法系统如何进行“司法制度链”的战略改革。

其一,法律需求调查为我们提供了一个重要的证据基础,人们在司法系统导航和寻求法律援助方面的经验,是构建一个“以人为本”的重要起点,即“以人民为中心”的法律和司法服务。以人为本的司法服务包括越来越多的程序和步骤,包括一系列解决争端的替代机制,如调解、在线解决争端等。此外,还有更多的正式的和非正式的司法程序。

其二,以人为本的法律服务还应包括一系列法律援助和法律服务提供者,包括律师助理、公共法律教育提供者、社区倡导者、协作服务团队、提供法律培训和其他培训咨询的专业人员,等等。这一有机动态的联动机制应当构建起一个渐进计划,如提供法律信息、咨询,各种形式的有条件法律援助,有条件的法律代理(如“有限的范围”或未分类的法律服务),并在各种ADR进程、非司法性活动和司法活动中进行充分必要的代理与辩护。

其三,确保平等“接近正义”既意味着积极提供法律和司法服务,也意味着建立有效的法律诊断以及“转诊”系统,以帮助人们获得最适合的法律服务,促进他们与法律服务提供者之间的最佳的协作或服务。来自实务部门的经验表明,以当事人为中心的法律援助服务方法有望提高质量,减少浪费,最重要的是,有助于真正改善他们的生活质量并提升其幸福感。

其四,以人为本的改革战略还可以理解为沿着“司法制度链”的动态的、联动的运作模式。以当事人为中心的法律和司法服务以积极主动、预防和及时为优先事项,并以最适合和反映需求的方式有针对性地开展权利救济。这就使得所提供的法律服务不仅符合法律规定,更满足已经确定的、衡量和规划的法律需求指标,旨在促进法律赋权,并注重实质性公平与正义的实现效果。只有当法律和司法服务是在平等和包容的基础上提供的,只有当它们有助于促进更大的社会包容和平等,才会被视为“有效、合法和公正”的。换言之,法律服务应当通过解决具体法律纠纷和争端来解决更广泛的问题,最终实现促进社会包容和可持续性的全面发展。

其五,平等和包容作为指导原则还要求法律和司法服务提供者关注弱势和边缘化群体的具体需要和经验。以人为本的法律和司法服务旨在在适当和早期阶段干预法律问题,并促进预防这些问题。主动服务显然对于改善穷人和弱势群体"接近正义"的机会至关重要。通过法律赋权使人们能够在与法律和司法服务提供者的关系中以及在与对立方的关系中获得了权能,从而能够提前获得解决问题的能力和平台,尤其是使个人有权酌情解决自己之间的争端,而不依赖于司法系统。最为重要的是,以人为中心的服务转移了人们的注意力。传统上强调司法系统参与者对法律援助进程的重视,强调以人为本的结果。法律和司法服务的新战略视角,旨在有效地促进综合程序、实质性和系统性的实效。

其六,以人为本的法律和司法服务应是无障碍的,旨在积极克服法律需求者所需援助的各种障碍。通过引入信息和通信技术(人工智能技术),帮助克服处境不利群体面临的运用法律方面的能力和技术性障碍,简化法律语言和程序,推进实质性改革方案以促进法律更加简洁、明确和有利于公民参与。

四、确保"有效援助"的问责机制构建

在实践中,"有效援助"问题常常会构成对政府主导的法律援助制度之实效的考验。在很多刑事法律援助案件中,律师没有进行任何调查的情况下出庭辩护的情况并不少见,法院很轻易就做出了有罪判决。可怜的被告人通常很难甚至找不到合适的律师,这必然加剧了司法制度中的不平等问题,最终损害了法律制度的民主性与合法性。没有律师的有效协助,受到不公正指控或被剥夺宪法性权利的个人也得不到有效的补救。此外,贫富差异导致的不平等诉权现象也带来社会歧视和不平等问题。

一份美国学者的实证研究报告指出,90%以上的刑事被告认罪,通常是在援助律师并没有花费足量时间在他们的案件上的情况下。在最近的研究中,五分之四的律师在没有提出任何辩护异议的情况下为被告人提供辩护。更少有法院或法律援助机构愿意为律师提供足够的资金,以协助其进入定罪后的审查工作,而这是许多被告能够质疑其指定的审判律师之辩护是否适当,或审判和调查程序是否公正的唯一点。而一些民事案件的律师则每年大约处理 700 多起案件,是国家法律援助和辩护律师协会平均建议的近乎 10 倍。一位律师在一天里有可能以平均每人 50 $ 的速度处理 24 起轻罪案件,以这个节奏只够与当事人进行最简短的"走廊交谈"。一些面临重罪指控的人甚至很难知道他们为什么被捕,更不用说他们的律师

为他们做了什么(或压根没有做什么)。①

可见,试图为所有寻求援助的人提供至少最低限度的援助方案严重依赖律师的参与。因此,更具可行性的选择是向一定比例的符合法定条件和标准的需求者提供优质的“有效”援助和服务。法律援助机构不仅必须合理规划和统筹应向提出申请的法律需求者提供多少援助,而且还必须规划如何积极促进援助律师所提供服务的质量和实效。低收入个人之所以不愿寻求律师帮助,很重要的一个原因就是他们认为律师经常“什么都做不了”。尤其是对于可能并不知道自己的权利或无法获得免费法律援助的群体,例如生活在农村贫困地区的群体,针对不愿参与协助法律援助的人而言,开展各种宣传和外联活动至关重要。

此外,政府以及司法行政管理机关必须有效地评估符合标准的法律需求者的真实需求及其相对重要性,以合理的方式获得需求者对于其所获得的法律援助的满意度和态度,评估还必须包括“法律援助机构、司法行政管理机构成员、私人律师和其他有关方面的投入。然而,在实践中,这一要求事实上是难以实施和执行的。虽然一些调研项目已经为此做出相当的努力,让社区参与制定更加具有可行性的深思熟虑的规划,但效果却远没有想象中的那么顺利。调研的回复率极低,且调查问卷的真实度和准确度也难以满足调查期待的结果,关键是这对于限制律师的酌处权几乎没有什么作用。当被要求确认他们最紧迫的问题时,许多被调查者只引用最容易识别的那些个人法律需求,而不是广泛共享的潜在结构问题。鉴于这种调查的作用十分有限,它们往往只起到制定宏观政策准则的作用,而这些准则也受到工作人员偏好和经费投入的影响。

正是基于对援助质量和援助“有效性”的不乐观,法律援助制度面临着诸多质疑。大多数的批评实际上并不反对法律援助本身,而是质疑它,究竟能够在何种程度上满足法律需求者对权利的要求。综合当下对于法律援助制度的不同视角的研究,大致梳理出如下几个方面的问题,有助于解决“有效援助”无法确保的困境。

1. 确保稀缺司法资源供给最有需求的群体

人力不足的法律援助和法律服务机构没有理由将大量稀缺司法资源投入到一些所谓“边缘”诉讼或称“无价值”的案件。这就是说,即使尽其所能使所有潜在的纠纷都得到充分的司法裁判,也并不意味着整个社会中的穷人都会受益。但是真正的难题在于,并没有一种有效的评估与衡量标

① Besharov, Foreword, in Legal Services, 5; Feldman, Political Lessons, 1537-1541.

准能够准确筛选出所谓的“无价值案件”。而如何才能准确分析法律援助的成本何时超过其收益,则需要做出比合理判断更为复杂的判断。

传统的“接近正义”改革战略一般包括如下制度举措:即更多地简化法律程序;更便利地获得自助材料和文件编制援助;更好地保护无人任职的当事方;更多地接触非律师提供方;扩大非正式解决争端的机会。所有司法管辖区都应该有全面的专业援助方案和较少的限制性规则来管理未经授权的非专业实践。适当的监管结构应考虑到非律师专家提供足够的能力援助,如果没有伤害的风险,以及消费者评估供应商资格和补救无效绩效所造成问题的能力。对非专业从业人员的禁令应改为许可证和认证制度,这些制度应规定能力资格、道德标准和有效的不当行为补救办法。

必须向所有有正当法律需求但实际负担不起的人提供有效的法律援助。当然,构成“有效”“需要”和“可负担性”的是某种主观的决定。但从几乎所有援助标准的设置来看,我们目前的体系都远远不够。司法和立法决策者都必须做更多的工作,以确保律师在刑事案件中的称职表现以及在民事案件中获得法律代表的机会。法院应加强关于律师不当行为和无效协助的标准,并要求各地区司法行政管理部门为无力承担刑事辩护律师以及民事代理律师拨出足够的经费和资源。在民事法律援助方面,司法机构应更积极采取主动指定援助律师的态度,并取消妨碍充分民事援助代理的资金限制。

政府应确保为更广泛的有权获得法律援助的人提供法律援助。然而,传统的法律援助受援标准规定,法律援助只提供给贫困线以下或刚刚超过贫困线的当事人。这种模式显然排除了许多有紧迫问题和没有现实解决办法的个人。因此,政府应重新考量以下这些可行性标准,例如:民事索赔是否有合理的成功可能性?法律援助相较于不进入司法而言,它的好处究竟是什么?在引入这些受援指标时,至少允许部分覆盖范围指向了更广泛的社会中低收入群体。

这并不意味着雇用私人律师的被告就一定能够得到有效的代理。这些人中的大多数刚刚超过贫困线,无法负担高昂的诉讼费用。他们的律师通常收取统一的费用,并要求提前支付,这就容易有明显的激励认罪认罚协议之嫌疑。只有拥有大量法律资源的被告,通常是白领或有组织犯罪案件的被告,才能随时获得更全面的法律信息。如果被告缺乏这种资源,除非案件信息清晰明了,否则律师将面临相当大的诱惑,诱使他们减少他们本应付出的努力。而辩诉交易不仅免除了律师的诉讼成本和辩护压力,也免除了律师遭受屈辱性失败的风险。这种交易还与法官和检察官保持良好的工作关系有关,他们面临自己的案件,往往是压倒性的案件。除了富人,对于所有有法律需求的人来说,援助律师的积极热情的投入和尽职尽责似乎总是例外,而不是常态。

2. 加速建立对“援助不力”和“无效援助”的问责制

“接近正义”改革战略应侧重于加强法律专业和法律程序的问责制。对个别律师和律师事务所提供的服务都需要更多的考核与监督。法院和职业伦理纪律监察机构应对轻率的需求、过高的费用和未能尽职尽责的援助代理给予更严厉和及时有效的制裁。国家应建立专门的数据库和信息发布平台,随时提供有关此类制裁和其他业绩相关因素的信息。

此外,还必须加强规范刑事案件中律师援助不力的标准。实践中,常有令人震惊的情形,比如当律师喝醉、打瞌睡或明显不了解相关法律或事实时,法院仍允许案件继续进行。不应将援助无效的证明责任设定给刑事被告人。因为,法院及法律援助机构应该有义务指定有能力的援助律师来保障其代理尽职尽责,达到更好的诉讼结果。法院和立法机构还必须承担更大的责任,确保为穷人提供资金和管理法律服务的有效制度。在民事案件中,法院应更愿意任命律师。

司法部门还应取消对政府补贴法律援助服务的限制,这些限制严重损害了援助的质量,例如禁止集团诉讼或收取诉讼费。在刑事案件中,法院应为贫穷的辩护律师提供足够的补偿和资源,并建立一个独立的监督机构,以监测他们的任命和绩效。该机构应确保律师具备适当资格,其代表符合最低质量标准,法官不得利用其任命权奖励志愿者或惩罚热心的倡导者。刑事诉讼中的公设辩护人制度以及民事法律援助方案也应执行绩效考核标准,并应与其他社会团体合作以改善法律援助服务的结构合理性。

司法行政管理者、律师协会、作为法律服务提供者的律师和学术研究人员都应合力融通,提供更多关于接近正义以及诉诸司法的法律信息。例如,我们需要更多的研究机构投入,去深入了解涉及贫困群体的法律需求代理、自助援助、替代性争端解决机制(ADR)和无偿法律援助方案的具体战略的有效性问题。有必要就客观结果、当事人的看法和社区影响提供更充分真实的数据。只有通过更全面的评价,决策者才能制定出更为适当的司法资源优先配置策略和方向,并进一步指定具体的制度性改进战略。

我们需要更多关于诉诸司法方面的公共和专业教育。在许多关键问题上,大多数人对此仍并不知情或不熟悉。很少有公众对民事和刑事法律援助的实际运作有必要的了解。更少有人觉得自己有足够的理由去关心此类事项。即使是律师也常常对中低收入人群未得到满足的法律需求以及解决这些需求所需的策略一无所知。部分原因是大多数法学院在核心课程设置中并没有列入此类课程的专题。只有1%的受访律师能够记起在他们的专业必修课程中对公益问题的学习,这本身就说明了法律教育的专业设置不合理。

在这方面,我们并不缺乏有价值的完善措施。目前在我国已经开展了全国范围的“接近正义”改革新尝试,法学院的法律公益项目和法律援助性质的法律诊所等措施,也提供了大量有价值的关于法律援助和公共性法律服务知识技能。法学院的教师通过研究、教学、公共教育和公共服务来促进诉诸司法的机会。他们的参与同时也通过正规的法律高等教育,使未来的律师、法官和公共政策的决策者们在社会化方面发挥着重要作用。总之,作为法律职业的“守门人”,法学院有独特的机会和使命,使“接近正义”改革成为最值得关注的和最富有成效的司法民主化制度链的核心。

无论其结构如何,针对弱势群体的法律援助无偿辩护制度,都应执行援助辩护律师的资格要求和业绩标准审查和考核以及问责。律师协会和国家法律援助中心应当制定适当的指导方针,许多公设辩护方案制定了更具体的评价和问责方案。经验、培训、参加继续法律教育,以及同行评价、当事人评价和法官评审,可以帮助确保最低限度的尽职尽责要求。此外,还应制定法律程序,在律师经常性不履行或不恰当履行基本职责时,将其从有资格获得法院任命的律师名单中除名。在这方面,律师协会应当通过律师职业伦理规范的颁布,来适当采取对不尽职尽责律师的纪律处罚与免责标准的制定。法院和辩护人监督机构现在需要采纳这些建议。律师职业伦理的纪律监管部门还应对寻求缺乏必要时间或技能的案件的律师实施重大制裁。此外,应减少证明不当行为和律师协助不力的障碍。“无能”的受害者需要更现实的补救办法,律师也需要更多的激励机制来促使其提供适当的代理职责。鉴于事实发生后证明律师援助无效的费用和困难,决策者应采取更多措施加以防止。

同样,法院也应承担相应的义务,以确保法律援助辩护制度的结构能够促进更为有效的援助辩护和代理。不能提供充足经费和援助质量监督管理和考核标准的司法机构应为其违反宪法的行为负责。为了评估法律援助系统的充分性,还应要求法院保存有关案件费用、案卷和裁判结果的相关数据。应提供更为全面和完整的数据记录,以比较法律指定的援助律师、公设辩护人和当事人聘请的律师的各自表现。只有通过更系统的监测,才能确定律师是否符合有效援助的宪法要求。

最后,法律界需要更好地教育公众刑事辩护的重要性,以及现行制度所欠缺的一切方式。法院和律师协会应通过普法宣传指明这些问题,并为现实改革的推进建立联盟。更多的法律需求者需要了解他们自己的利益,以确保那些似乎最不值得的人获得有效的和必要的法律援助和服务。只有辩护律师们提出更有力的挑战,才能真正为执法官员平等和尊重个人权利提供足够而有效的激励。往往涉及最残酷罪行的案件,恰是这些官员最想赢得的案件。毫不奇怪,这些案件也是最有可能发生侵权行为的案件,也是辩护律师最有必要介入进行审查和维权的领域。为犯罪嫌疑人提供有效的代理和辩护显然是保护那些真正无罪的被告人的最佳方式。

3. 确立“以人为本”的法律援助问责标准

以人为中心的法律援助的服务起点意味着应当采用有效方法进行法律需求采集和法律服务成本评估,关注不同群体的不同法律需求,以确保对更广泛群体的包容性,并整合相应法律需求者的参与性程序设计。

首先,主题应涉及法律需求的服务内容。核心的服务内容原则上应包括提供无障碍、连续的法律援助和各种司法服务,同时应关涉经济成本、法律赋权、纠纷预防、法律诉求反馈及综合服务。

其次,重点应转向服务质量。包括法律需求提供的适当性、对应性、及时性、主动性、实效性和公平性。

最后,是法律援助机制的整体系统质量,包括基于援助标准的筛选机制、多元解纷机制中的司法服务的无缝转换、“一站式”法律服务、智慧网络自助平台服务、多部门协作综合服务,以及从法律需求者群体的角度和有效性进行整体性、一致性评估和考核。

目前,全球法律援助制度体系面临的挑战是,如何确定科学合理的指标以有意义地反映“接近正义”及“诉诸司法”的干预措施对如何解决不同群体的法律需求问题的影响,进而反映出何种会有怎样的影响,多部门联动及其与司法系统的互动,以实现消除贫困和社会可持续性发展的终极目标。正如在一开始就指出的那样,问责和评价指标可以通过以下方式提供帮助①:

提高数据采集能力;

建立利益攸关方的相互支持和联动;

衡量改革项目的有效性以及相关反馈信息的分析;

① I. S. van de Meene and B. van Rooij. Access to Justice and Legal Empowerment : Making the Poor Central in Legal Development Co-operation. Leiden University Press, 2008, pp. 23-24.

增加透明度和沟通的及时性；

应包括最广泛的弱势和被边缘化群体的需求。

统一的标准可以帮助形成指标和评价的规范化和可操作性，进而丰富我们对“有效援助”的促进和理解。在具体确定指标或统一标准方面要做一些权衡。国外一位学者在研究中曾强调平衡“深度和广度”的重要性，即在制定和报告质量指标时，标准应该是动态和灵活的，以提供对最令人关切或最紧密相关的领域的关照为基本原则。①

人们日益认识到，司法救助是在由多机构和参与者组成的复杂司法制度链系统内进行的，正式和非正式的司法系统需要联动而作为一个整体加以应对。司法系统必须从个人、家庭和社区的角度建立成为一个整体的机制或司法制度链。

共同标准汇集了目前所知的有效提供法律和司法服务的情况，澄清并扩大了关于促进平等和接近正义的良好做法的讨论。充分利用这一共同标准需要一个持续的过程，因为我们需要花费更多的时间和精力去了解更多关于有效性的考察。这些标准可适用于司法系统的所有要素：结构、过程、结果和整个系统。它们也应适用于“接近正义”的关键阶段。从促进法律健康、法律运用的能力到在各种进程和论坛、执法和事后处理或长期法律问题及争端的防范，进一步加强法律能力和对未来法律纠纷的复原力。

这里提出的共同标准并非一成不变。它们是一个不断学习和发展基于证据的最佳做法的过程的起点，以确保高质量的法律帮助和必要的司法服务。通过将民众日常生活中的法律需求作为评估服务、制定基础设施和程序标准、进行研究的基础，可以将生活纳入共同标准。最佳的方案无疑是政府部门和其他机构之间的充分分工、协商与合作；审查与其他部门的联动合作，并记录哪些标准和相关的有效方案最有价值。而有效方案至少应包含如下几个方面：法律需求评估、法律和司法服务相对于需求的地图绘制、服务提供者的个人能力评估以及筛选机制。

以人为本的法律和司法服务是积极主动的，有助于帮助法律问题的及时解决。反复出现的法律问题在“接近正义”之司法制度链体系的基础上，试图从根本上解决阻碍“接近正义”实现的隐性因素，从而防止问题的

① OECD (2019), Equal Access to Justice for Inclusive Growth: Putting People at the Centre, OECD Publishing, Paris. https://doi.org/10.1787/597f5b7f-en.

再次发生。例如,更为积极主动地展开外联活动,以医院为立足点的法律咨询方案,改善法律信息和咨询部门服务的协调性,使接待点适应司法体系的规范化要求,以满足被边缘化群体的法律需求及其他专业领域的需要,提高诊断、审判和部门间对接转换的能力,解决法院、医疗、社区服务与政府系统的联动宣传,建立真正具有体系化/预防性功能的司法体制和"接近正义"考核机制。

第三节 律师职业伦理及律师慈善"公益"服务的结构改造

假设一个受薪的政府指定律师不能从积极为被告人辩护的行为中获益,即无论结果如何,他们都能得到政府的钱,那真的就无法确保辩护的质量。相比之下,私人从业者则除了利益之外,还不得不担心他们个人的声誉,因此被认为是更热心的"接近正义"倡导者。

美国历史上一个非常著名的有关律师职业伦理的案例"贝茨诉亚利桑那州律师协会案"①,可以帮助我们更好地了解律师职业伦理对于"接近正义"改革的重要性。尽管"贝茨案"的激辩主要集中在会不会影响律师的职业化,破坏律师与客户之间的信任关系,会不会对司法裁判形成不利影响,律师广告会造成更大的经济成本吗,等问题,最终案件也是以"言论自由"这一宪法性权利在律师群体的确认而告终,但这一案件背后暗含着强烈的"接近正义"色彩。即正因为此案中贝茨律师及他的同伴开启了对社会中一个特殊群体的关怀,即社会中存在着一群"既不够富又不够穷"的

① 林海:《贝茨案:律师能不能给自己打广告》,《检查风云》2018 年第 9 期。案情概要:1977 年的"贝茨诉亚利桑那州律师协会案"的两位当事人是贝茨律师和欧斯汀律师。他们于 1972 年毕业于亚利桑那大学法学院。毕业后,他们进入的是由联邦政府出资、针对赤贫人群的法律援助机构。经过大约两年的公立律师工作,他们敏锐地注意到,有很多中低收入人群,他们难以承担高昂的律师事务所费用,又因为"不够赤贫",而达不到获得法律援助的标准。而且,他们所需要的法律服务,有时并不复杂。没什么财产可分割的离婚案、没什么抚养权争议的收养案、债务关系简单的个人破产、在政府机关和警方档案里变更姓名,等等。贝茨律师和欧斯汀律师于是决定走"薄利多销"路线,以低廉的收费标准,吸引尽可能大的业务流量。1974 年两人当机立断,在菲尼克斯开办了这样一家律师事务所。然而,事情却并未按照他们预料的那样发展。尽管他们确实降低了收费标准,但是却无法通过"正常"的渠道获得足够多的案源。当时,律师事务所不能自我宣传,因而人们并不知晓这样一家"物美价廉"的律师事务所。缺乏业务流量,成为制约这家小律所生存发展的瓶颈。两位律师决定孤注一掷。他们找到了当地销量最大的日报《亚利桑那共和报》,于 1976 年 2 月 22 日为其刊登了一则非常不起眼的、仅仅涉及两人主要服务范围和收费标准的广告。广告的效果十分显著。这两位律师很快获得了梦寐以求的业务流量,同时也立即惊动了该州的律师协会。该协会做出了禁止两位律师进行广告的决定,并对他们处以暂停执业 6 个月的惩戒。两位律师遂将亚利桑那州律师协会诉至法院。从而引发了法学界和实务界的激烈辩论。

尴尬群体，他们不符合政府提供法律援助的申请标准，因为“不够赤贫”，但也无力支付高昂的专业律师费，属于社会中的中低收入群体以及被边缘化的群体。这一群体往往是最易被忽略的一个群体，而对这类群体的保障，更多需要律师群体积极主动的发现、关注与投入。

律师职业伦理规范准则长期以来一直认为，律师有责任协助那些负担不起律师费用的人。然而，现实中无论是公众还是律师，都清醒地认识到，这种说法更多地表明了法律职业的自我欺骗力，而不是自我牺牲。依靠无偿法律援助解决公众对法律援助的需求，其作用其实是非常有限的。而且，法院和律师协会都不愿意也不可能为大量的公共法律服务需求贡献时间和精力。迫使律师提供无偿法律援助的司法权力的范围实质上限定在很窄的范围，这主要是因为这种权力在实际的行使过程中实效性并不强。

法律援助制度的一些原则性规定是明确而刚性的。司法机构有权力同时也有义务为符合标准的被告人指定或任命援助律师，至少在刑事案件中需要这种援助。然而，面对许多律师的强烈抵制以及不太令人满意的表现，法院一直也面临行使他们任命权的现实性阻碍。他们更不愿意依靠律师职业道德规范的形式来要求律师提供最低限度的无偿服务。而国家行为守则只包括理想的标准，通常要求每年提供 20 至 50 小时的无偿援助（或相当于财政援助），主要是针对手段有限或其他慈善事业的人。但是很少有律师能达到这些理想的标准，他们实际为有法律需求的人提供多少服务也是不可能精确地确定的。而且因为许多律师对“无偿”的定义持自由态度，包括任何未经补偿或补偿不足的情形。

1983 年，在美国律师协会准备通过其新的《律师执业行为示范规则》时，就这一建议进行了一场具有里程碑意义的论争。负责起草《示范规则》的委员会最初提出一项律师应提供每年不少于 40 小时的无偿法律援助的要求，这一要求迅速引起激烈的反对意见。美国律师协会的调查发现，大约五分之四的律师反对一切形式的无偿法律援助的要求。因此，最初通过的《律师执业伦理示范规则》只包括一项理想性的原则，要求提供无硬性规定的“公共利益法律服务”经历。

自那次争论以来，加强公益法律服务道德标准的努力虽不断被主张，但基本上是消失了。首先在 1993 年，然后在 2001 年，美国律师协会再次拒绝了强制性服务的可能性。但是，它也确实修改了《示范规则》，除了以量化每年 50 小时的软性要求外，律师也可以通过向广泛的公共利益、慈善、宗教、社区和教育组织提供无偿法律援助或适当减免费用，或通过向这些团体提供财政捐助来履行其公益法律服务的责任。

正如ADR批评者所指出的,许多ADR程序的成本和争议不亚于传统的司法裁决。如果说在多元纠纷解决机制的研究中得出的最为重要的教训,那就是,没有任何一项的解纷机制是绝对优越的。然而,目前的法律程序过于偏重于单一的对抗性结构,这种结构并不总是为参与者或社会利益服务。相反,公众需要更广泛的选择和更多元化的法律程序来处理纠纷和维权。

当面对公众的法律需求和社会反应之间的差距时,律师协会领导人通常把律师的无偿服务作为解决方案的关键部分。“公益”援助的提供往往表达了法律职业中最令人敬佩的东西。但这仍然不够普遍。在他们的职业生涯中,许多律师贡献了数百个小时的无报酬工作时间,否则将被从司法系统中淘汰。一些律师还为法律服务项目提供了大量的财政支持。但大多数人不愿或无法履行。大多数律师对此未做任何贡献。此外,“无偿”所传递的大部分不是对贫困或公共利益事业的帮助,而是对朋友、家人或客户的恩惠,或者收费不能或无法收取的情况。简而言之,律协的无偿承诺反映了该行业的最高理想和最严厉的伪善。

无偿法律服务包括慈善参与,特别是律师的公共法律服务,事实上对于参与者个人和整个行业而言都是受益的。律师从事定期的志愿法律服务对于律师的身心健康有很明显的益处。与一般人群相比,除了家人和朋友之外,经常帮助他人的人寿命更长,疼痛、压力和抑郁概率更少,更易获得自尊感。法律援助志愿者不仅会体验身心健康的愉悦感,更为关键的是,无论是在完成法律援助之后,还是当服务被记住时,他们都更有可能对自己的生活更满意更有幸福感。虽然志愿者活动与幸福感之间的直接相关性并没有得到证明,但这种关系之存在关联性则是得到公认的,无私的行动有利于自我。已有研究表明,由于帮助他人减轻压力,会改善自身免疫系统的功能,并触发内啡肽的释放,从而产生愉快的身体感觉。

特别是对于年轻律师来说,无偿法律服务工作可以提供宝贵的培训、实习、审判经验积累和实战的机会。通过志愿者项目,律师可以发展新的专业领域,并展示具有优势的专业技能。参与社区团体、慈善组织、高知名度的诉讼和其他公益活动是律师扩大视野、提高声誉和吸引付费当事人的一种良性促进方式。公益法律服务工作还使个人能够表达对社会正义的承诺,这往往促使他们首先选择法律职业。美国律师协会的一项调查发现,律师对他们的做法最大的不满是缺乏“对社会公益的贡献”。法律援助志愿者工作可以提供这种贡献。

因此,公益活动也符合整个法律界的利益。强有力的公共服务计划可以在保留、招聘、声誉、士气和工作绩效方面产生有形的、尽管很难量化的组织效益。公益贡献也可以提高律师作为一个团体的声誉。在一项有代表性的调查中，调查询问什么可以改善律师的形象，最常见的反应是他们向穷人提供免费法律服务；三分之二的受访者表示，这将改善他们对这一职业的看法。

正由于上述这些原因，绝大多数人都认为律师应当提供一定比例的无偿法律服务。然而，也有不在少数的人反对将无偿法律服务提供视为一种强制性要求。最常见的反对意见是，让法律职业者个人来承担公共服务义务本来就是不公平的。如果诉诸法律是一种社会价值，那么应由整个社会尤其是政府承担主要的代价。比如，穷人对食物和医疗保健的基本需求未能得到满足，但我们不会去要求杂货店或医生为满足这些需求提供帮助。那么，为什么律师应该被要求承担相应的强制性责任呢？唯一的答案就是，法律职业的专属性以及垄断性决定了其应当提供基本的专业服务。律师享有某种职业特权，因而也应承担相应的特殊义务。

对律师赋予特殊义务的另一个理由是，他们作为法律职业共同体中最为重要的角色之一，其历史作用及其在我国治理结构中的特殊作用。由于律师所做的大部分工作都与正义有着直接关系，更接近人们日常生活方式的核心。这一点与其他专业人员提供的服务有着质的区别。法律职业者，尤其是律师，是我们生活、自由和融入社会不可或缺的守护者，因为律师在我们的司法系统中扮演着如此重要的角色，也有特别的价值，从律师角色和职业担当入手，更容易为“接近正义”之变革奠定重要基础。

从批评者的角度来看，要求律师提供基本无法核实的最低限度的无偿法律服务不能解决“接近正义”的机会不平等的问题。更糟糕的是，这些任务可能会转移人们对解决未满足需求的更有成效的方式的精力、物力和财力。这些都是重大的关切，但它们并不像批评者所说的那样具有决定性。的确，有些从业人员缺乏为最需要援助者服务的许多必要技能。无论如何，可采取多种战略，以减少不称职的援助和不当的执法负担。一是允许律师通过向法律援助方案提供同等的财政捐助，购买他们所需的服务。另一种选择则是允许法律职业共同体组织中的律师集体履行其义务，指定某些个人负责履行其所有同事的职责。还有一种可能性是，扩大继续法律教育的范围，为培训无偿法律工作者投入更多的时间并提供相应的政策倾斜。许多自愿公益项目通过相对简短的教育讲习班，加上精心编写的普法教育手册和无障碍的法律援助必备知识手册，都可以有效地为参与者提供最低限度的条件。

"公设辩护人"①作为国家直接聘请的公职人员,其人员固定,背后有强大国家财政的支撑。通过国家对刑事辩护的财政扶持,可以利用国家财政的倾斜解决法律援助经费有限而刑事法律援助得不到重视的问题。且不同于个人律师的流动性和逐利性,公设辩护人一旦入职,其人员流动性较低,能稳定且持续地为法律援助需求量高的地区提供法律援助服务,即通过政府调节的手段使各地区法律援助资源与法律援助需求相匹配。

第四节 司法问责与监督机制之规范化

现代社会司法权力前所未有的扩张,司法错误在所难免,因此,对司法责任的追究以及对司法权的监督也就显得极为重要。就当前中国的具体情况而言,司法问责机制的重建至少应当注意两点问题:对司法错案进行国家赔偿并追究有关司法人员的"错案责任",应建立规范的"错案追究"程序,而且,这种程序在错案追究时应该尽可能"法律化"(legalize)和司法化;此外,要重视合议制的运作与司法责任的承担问题。

一、司法问责机制

当前我国关于司法问责机制的规定主要是体现在《国家赔偿法》第十五条、第十六条,《法官法》第三十条和最高人民法院以及各级人民法院的规定中,如最高人民法院近年来颁布的《人民法院工作人员处分条例》《人民法院审判人员违法审判责任追究办法(试行)》等文件,同时在过去十年,最高人民法院也加强了法院系统对于法官违法违规行为的惩戒。② 此外,最高人民法院在《三个五年司法改革纲要》中也曾明确规定,完善法官行为规范,严格执行"五个严禁"规定,落实监督责任,确保司法廉洁。建立健全审判人员与执行人员违法审判、违法执行的责任追究制度和领导干部失职责任追究制度。研究建立审务督察制度,加强督察督办工作,强化

① 公设辩护人是指通过国家司法资格考试,具有一定司法实践经验,由国家资助,为贫穷被追诉人提供刑事法律援助,具有国家公职人员身份的专职或兼职刑事辩护律师。

② 根据统计,法院系统对于违规违纪法官的处理如下:2003 年,全年共查处违法违纪法官 794 人,其中 52 人被依法追究刑事责任;2004 年,全国法院有 461 人因上述违法违纪行为被查处;2005 年,全年共查处违法违纪人员 378 人,依法被追究刑事责任的 66 人;2006 年,共查处违法违纪人员 292 人,其中,依法被追究刑事责任的 109 人; 2007 年,全国法院查处的违纪违法的法官人数为 218 人;2008 年,全国法院违纪违法的法官为 712 人,其中追究刑事责任的 105 人;2009 年,各级法院共查处违纪违法人员 795 人,其中移送司法机关处理的 137 人。上述数据是根据每年最高人民法院向全国人大提交的工作报告所进行的统计。

对法官违反司法行为规范的惩戒措施;构建符合法官职业特点的职权明确、考核到位、追究有力的责任体系,推进从源头上防治司法腐败的体制机制改革。这些法律、法规虽然从一定程度上填补了我国关于法官司法责任的规定的空白,但是,由于这些规定过于笼统、抽象,缺乏可操作性,同时,由于其分别规定在不同的文件中,因而欠缺系统性,也欠缺必要的程序性规定和稳定性制度,这些都导致司法责任追究的无力和混乱。

在解释法律时,法官拥有一定的自主权是非常重要的,这样才能够使得法律制度得以发展。期望法官在解释法律时不发生“错误”无疑是一种妄想。但是,利用法律责任来制裁这种“错误”,无疑会摧毁法官在社会变革与法律演进中的积极作用。而授予法官不受约束的自由裁量权,又不可避免地会导致司法权的“政治化”和“社会化”。① 因此,一个合理且有效的司法问责机制应当是既能够维护审判独立,又能够强化法官的责任心;既能够约束法官的不良行为,同时又能够维护司法的正义。西方各国在司法责任方面进行的立法,主要是在维护司法独立的前提下适当追究法官责任,以改进司法行为和表现。例如,美国法官会依据美国宪法的规定而受到“弹劾”程序的威胁;在英国,国会则一直享有对于法官的任命与免职的权力;在法国,如果法官渎职,则经由法官纪律学院建议予以撤职;在德国,对于犯有错误的法官提起的是法官公诉,这一程序由联邦议院发动,由宪法法院 2/3 多数法官裁决,确定是否解除法官职务。

就当前中国的具体情况而言,至少应当注意以下几点问题:

其一,对司法错案进行国家赔偿并追究有关司法人员的错案责任,建立规范的错案追究程序,而且,这种程序在错案追究时应该尽可能“法律化”(legalize)和司法化。一方面,应该授予专门的纪律机构以制裁权。因为,在对司法错案的认定并进行国家赔偿的过程中,由于司法机关是具体的侵权者,如果由其认定自己的行为是否构成侵权,其后果是不言而喻的。另一方面,就这种制裁受到处分的司法人员也应当享有向专门的裁判机构申诉的权利;而且,为了避免纪律机构成为法官自身“自娱自乐”的工具,应当基于更加开放的方式来实现救济,即增加其社会化的程度,在纪律机构吸收“非职业”人士参加,这样可以在法官与其他社会群体之间建立一种联系,来满足大家对于司法不公的质疑,从而达到既能够维护审判独立,又能够强化对于法官工作的监督,还能够促进社会对于法院工作的理解。

---

① 参见[意]莫诺·卡佩莱蒂:《比较法视野中的司法程序》,徐昕等译,清华大学出版社 2005 年版,第 149 页。

其二,合议制的运作与司法责任的承担问题。一方面,合议制可能为法官提供一服镇痛剂,以缓解他因行事不公而产生的良心剧痛,其所用借口就是,该行为并不是他单独做出的(人们可以认为,从心理学上看,合议制导致某些类似同谋的东西);另一方面,合议制也可以变成对独立的护卫,因为,在某些具有政治意义的案件中,正义要求做出违背行政机关意愿和优势党派利益的判决。此时,合议制更容易提供这种勇气。①

二、司法监督机制

本书所指的司法监督并非广义的法律监督。法律监督泛指一切拥有法律监督权的国家机关、社会团体和组织、公民对各种法律活动的合法性进行评价,对违法行为予以纠正的活动,②而司法监督则特指那些对于司法机关、司法行为和裁判结果进行监督的具体制度。

根据司法监督主体类型的不同,司法监督可以分为国家监督和社会监督。国家监督是指有关国家机关或授权组织实施的,按照预设的监督对象、内容和范围,以法定方式对司法机关的司法活动实施的监督。而社会监督则是指由非国家机关(包括社会组织、团体、个人)采取不特定的方式对司法机关进行的监督,其后果通常缺乏法律约束力。司法监督还可分为内部监督制度和外部监督制度,其中审计监督以及法院内部的自我监督被称之为内部监督,而检察机关、人大基于法定职权对司法机关及其活动的监督则与党政、纪检、社会团体、人民群众、新闻媒体等社会监督机制并称为外部监督。以这种划分方法来评价司法监督对司法公正的影响,可以超越具体一种监督制度对于具体案件的直接影响,而侧重于对一种监督模式从整体上对诉讼程序这个系统和制度机制产生的直接和深远影响。③

当前我国的司法监督模式可概括为一种"个案的实质监督模式",即对具体个案在事实认定和法律适用方面进行全面的实质监督。由于宪法和法律事先确定的诉权保护程序与救济手段严重欠缺,因而形成以"具体案件具体分析"的个案私权救济为目的的监督模式;由于来自诉讼程序运作过程中的、系统内部的审判权制约机制严重欠缺,因而主要依赖于来自

---

① [意]皮罗·克拉玛德雷:《程序与民主》,翟小波、刘刚译,高等教育出版社2005年版,第34页。

② 参见范愉:《司法监督的功能及制度设计》,载蔡定剑主编:《监督与司法公正》,法律出版社2005年版,第241页。

③ 宋双:《我国司法监督制度研究——一种监督模式的构建》,吉林大学2006年博士论文,第81—82页。

系统外部的、事后的监督；由于来自私权利对于公权力的监督机制严重缺乏，因而依赖于公权力对公权力的监督；由于作为监督者的权力没有边界，而被监督者在权力结构中没有获得独立，因而监督机制为单向结构而非制衡结构。

可以说，这种沿着不信任法官能力与品德的思路设计的监督模式，因过分注重个案的正义和实质正义，违背了司法规律和权力监督的原理，在一定程度上削弱和破坏了司法判断力、自治力与排除力。由于其在整体上背离了司法监督制度设计的初衷，使其最终实现的只是一种个体伦理层面的“司法公正”，而非一种立足于制度伦理层面的“司法公正”，它实现的是法律之外的正义，而不是法律之内的正义。① 对这种违背司法规律，背离制度设计初衷的司法监督模式必须予以重构。因此，真正强化而不是破坏司法应有的判断力、自治力和排除力，这应当是构建符合司法民主理念的司法监督模式的逻辑主线。

首先，当代中国司法监督模式的重构，从整体上讲，必须根据中国本土资源和社会现实的需要，要逐步完善司法制度设计，为法官司法创造一个合理的制度空间，使法官在司法中能够获得合理的权限并充分地运用，同时运用适当的规则调整控制法官的行为走向，使其权力自身也能够受到合理的制约。通过完善司法的自治力、判断力的制度设计，逐步充实司法排除力得以确定的前提性条件与正统性资源。据此，对监督模式的构建应保持一种明智而有序的设计思路，在监督模式构建中理顺司法的判断力、自治力与排除力的逻辑关系，并兼顾这三条逻辑线索的整体性联系与协调发展。

其次，对司法判断力的监督应主要依靠司法程序内的纠错机制，从落实司法程序本身入手，不宜再另辟渠道来纠正司法判断上的错误。对司法判断力的监督模式构建应符合以下理念：第一，通过扩大审判程序中当事人的诉讼权利来制约法官的审判权，由过分依赖权力对权力的监督转向以当事人的诉讼权利对审判权力的监督；第二，强化上诉程序的监督功能，弱化来自程序外部的环境压力，减少以监督为名而强加干预的借口。对自治力的监督模式构建要遵循司法自律与司法他律相结合、协调发展的总体思路。在内在约束制度的基础上辅以合理限度的外部监督制度约束。

其三，对司法自治力的监督模式构建应符合以下理念：第一，在司法自

① 宋双：《我国司法监督制度研究——一种监督模式的构建》，吉林大学 2006 年博士论文，第 87—100 页。

律机制方面,由业务监督转向人员监督;第二,在司法他律机制方面,由个案实体监督转向法官行为监督、由事前监督转向事后追究法律责任为主的监督,建立责任型审判权制约机制。为了实现司法权外部运作结构的合理化,应在立法权、行政权与司法权之间形成双向的制度性尊重与维护。以此弥补司法权在权力资源方面的弱势地位,从而为司法权创造良好的外部体制性环境。

其四,对司法排除力的监督模式构建应符合以下基本理念:第一,由单向权力监督转向互相制约的权力监督;第二,确立法官身份保障制度和法官特权保障制度,防止其他国家权力和社会力量对司法权的任意干涉。①

总之,从某种意义上而言,司法监督和法官惩戒机制的成败也许无法决定司法改革的成功与否,但是可能会导致司法改革的失败,因此我们需要更努力地思考建立这样一个机制,来实现司法改革的目标,促进司法公信力的建立,为和谐社会的建设做出贡献。构建符合司法民主理念的司法监督模式的逻辑主线,则应当是真正强化而不是破坏司法应有的判断力、自治力和排除力。首先,主要依靠司法程序内的纠错机制,从落实司法程序本身入手,不宜再另辟渠道来纠正司法判断上的错误。其次,应坚持在司法自律机制方面,由业务监督转向人员监督;在司法他律机制方面,由个案实体监督转向法官行为监督、由事前监督转向事后追究法律责任为主的监督,建立责任型审判权制约机制。其三,应坚持由单向权力监督转向互相制约的权力监督;并确立法官身份保障制度和法官特权保障制度,防止其他国家权力和社会力量对司法权的任意干涉。

---

① 宋双:《我国司法监督制度研究——一种监督模式的构建》,吉林大学2006年博士论文,结语。

结 语

司法民主问题研究的发展理路不仅为我们揭示了“司法民主”这一主题的巨大魅力和强大生命力,同时也向我们开放出了极具挑战性的问题。“司法”与“民主”如何联姻,始终是个备受争议的棘手问题。司法的独立性、中立性、被动性、专业性等种种与司法公正相关的重要品性,似乎总是在天然地拒斥着“民主”。而本著作却尝试挑战这一传统思维,在“接近正义”的新题阈中既试图为“司法民主”辩护,更试图为当代中国的“司法民主化”探寻可能的出路。

本成果从“理论”的部分和“实践”的部分对“接近正义”这个新题阈进行了充实和完善。

首先,“理论”的部分:充实“接近正义”的相关理论反思。本研究首先是从“协商民主”之学理与思想发展进一步推进“接近正义”的理念与制度改革趋向的必要性和可行性。在补充阅读了这一题域在国际和国内的发展新路线之后,对“接近正义”及其理论上的更进一步的“法律赋权”均做了一定程度的深入,结合近年来能够掌握的公开的资料,做了必要的补充和更新。引入了传统的司法民主研究未涉及的“世界经合组织”“世界贫困群体人权保障委员会”等国际性组织开展的世界范围内的“接近正义”的相关研究。

其次,“实践”的部分:提升对实践和制度改革的关照。本成果起初主要集中于对司法民主理论在国内外的发展进程中引发的制度困境和挑战,以及在改革开放之后的若干重大司法改革举措中体现的司法民主化与职业化冲突做出了梳理和回应,对它们的总结与反思相对比较少。经修改后的分析进路,虽然仍然是在司法民主的大背景下反思中国司法改革的民主化制度构建,但实践逻辑向“接近正义”的转变已经成为本著作的重心。换言之,本著作力求跳出传统的司法“民主化与职业化”之伪命题的纷争,进入一个新的“司法主体对司法资源的平等享有”这一新的视角,尝试从绘制社会弱势群体“法律需求地图”和建构“接近正义司法制度链”相结合的实践路径,真正改善司法不民主的状况。

“接近正义”,又指平等诉诸司法和法律的宪法性权利(Access to

Justice),是西方20世纪兴起的数"波"司法民主化改革浪潮的核心目标;是司法的可接近性发展、善治、公共政策绩效和法治的基本组成部分。如今,"接近正义"已经成为联合国2030年可持续发展议程的一个重要组成部分。这是社会包容性增长以及个人和社会福祉的一个重要方面。当下世界的"接近正义"改革浪潮,是以联合国可持续发展议程为背景,其内涵指向社会中存在的缺乏法律服务和诉诸司法的机会不平等导致的个人和社会的巨大经济代价这一困境。正是这些隐蔽的不平等,严重限制了个体发展的经济机会,加剧了贫困陷阱的束缚,破坏了人类共同发展的潜力。贫穷的、被边缘化的弱势群体,包括妇女、未成年人、残疾人、外来移民群体以及中小私营企业等,这些"弱势群体"都或多或少受到不同程度的影响,进而引致其更深层的弱势和不平等。在这一取向引导下,司法"接近正义"改革的重点无疑转向了采取必要措施为所有人,尤其是"弱势群体"接近正义/诉诸司法提供现实可能。这些举措旨在更好地回应不同群体的法律需求,力求在司法系统内部建立一条由一系列有效机制组成的"司法制度链",尽最大可能消除其诉诸司法维护合法权益的制度障碍。

然而,如何有效地采取措施以促成每个人能够平等诉诸司法,这正是"接近正义"改革运动的宗旨。纳入"以人为中心"的观点,在设计和规划回应性和综合性法律服务时,重新考虑和解决"低收入群体"的最为迫切和真实的法律需求,并在公共法律服务机构的职权范围内,建立一个有效畅通的对话平台,以深化对不同群体法律需求的采集。进而,从法律援助制度的结构性调整入手,确保"无偿援助"及"有效援助"的统一。最后,从律师职业伦理的改革为切入点,探索多元法律服务的可行性和有效性。总之,全面理解有效的以人为中心的平等诉诸司法的机会,将其落实为促进包容性和可持续增长的一个"司法制度链",是本著作的理论追求与实践尝试。因为,对特定群体而言不可接近的正义,就是对所有人之正义的否定和消解。

本著作的研究特色集中在以下几个方面:

首先,本成果是在对当代中国的司法民主问题研究的基础上,完成了实践逻辑转向,进入"接近正义"的题域,重在探究司法为什么要"接近正义";"接近正义"何以可欲又何以可能;司法又如何"接近正义";如何描绘出一幅"法律需求地图"并在此基础上构建"接近正义"的"司法制度链"等一系列以实践和问题为导向的制度构建研究。

其次,本著作的一个值得重视的新尝试在于,指出"接近正义"的司法改革进路是一种从"自上而下"的制度供给型改革到"自下而上"的需求满足型改革的战略性转变,这为人们重新思考司法的“民主性”问题引发的争议以及“接近正义”改革提供了一个新的实践路径导向。

其三,“以人为本”的司法战略也是本著作一个核心的理念坚持。因为,对人的法律需求的侧重是确定司法改革制度创新潜力的关键,这也为法律和司法服务提供了反思的新视角。通过探究如何能够更好地反映民众真实的法律需求,加深对人们日常生活的精准理解,以及他们的不同境况和经验的真实考察都有助于引导“接近正义”改革坚守司法的民主性新方向。当这些“以人为本”的新视角渗透进入法律援助服务的评价系统时,才能使我们有可能正确评价和衡量当下的法律援助制度体系是否真正因有助于民众“接近正义”而无愧于“民主性”司法制度链之核心。

总之,“努力让人民群众在每一个司法案件中都感受到公平正义”,牢牢坚持司法为民、公正司法,坚定不移推进司法改革,这不仅是党的十八大以来始终坚持不变的司法改革目标,更已然成为所有法律人必须直面的重大攻坚课题。

经历改革开放 40 多年的试错与摸索,学者们早已不再盲目跟风,追求一种运动式的快感,而是逐渐进入理性反思的阶段。尽管对司法民主内涵与外延的界定仍无法达成共识,但是对司法为民宗旨之实践模式的探索从未止步。从法律援助制度的确立、多元化解纷机制的构建、小额诉讼、简易程序、公益诉讼等领域的不断完善等等,都表明,我们始终坚定不移的是,走出司法与民主之间的理论纷争,进入“接近正义”的题域,正是本著作关注的重点和难点。

然而,在全文的长篇大论之后,仍有一些“思想的碎片”萦绕于胸。这些“碎片”并非不重要,而是因为它们太重要,以至于对它们的思考必须牵引出对于司法民主问题研究的更深度的关照。由于笔者对这些“碎片”的思考仍略显模糊,因此,以一种陈列关键词的方式将其在结语部分加以呈现,以期待学界专家同行们的启发和点拨。

第一关键词:场域。传统的司法民主进路,都在有意无意地按照一种成熟法治国家的“场域”展开其研究,但是,这些场域的选择显然与当下中国的司法言说背景不相吻合。中国是一个正在迈向法治国的国家,而不是一个已经完成了法治和市场化过渡的国家,无论是司法乃至整个政治体制,还是司法人员的素质、历史上非专业的司法传统,都已限定了当下讨论司法文化的既定“场域”。忽略这一点,其分析得出的结论或者不是中国的,或者不是中国当下的。因此,对“场域”问题的关注,使得我们对于司法民主问题的研究不至于过分武断。

第二关键词:“转型正义”语境中的妥协。当下的中国正处于全面转型时期,转型国家和非转型国家的一个很大的区别在于理想对于现实的妥协、现代对于历史的妥协、司法精英主义对于民众朴素正义观的妥协,这就是“转型正义”的特殊性。在司法过程中不允许也不可能去无限度地寻求所有的利益冲突与价值分歧的完美统一,即追求一种完美状态下司法的正义。为避免陷入一种“司法的乌托邦”,司法正义之实现必须转化为如下的问题,即如何有效地在利益冲突与道德分歧中,找到一种恰当的方式,使得判决能够尽可能在最接近司法正义的框架下有效而及时地做出。因此,在当下中国的司法话语中,对于普通社会公众的正义观念必须给予一定程度的关照。理想、现代、精英主义等尽管极富理论魅力,但并不当然地具有推进司法公正的现实效力,反而有可能化成一种虚幻的正义,甚至沦为特殊利益集团的奴仆;而现实、历史、大众等等尽管朴素而残缺,但也很可能更具化解冲突与纷争的实效性。所以,“妥协”可能更是一种勇于面对挑战的态度,更是一种对“大智慧”的呼唤。

第三关键词:民意。从学界所一直诟病的民意介入司法的实际后果来看,民意“审判”制造的冤案与司法机关独立审判制造的冤案相比(虽然我们无法获得真切的数据资料),并未见得很严重。由此我们不由得心生疑问:未经民意“审判”,却仍有如此之多的司法腐败和冤案错案,此种情形怎能令人理直气壮地将过错归咎于“民意”?而且,如果实现了司法独立尤其是法官独立的制度化和法律化,以及民意进入司法过程的规范化与合法化,那么,民意又怎么可能干涉或干扰司法呢?因此,司法独立与司法过程中对民意的吸纳与回应,这二者之间并没有不可逾越的鸿沟。我们当下要做的不是武断地拒斥“民意”与司法之间的关联,而是应当进一步思考,民众、媒体以及社会公众力量究竟应当以怎样的方式对司法裁判产生正面的影响。

第四关键词:阶段性与渐进性。司法未来的发展趋向一定是向法治迈进。这必定是一个涉及方方面面的巨大系统工程。政治体制改革的进一步深化、司法审判独立性的加强、司法权威性的提升以及公民社会的发展与壮大等等,这些因素缺少了任何一个,司法的公正都会受到影响。我们深知,未来的司法,一定是也应当是人们对司法审判的极大尊重,任何权力都不能撼动司法的结论。但是,这也许是一个美好的理想图景,却不是目前所能触摸到的真实情景。在当下的转型中国,我们所能期望的,也许只能是在确立和加强法院独立审判权的同时,加强外部力量的参与和监督,以促进整个中国司法向法治化方向迈进,并且以最少的代价确保传统中国向法治中国的渐进性过渡。

第五关键词:系统工程。司法民主的重新出场,绝不是对苏格拉底时代的大众民主或者直接民主(这种民主即使在其发源地也备受诟病并且早已经成为历史)的怀念,也绝不意味着对所有历史上曾经出现过的传统的民主概念的随意引进和适用,这样势必会造成民主功能的泛化以及对司法功能的扭曲;司法民主的重新出场,更不意味着是在与司法职业化相对立的狭隘语境中阐释民主和发展民主化,这样不仅无益于司法正义的实现,更会加重利益冲突与价值分歧所造成的混乱。相反,司法领域引入"民主"本身就是有限的和十分审慎的。我们所言的司法民主,是在现代民主理念的指导下,在司法权作为国家权力的一部分,最终应当归属于人民的意义上言说的司法民主。正因此,司法的民主化就并非仅仅是司法审判机制的改革问题,甚至可以说最主要的不是司法体制内部的问题,而是包括政治体制在内的整个国家公共权力行使的一种理念。换言之,司法民主的真实意蕴,也许早已超越了司法领域本身。所以,司法民主绝不是让外行当法官,让法盲审案件,让舆论和社会公众直接对案件审理发表决定性的意见,而是要在推进整个政治体制改革、司法体制改革这一系统工程建设的同时,加强司法公正,提高司法公信力,树立司法权威,最终完成当代中国社会的民主与法治转型。

参考文献

中、西方关于“司法民主”与“接近正义”问题的研究文献浩如烟海。需要特别加以说明的是，本参考文献所罗列的学术著作与学术论文，是笔者在本著作撰写过程中直接或者间接引用的、对本论题的写作产生了直接影响的重要文献，意在为那些对相关问题研究感兴趣的研究者提供可资参考的阅读线索。但这并不意味着此处所列的文献已经全面包含了与本论题联系紧密的所有重要文献。

一、译著类

[1][意]莫诺·卡佩莱蒂.比较法视野中的司法程序[M].徐昕，王奕，译.北京：清华大学出版社，2005.

[2][意]莫诺·卡佩莱蒂，等.当事人基本程序保障权与未来的民事诉讼[M].徐昕，译.北京：法制出版社，2000.

[3][意]皮罗·克拉玛德雷.程序与民主[M].翟小波，刘刚，译.北京：高等教育出版社，2005.

[4][意]米尔伊安·达玛什卡.司法与国家权力的多种面孔[M].郑戈，译.北京：中国政法大学出版社，2004.

[5][美]罗伯特·达尔.民主理论的前言(扩充版)[M].顾昕，译.北京：东方出版社，2009.

[6][美]罗伯特·达尔.民主及其批评者[M].曹海军，等，译.长春：吉林人民出版社，2006.

[7][美]罗伯特·达尔.论民主[M].李柏光，林猛，译.北京：商务印书馆，1999.

[8][美]罗伯特·达尔.多元主义民主的困境[M].周军华，译.长春：吉林人民出版社，2006.

[9][美]罗伯特·达尔，沃尔特·墨菲.宪政与民主[M].佟德志，编译.南京：江苏人民出版社，2008.

[10][英]戴维·赫尔德.民主的模式[M].燕继荣，等，译.北京：中央编译出版社，2008.

[11][美]科恩. 论民主[M]. 聂崇信,朱秀贤,译. 北京:商务印书馆,2004.
[12][美]乔·萨托利. 民主新论[M]. 冯克利,等,译. 北京:东方出版社,1998.
[13][美]阿米·古特曼,丹尼斯·汤普森. 民主与分歧[M]. 杨立峰,等,译. 北京:东方出版社,2007.
[14][美]巴林顿·摩尔. 民主与专制社会的起源[M]. 张东东,等,译. 北京:华夏出版社,1987.
[15][德]尤根·哈贝马斯. 在事实与规范之间——关于法律和民主法治国的商谈理论[M]. 童世骏,译. 上海:上海三联书店,2003.
[16][德]尤尔根·哈贝马斯. 公共领域[G]//汪晖,陈燕谷. 文化与公共性[M]. 北京:生活·读书·新知三联书店,1998.
[17][德]哈贝马斯. 民主的三种规范模式[G]//[德]哈贝马斯. 包容他者[M]. 曹卫东,译. 上海:上海人民出版社,2002.
[18][德]哈贝马斯. 公共领域的结构转型[M]. 曹卫东,等,译. 上海:学林出版社,1999.
[19][德]德特勒夫·霍尔斯特. 哈贝马斯传[M]. 章国锋,译. 北京:东方出版社,2000.
[20][美]约翰·麦克里兰. 西方政治思想史[M]. 彭唯栋,译. 海口:海南出版社,2003.
[21][英]韦恩·莫里森. 法理学——从古希腊到后现代[M]. 李桂林,等,译. 武汉:武汉大学出版社,2003.
[22][美]加布里埃·A. 阿尔蒙德,宾厄姆·鲍威尔,等. 比较政治学:体系、过程和政策[M]. 曹沛霖,等,译. 上海:上海译文出版社,1987.
[23][美]本杰明·N. 卡多佐. 法律的成长　法律科学的悖论[M]. 董炯,彭冰,译. 北京:中国法制出版社,2002.
[24][美]诺内特,塞尔兹尼克. 转变中的法律与社会——迈向回应型法[M]. 张志铭,译. 北京:中国政法大学出版社,2004.
[25][古希腊]亚里士多德. 政治学[M]. 吴寿彭,译. 北京:商务印书馆,1982.
[26][美]约瑟夫·熊彼特. 资本主义、社会主义和民主[M]. 顾准,译. 北京:商务印书馆, 1980.
[27][美]塞缪尔·亨廷顿. 第三波——20 世纪后期民主化浪潮[M]. 刘军宁,译. 上海:上海三联书店,1998.
[28][美]詹姆斯·博曼,威廉·雷古. 协商民主:论理性与政治[M]. 陈家

刚,等,译. 北京:中央编译出版社,2006.
[29][美]詹姆斯·菲什金,彼得·拉斯莱特. 协商民主论争[M]. 张晓敏,译. 北京:中央编译出版社,2009.
[30][美]詹姆斯·博曼,威廉·雷吉. 协商民主:论理性与政治[M]. 陈家刚,等,译. 北京:中央编译出版社,2006.
[31][美]杜威. 新旧个人主义[M]. 孙有中,等,译. 上海:上海人民出版社,1997.
[32][日]芦部信喜. 宪法(第三版)[M]. 林来梵,等,译. 北京:北京大学出版社,2006.
[33][日]谷口安平. 程序的正义与诉讼[M]. 王亚新,刘荣军,译. 北京:中国政法大学出版社,1996.
[34][德]卡尔·施米特. 宪法学说[M]. 刘锋,译. 上海:上海人民出版社,2005.
[35][法]托克维尔. 论美国的民主(上册)[M]. 董果良,译. 北京:商务印书馆,1988.
[36][法]勒内·达维德. 当代世界主要法律体系[M]. 漆竹生,译. 上海:上海译文出版社,1984.
[37][法]邦雅曼·贡斯当. 古代人的自由和现代人的自由[M]. 阎克文,等,译. 北京:商务印书馆,1999.
[38][英]约翰·密尔. 论自由[M]. 程崇华,译. 北京:商务印书馆,1982.
[39][英]约翰·密尔. 代议制政府[M]. 汪瑄,译. 北京:商务印书馆,1992.
[40][美]汉密尔顿,等. 联邦党人文集[M]. 程逢如,等,译. 北京:商务印书馆,1980.
[41][美]彼得·斯坦,约翰·香德. 西方社会的法律价值[M]. 王献平,译. 郑成思,校. 北京:中国法制出版社,2004.
[42][英]阿克顿. 自由与权力[M]. 侯健,范亚峰,译. 北京:商务印书馆,2001.
[43][法]孟德斯鸠. 论法的精神(上)[M]. 张雁深,译. 北京:商务印书馆,1997.
[44][英]乔治·皮博迪·古奇. 十九世纪历史学与历史学家(上册)[M]. 耿淡如,译. 北京:商务印书馆,1989.
[45][英]弗里德利希·冯·哈耶克. 法律、立法与自由(第1卷)[M]. 邓正来,等,译. 北京:中国大百科全书出版社,2000.

[46][加]威尔·金里卡. 当代政治哲学[M]. 刘莘,译. 上海:上海三联书店, 2004.

[47][英]戴维·比瑟姆. 马克思·韦伯与现代政治理论[M]. 徐鸿斌,等,译. 杭州:浙江人民出版社,1989.

[48][意]克罗齐,[美]亨廷顿,[日]绵贯让治. 民主的危机[M]. 马殿军,等,译. 北京:求实出版社,1989.

[49][英]弗里德利希·冯·哈耶克. 自由秩序原理[M]. 邓正来,译. 北京:生活·读书·新知三联书店,1997.

[50][美]克里斯托弗·沃尔夫. 司法能动主义:自由的保障还是安全的威胁[M]. 黄金荣,译. 北京:中国政法大学出版社,2004.

[51][美]波斯纳. 法官如何思考[M]. 苏力,译. 北京:法律出版社,2009 .

[52][法]孟德斯鸠. 论法的精神(上)[M]. 张雁生,译. 北京:商务印书馆,1961.

[53][美]朱迪丝·施克莱. 守法主义——法、道德和政治审判[M]. 彭亚楠,译. 北京:中国政法大学出版社,2005.

[54][德]古斯塔夫·拉德布鲁赫. 法律的不法与超法律的法[G]//[德]古斯塔夫·拉德布鲁赫. 法律智慧警句集[M]. 舒国滢,译. 北京:法制出版社,2001.

[55][美]M. 昂格尔. 现代社会中的法律[M]. 吴玉章,周汉华,译. 南京:译林出版社,2001.

[56][美]霍尔姆斯,桑斯坦. 权利的成本——为什么自由依赖于税[M]. 毕竟悦,译. 北京:北京大学出版社,2004.

[57][美]费正清,赖肖尔. 中国:传统与变革[M]. 陈仲丹,等,译. 南京:江苏人民出版社,1992.

[58][美]G. 罗兹曼. 中国的现代化[M]. 陶骅,杨砾,等,译. 上海:上海人民出版社,2003.

[59][美]尼尔·K. 考默萨. 法律的限度——法治、权利的供给与需求[M]. 申卫星,王琦,译. 北京:商务印书馆,2007.

[60][古希腊]亚里士多德. 政治学[M]. 吴寿彭,译. 北京:商务印书馆,1961.

[61][英]哈特. 法律的概念[M]. 张文显,等,译. 北京:中国大百科全书出版社,1996.

[62][美]庞德. 近代司法的问题[G]//杨兆龙,译. 重刊于王健(编). 西法东渐——外国人与中国法的近代变革[M]. 北京:中国政法大学出版

社,2001.
[63][美]唐·布莱克.社会学视野中的司法[M].郭星华,等,译.北京:法律出版社,2002.
[64][美]迈克尔·桑德尔.民主的不满——美国在寻求一种公共哲学[M].曾纪茂,译.刘训练,校.南京:江苏人民出版社,2008.
[65][美]帕特里夏·尤伊克,苏珊·S.西贝尔.法律的公共空间[M].陆益龙,译.北京:商务印书馆,2005.
[66][美]本杰明·卡普兰.陪审制度[G]//[美]哈罗德·伯曼编.美国法律讲话[M].陈若恒,译.北京:生活·读书·新知三联书店,1988(1992重印本).
[67][英]罗素.伦理学和政治学中的人类社会[M].肖巍译.北京:中国社会科学出版社,1992.
[68][英]亨利·西季威克.伦理学方法[M].廖申白,译.北京:中国社会科学出版社,1993.
[69][美]彼得·辛格.实践伦理学[M].刘莘,译.上海:东方出版社,2005.
[70][美]布莱恩·肯尼迪.美国法律伦理[M].郭乃嘉,译.商周出版社,家庭传媒城邦分公司,2005.
[71][英]赫尔德,麦克格香,编.治理全球化——权力、权威与全球治理[M].曹荣湘,等,译.北京:社会科学文献出版社,2004.
[72][法]让-皮埃尔·戈丹.何谓治理[M].钟震宇,译.北京:社会科学文献出版社,2010.
[73][美]戴维·米勒.社会正义原则[M].应奇,译.南京:江苏人民出版社,2005.
[74][英]迈克尔·活尔泽.正义诸领域:为多元主义与平等一辩[M].南京:译林出版社,2009.
[75][印]阿马蒂亚·森.正义的理念[M].王磊,李航,译.刘民权,校译.北京:中国人民大学出版社,2012.
[76][美]约瑟夫·E.斯蒂格利茨.不平等的代价[M].张子源,译.北京:机械工业出版社,2013.
[77][美]马萧.官僚的正义:以社会保障中对残疾人权利主张的处理为例[M].何伟文,毕竞悦,译.北京:北京大学出版社,2005.
[78][美]J.赫克曼,等.全球视野下的法治[M].高鸿钧,等,译.北京:清华大学出版社,2013.

[79][意]莫诺·卡佩莱蒂.福利国家与接近正义[M].刘俊祥,等,译.北京:法律出版社,2000.
[80][日]棚濑孝雄.纠纷的解决与审判制度[M].王亚新,译.北京:中国政法大学出版社,2004.
[81][日]小岛武司.诉讼外纠纷解决法[M].丁婕,译.北京:中国政法大学出版社,2005.

二、中文著作类

[1]沈宗灵.现代西方法理学[M].北京:北京大学出版社,1992.
[2]徐显明.法治与社会公平[M].济南:山东人民出版社,2007.
[3]张文显.二十世纪西方法哲学思潮研究[M].北京:法律出版社,2006.
[4]张文显.法哲学范畴研究(修订版)[M].北京:中国政法大学出版社,2001.
[5]张文显.法哲学通论[M].沈阳:辽宁人民出版社,2009.
[6]张文显.法理学(第二版)[M].北京:高等教育出版社,2003.
[7]郑成良.法律之内的正义——一个关于司法公正的法律实证主义解读[M].北京:法律出版社,2002.
[8]贺卫方.运送正义的方式[M].上海:上海三联书店,2002.
[9]陈瑞华.看得见的正义[M].北京:中国法制出版社,2000.
[10]苏力.制度是如何形成的(增订版)[M].北京:北京大学出版社,2007.
[11]苏力.也许正在发生——转型中国的法学[M].北京:法律出版社,2004.
[12]苏力.道路通向城市——转型中国的法治[M].北京:法律出版社,2004.
[13]苏力.送法下乡:中国基层司法制度研究[M].北京:中国政法大学出版社,2000.
[14]苏力.法治及其本土资源[M].北京:中国政法大学出版社,2004.
[15]王绍光.民主四讲[M].上海:上海三联书店,2008.
[16]姚建宗.法治的生态环境[M].济南:山东人民出版社,2003.
[17]刘作翔.法理学视野中的司法问题[M].上海:上海人民出版社,2003.
[18]王伯琦.近代法律思潮与中国固有文化[M].北京:清华大学出版社,2005.
[19]熊先觉.司法学[M].北京:法律出版社,2008.

[20]北京大学哲学系. 西方哲学原著选读(上卷)[M]. 北京:商务印书馆,1999.
[21]李红海. 普通法的历史解读——从梅特兰开始[M]. 北京:清华大学出版社,2003.
[22]黄文艺. 全球结构与法律发展[M]. 北京:法律出版社,2006.
[23]丛日云. 在上帝与恺撒之间——基督教二元政治观与近代自由主义[M]. 北京:生活·读书·新知三联书店,2003.
[24]马德普. 普遍主义的贫困——自由主义政治哲学批判[M]. 北京:人民出版社,2005.
[25]金观涛,刘青峰. 观念史研究——中国现代重要政治术语的形成[M]. 北京:法律出版社,2009.
[26]侯欣一. 从司法为民到为民司法——陕甘宁边区大众化司法制度研究[M]. 北京:中国政法大学出版社,2007.
[27]汪世荣,刘全娥. 新中国司法制度的基石——陕甘宁边区高等法院(1937—1949)[M]. 北京:商务印书馆,2011.
[28]周宁. 天朝遥远:西方的中国形象研究[M]. 北京:北京大学出版社,2006.
[29]赵汀阳. 坏世界研究——作为第一哲学的政治哲学[M]. 北京:中国人民大学出版社,2009.
[30]范愉. 司法监督的功能及制度设计[G]//蔡定剑. 监督与司法公正[M]. 北京:法律出版社,2005.
[31]范愉. 司法制度概论[M]. 北京:中国人民大学出版社,2003.
[32]佟德志. 在民主与法治之间[M]. 北京:人民出版社, 2006.
[33]王利明. 司法改革研究[M]. 北京:法律出版社,2000.
[34]韩秀桃. 司法独立与近代中国[M]. 北京:清华大学出版社,2003.
[35]邱联恭. 司法之现代化与程序法[M]. 台湾:三民书局,1992.
[36]马长山. 国家、市民社会与法治[M]. 北京:商务印书馆,2002.
[37]马长山. 法治的社会根基[M]. 北京:中国社会科学出版社,2003.
[38]顾培东. 从经济改革到司法改革[M]. 北京:法律出版社,2003.
[39]顾培东. 社会冲突与诉讼机制[M]. 北京:法律出版社,2004.
[40]马明亮. 协商性司法——一种新程序主义理念[M]. 北京:法律出版社,2007.
[41]余少祥. 弱者的正义——转型社会与社会法问题研究[M]. 北京:社会科学文献出版社,2011.

[42]钱宁. 社会正义、公民权利和集体主义:论社会福利的政治与道德基础[M]. 北京:中国社会科学出版社,2007.
[43]范愉. 纠纷解决的理论与实践 [M]. 北京:清华大学出版社,2007.
[44]顾培东. 社会冲突与诉讼机制(修订版) [M]. 北京:法律出版社,2004.

三、期刊中析出的文献

[1]贺卫方. 对抗制与中国法官[J]. 法学研究,1995(4):85—92.
[2]贺卫方. 中国司法管理制度的两个问题[J]. 中国社会科学,1997(6):117—130.
[3]喻中. 吴经熊与马锡五:现代中国两种法律传统的象征[J]. 法商研究,2007(1):134—139.
[4]舒国滢. 从司法的广场化到司法的剧场化——一个符号学的视角[J]. 政法论坛. 1999(3):12—19.
[5]陈端洪. 司法与民主:中国司法民主化及其批判[J]. 中外法学,1998(4):34—44.
[6]周永坤. 我们需要什么样的司法民主[J]. 法学,2009(2):3—16.
[7]周永坤. 民意审判与审判元规则[J]. 法学,2009(8):3—15.
[8]周永坤. 论中国法的现代性十大困境[J]. 法学,2006(6):74—86.
[9]侯猛. 中国的司法模式:传统与改革[J]. 法商研究,2009(6):58—64.
[10]苏力. 关于能动司法与大调解[J]. 中国法学,2010(1):5—16.
[11]苏力. 法条主义、民意与难办案件[J]. 中外法学,2009(1):93—111.
[12]黄宗智,林端,邱澎生,等. 中国司法传统与现代性研究[C]. 清华法学,2007(10).
[13]张文显. 人民法院司法改革的基本理论与实践进程[J]. 法制与社会发展,2009(3):3—14.
[14]姚建宗. 法学研究及其思维方式的思想变革[J]. 中国社会科学,2012(1).
[15]何兵. 司法职业化与民主化[J]. 法学研究, 2005 (4):100—113.
[16]孔庆平. 个人或社会:民国时期法律本位之争[J]. 中外法学,2008(6):900—910.
[17][美]阿玛蒂亚·森. 一种并非奢侈的价值观[J]. 程晓农,译. 书屋,2001(1):4—10.
[18]吕明. 刚性维权与动态维稳——“权利本位说”在维稳时代所遭遇的

挑战[J].法律科学,2011(4):3—10.
[19]季卫东.法律程序的意义——对中国法制建设的另一种思考[J].中国社会科学,1993(1):83-103.
[20][美]乔治·M.瓦拉德兹.协商民主[J].何莉,译.马克思主义与现实,2004(3):36—37.
[21]韩水法.民主的概念[J].天津社会科学,2007(5):7—12.
[22]强世功.民主如何是好[J].读书,2009(5):20—28.
[23]袁祖社."公共精神":培育当代民族精神的核心理论维度[J].北京师范大学学报(社会科学版),2006(1):108—112.
[24]袁祖社."公共性"的价值信念及其文化理想[J].中国人民大学学报,2007(1):78—84.
[25]袁祖社.公共性真实:当代马克思主义哲学范式转换的基点[J].河北学刊,2008(4):12—17.
[26]陈德顺.西方宪政民主理论来源探析[J].政治学研究,2010(1):79—86.
[27]顾培东.中国法治进程中的法律资源分享问题[J].中国法学,2008(3):141—149.
[28]顾培东.中国司法改革的宏观思考[J].法学研究,2000(4):3—16.
[29]孙笑侠,熊静波.判决与民意——兼比较考察中美法官如何对待民意[J].中国政法大学学报,2005(5):47—56.
[30]陈瑞华.走向综合性程序价值理论——贝勒斯程序正义理论述评[J].中国社会科学,1999(6):120—131.
[31]张恒山.论正义与法律正义[J].法制与社会发展,2002(1):23—53.
[32]赵晓力.司法过程与民主过程[J].法学研究,2004 (4):117—122.
[33]王绍光.警惕对"民主"的修饰[J].读书,2003(4):9—18.
[34]谭世贵,刘政.我国司法民主的现状、问题与完善[J].法学论坛,2009(6):128—134.
[35]刘志刚.立宪主义的哲学分析[J].环球法律评论,2007(4):5—13.
[36]马德普.历史主义的兴起及其对自由主义普遍主义的冲击[J].政治学研究,2003(4):65—69.
[37]姚大志.社群主义的自由主义批判[J].厦门大学学报(哲学社会科学版),2011(3):96—102.
[38]黄文艺.为形式法治理论辩护——兼评《法治:理念与制度》[J].政法论坛,2008(1):172—182.

[39]黄文艺. 1952—1953 年司法改革运动研究[J]. 江西社会科学,2004(4):37—42.
[40]黄文艺. 作为一种法律干预模式的家长主义[J]. 法学研究,2010(5):3—17.
[41]崔卓兰,蔡立东. 从压制型行政模式到回应型行政模式[J]. 法学研究,2002(4):64—73.
[42]杨建军."司法能动"在中国的展开[J]. 法律科学,2010(1):54—68.
[43]马明亮. 协商性司法——一种新司法模式[J]. 刑事法评论,2005(17):207—288.
[44]马明亮. 正义的妥协:协商性司法在中国的兴起[J]. 中外法学,2004(1):3—11.
[45]陈卫东,刘计划,程雷. 德国刑事司法制度的现在与未来[J]. 人民检察,2004(11):71—75.
[46]黄松有. 诉讼指挥权:正当性基础与制度建构[J]. 中国社会科学,2003(6):108—123.
[47]侯欣一. 陕甘宁边区高等法院司法制度改革研究[J]. 法学研究,2004(5):129—143.
[48]侯欣一. 陕甘宁边区司法制度、理念及技术的形成与确立[J]. 法学家,2005(4):40—51.
[49]刘全娥. 雷经天新民主主义司法思想论[J]. 法学研究, 2011(3):194—207.
[50]蒋立山. 中国法治道路初探[J]. 中外法学,1998(3):16—28.
[51]甘阳. 中国道路:三十年与六十年[J]. 读书,2007(6):3—13.
[52]冯象. 法学三十年:重新出发[J]. 读书,2008(9):20—28.
[53]陈伟. 司法确定性的寻求——析哈贝马斯的"程序确定性"理论[J]. 法律科学,2011(1):42—46.
[54]贺卫方. 回归司法的本源[J]. 南风窗,2009(8):10.
[55]樊崇义. 中国法律援助制度的建构与展望[J]. 中国法律评论,2017,(6):189—202.
[56]沈成宇, 刘舸. 中国法律援助制度探源[J]. 兰台世界, 2010, NO.319(24):62—63.

四、学位论文

[1]孙发. 司法权威研究[D]. 长春:吉林大学,2004.

[2]关玫. 司法公信力研究[D]. 长春:吉林大学,2005.
[3]宋双. 我国司法监督制度研究——一种监督模式的构建[D]. 长春:吉林大学,2006.
[4]车传波. 正当程序论——以中国司法改革为视角[D]. 长春:吉林大学,2007.
[5]顾学松. 寻求舆论监督与司法公正的平衡[D]. 长春:吉林大学,2007.
[6]孙长春. 司法权威的制度建构[D]. 长春:吉林大学,2008.
[7]吴立志. 恢复性司法基本理念研究[D]. 长春:吉林大学,2008.
[8]崔军. 论司法裁判[D]. 长春:吉林大学,2008.
[9]李炳烁. 司法制度的政治功能[D]. 长春:吉林大学,2008.
[10]刘景辉. 论司法民主[D]. 长春:吉林大学,2010.
[11]殷冬水. 民主:社会正义的生命——关于社会正义政治条件的规范研究[D]. 长春:吉林大学,2008.
[12]杨礼银. 哈贝马斯的话语民主理论研究[D]. 北京:北京师范大学,2006.
[13]方立新. 传统与超越——中国司法变革源流[D]. 上海:华东政法学院,2005.
[14]韩德明. 司法的现代性及其超越[D]. 南京:南京师范大学,2007.
[15]白雅丽. 司法的角色[D]. 北京:中国政法大学,2007.
[16]严景阳. 司法正义研究[D]. 武汉:华中师范大学,2008.
[17]蔡永明. 清末司法改革的社会考察[D]. 厦门:厦门大学,2007.
[18]王荔. 当代中国司法民主问题研究[D]. 长春:吉林大学,2012.

五、外文文献

[1]Mauro Cappelletti. The judicial process in comparative perspective[M]. New York :Clarendon Press ,1989.
[2]Mauro Cappelletti, Monica Seccombe, John Weisner. Access to Justice and the Welfare State. Publications of the European University Institute, Sijthoff & Noordhoff International Publishers BV, 1981.
[3]Piero Calmandrei. Procedure and Democracy[M]. New York :New York University Press,1956.
[4]Lon. L. Fuller. The Forms and Limits of Adjudication[J]. Harvard Law Review,1978,92(2):353-409.
[5]Lon. L. Fuller, The Morality of Law, revised edition[M]. New Haven :

Yale University Press, 1964.

[6] R. M. Unger. Knowledge and Politics [M]. New York : The Free Press, 1975.

[7] R. M. Unger. What should legal analysis become? [M]. London, New York: Verso Books, 1996.

[8] Joseph Raz. The Authority of Law: Essays on Law and Morality [M]. Oxford UK: Oxford University Press, 1979.

[9] Brian Z. Tamanaha. On the Rule of Law: History, Politics, Theory [M]. Cambridge, UK: Cambridge University Press, 2004.

[10] Benjamin N. Cardozo. The Paradoxes Of Legal Science [M]. Reprinted in Selected Writings of Nathan Ca Benjamin Cardozo. Margaret E. Hall (ed.), New York: Fallon Law Book Company, 1947.

[11] P. Nonet and P. Selznick. Law and Society in Transition: Toward Responsive Law [M]. New York: Harperand Row, 1978.

[12] Michel Rosenfeld & Andrew Atrato. Habermas on Law and Democracy: critical exchanges [M]. London: University of California Press, 1998.

[13] I. M. Young. Justice and the Politics of Difference [M]. Princeton: Princeton University Press, 1990.

[14] Ronald Dworkin. Is Democracy Possible Here? Principles for a New Political Debate [M]. Princeton: Princeton University Press, 2006 .

[15] Robert A. Dahl. Polyarchy: Participation and Opposition [M]. New Haven: Yale University Press, 1971.

[16] Robert A. Dahl. On Democracy [M]. New Haven: Yale University Press, 1998.

[17] RobertA. Dahl. Putnam. Making Democracy Work: Civic Traditions in Modern Italy [M]. Princeton N. J.: Princeton University Press, 1993.

[18] Henry J. Abraham. The Judicial Process [M]. 5thed. Oxford: Oxford University Press, 1986.

[19] Joshua Cohen. Deliberative and Democratic Legitimacy [G]//in Alan Hamlin and Philip Pettit eds. The Good Policy; Normative Analysis of the State [M]. Oxford: Oxford University Press ,1989.

[20] Samuel P. Hungtington. The Third Wave: Democratization In The Late Twentieth Century [M]. Oklahoma: University of Oklahoma Press, 1991.

[21] Richard M. Jackson. The Machinery of Justice in England (7thed) [M].

Cambridge UK:Cambridge University Press,1977.

[22] Michael J. Saks. Public Opinion About the Civil Jury: Can Reality Be Found in the Illusions? [J]. DePaul Law Review, 1998, 48(2): 221-246.

[23] Keenan. D. Kmiect. The Origin and Current Meanings of "Judicial Activism"[J]. Cal. L. Rev, 2004, 92(5): 1441-1476.

[24] Ota Weinberger. Harbermas on Democracy and Justice. Limits of a Sound Conception[J]. Ratio Juris, 1994, 7(2): 239-253.

[25] Sanja Kutnjak Ivkovic. An Inside View: Professional Judges' and Lay Judges' Support for Mixed Tribunals[J]. Law & Policy, 2003, 25(2): 101-104.

[26] Luke Bierman. Preserving Power in Picking Judges: Merit Selection For the New York Court of Appeals[J]. Albany Law Review, 1997, 60(2): 339-358.

[27] Roland Acevedo. Is a Ban on Plea Bargaining an Ethical Abuse of Discretion? [G]//A Bronx County, New York Case Study, in Criminal Courts in the 21th Century[M]. compiled by Lisa Stolzenberg, etc. Prectice Hall, 1998.

[28] Deborah L. Rhode. Access to Justice. New York: Oxford University Press, 2004.

[29] Charles A. Reich. Individual Rights and Social Welfare: The Emerging Legal Issues. The Yale Law Journal, 1965, (7).

[30] David Marshall Evans. Access to Justice. The Liverpool Law Review Vol. XIX, 1997(1).

[31] Gordon Ashton. Equal Access to Justice. The Liverpool Law Review Vol. XIX, 1997(1).

[32] Richard Clayton and Hugh Tomlinson. Fair Trial Rights. New York: Oxford University Press, 2001.

[33] Antonio De Lauri. Access to Justice and Human Rights in Afghanistan. Springer Science+Business, Media Dordrecht, 2013.

[34] Francioni. Access to Justice as a Human Right. Oxford: Oxford University Press, 2007.

[35] Guhr, A. H., Moschtaghi, R., Afshar, M. K. R.. Max Plank Manual on Fair Trial Standards, Max Plank Institute for Comparative Public Law

and International Law, 4th edn. Heidelberg, 2009.

[36]Nader, L. The Words We Use: Justice, Human Rights, and the Sense of Iinjustice. In M. Goodale & K. M. Clarke (Eds.), Mirrors of justice. Cambridge: Cambridge University Press, 2009.

[37] Rawls, J. Justice as Fairness. A Restatement. Cambridge & London: Belknap, 2001.

[38]Richard Posner, Economic Analysis of Law, New York: Aspen Law & Business, 5th ed. 1998.

[39]Gyooho Lee. Attorney Fee Arrangements Really Matter in Terms of Access to Justice in Korea. Ius Gentium: Comparative Perspectives on Law and Justice Volume 11, pp. 201-209, 2012.

[40] Jackson Williams. Effects of attorney fee shifting laws on claiming behavior. Policy Sciences, Kluwer Academic Publishers. Printed in the Netherlands, Vol. 34: 347-356, 2001.

[41] Seiler Christian. Das Grundrecht Auf ein Menschenwürdiges Existenzminimum. Juristen Zeitung, Volume 65, Number 10, pp. 500-505(6), May 2010.

[42] M. Cappelletti and B. Garth, 'Access to Justice: The Worldwide Movement to Make Rights More Effective - A General Report' in M. Cappelletti and B. Garth (eds.), Access to Justice - A World Survey (Alphen aan den Rijn: Sijthoff and Noordhoff, 1978).

[43]OECD (2019), Equal Access to Justice for Inclusive Growth: Putting People at the Centre, OECD Publishing, Paris. 访问链接:https://doi.org/10.1787/597f5b7f-en.

[44]Source: Adapted from Attorney-General's Department of Australia (2009 [20]), A Strategic Framework for Access to Justice in the Federal Civil Justice System, A Guide for Future Action, Access to Justice Taskforce.

[45] I. S. van de Meene and B. van Rooij. Access to Justice and Legal Empowerment: Making the Poor Central in Legal Development Co-operation. Leiden University Press, 2008.

[46] John Peysner. Access to Justice: A Critical Analysis of Recoverable Conditional Fees and No-Win No-Fee Funding. First published 2014 in UK by PALGRAVE MACMILLAN.

六、其他

[1]国务院新闻办公室. 中国的民主政治建设(白皮书). 2005.
[2]安东. 西部法官论丛(西部法官论坛 2009 年研讨论文集)[C]. 北京:人民法院出版社,2010.
[3]安东. 西部法官论坛 2010 年研讨论文集[C]. 西安:陕西省高级人民法院,2010.(未正式出版发行)